兴文地名文化

僰國遺韻

刘大如 著

四川民族出版社

图书在版编目（CIP）数据

僰国遗韵／刘大如著． --成都：四川民族出版社，2022.6
ISBN 978-7-5733-0668-5

Ⅰ．①僰… Ⅱ．①刘… Ⅲ．①地方文化—兴文县—文集 Ⅳ．①G127.714

中国版本图书馆CIP数据核字（2022）第116415号

僰国遗韵
BO GUO YI YUN

刘大如 著

出 版 人	泽仁扎西
责任编辑	周文炯
责任印制	谢孟豪
出　　版	四川民族出版社（四川省成都市青羊区敬业路108号）
邮政编码	610091
设计制作	成都圣立文化传播有限公司
印　　刷	四川金邦印务有限公司
成品尺寸	170mm × 240mm
印　　张	18.5
字　　数	300千
版　　次	2022年6月第1版
印　　次	2022年6月第1次印刷
书　　号	ISBN 978-7-5733-0668-5
定　　价	78.00元

著作权所有·侵权必究

序

《僰国遗韵》是一本以地名文化为主题的书，即将完稿付印，终于如释重负，解脱了坠在心头的一份沉甸甸的承诺。

兴文，历史悠久，人杰地灵，有着神秘悠远的僰文化，在四川独领风骚的苗文化，在宜宾光辉的红色文化，有晚清重臣薛焕，名冠乡梓的何肇仿，有在民国史上举足轻重的辛亥革命志士杨维、赵铁桥、庞叔向，有闻名遐迩的"民国四博士"，有承载着文脉延续、以文兴文的和山书院、凌霄书院、文印书院。

撰写《僰国遗韵》拟定的条目，择定的标准，是"立"和"传"，也就是要立得起来，传得下去。如果凡一地名，不加甄选，将其收录其中，会有狗尾续貂、滥竽充数之嫌，因为那是地名录、地名志，与"文化"毫不沾边。

兴文，自唐高宗仪凤二年（677）设羁縻晏州，有1000多年历史；兴文，面积1300多平方千米，50多万人口。在浩瀚的历史长河中，一些历史的碎片被淹没，一些掌故、传说、地名在时代的冲击和更迭下，仍然顽强地生存下来。山河，是它们生存的土壤；人民，是它们的守护神。在撰写时，也时常处于难以抉择的境地。毕竟，一本30万字的书容量只有那么大，因此，挂一漏万，不能尽如人意，那是在所难免，就图个心安，就图个有缘。

说到缘，有道是缘由心生。在兴文工作生活了60多年，许多人都把我当作地地道道的兴文人，我一生所谋生的活计都与文化有些交集，总想结个善缘，留下点什么。因此，好多年前就起了这个念头，不时地抽点时间，查阅资料，民间采风，未雨绸缪，就为了实现这个念想。

斑竹林、苦竹垭、柏杨湾、大湾头、青杠坡、大瓦房……这样的地名张口就来,全国不说同者有上千个,少说也有八百。在小范围内叫了多年,却说不出个所以然。或许,随着地形地貌的改变,马上又有了新的名称。存在即有价值,地名,亦是如此。因史而立,因人而立,因事而立,因物而立,或因风物掌故,或因动人传说,或因启化心智,或因灵异事件,大到振聋发聩,小到润物无声,虽不能全覆盖,多少也有个代表。虽然不能尽述一个地名的前世今生,但希冀能留下一个烙痕。我真心不想看到,今日所列之地名,若干年后烟消云散……

感谢兴文县民政局,帮我圆了一个梦;感谢他们,在各方面给予的全力支持。

目录 Contents

兴文县 XING WEN XIAN

古宋镇 GU SONG ZHEN

九姓长官司	/ 004	放花溪	/ 041
和山书院	/ 010	卢家大院	/ 042
香水山	/ 011	刘为涛旧居	/ 043
白塔与白塔山	/ 014	老街名称	/ 044
玉皇观	/ 016	荣誉路	/ 045
古宋二校	/ 017	干洞湾	/ 047
传经街	/ 019	中和山	/ 048
鼓楼谯	/ 022	拢船沱和宝山号	/ 050
后街头	/ 025	弘农第	/ 051
常家院子	/ 027	同心桥	/ 053
同泰殿	/ 030	杨二太医	/ 056
温水溪	/ 032	万寿二桥	/ 059
叶麐旧居	/ 034	青山岩	/ 061
泸卫石城	/ 038	苗族寻根碑	/ 063
秦青川墓园	/ 039	蒲氏宗祠	/ 065

僰王山镇
BO WANG SHAN ZHEN

僰王山	/ 068	温井亮虾	/ 089
凌霄城	/ 070	老城变迁	/ 090
凌霄书院	/ 072	富安场	/ 091
五斗坝	/ 074	刘铭碑	/ 093
多岗漕	/ 076	老县委	/ 095
腰宝沱	/ 078	万丰岩	/ 096
八凤山	/ 079	永寿村	/ 097
虎山亭	/ 080	太安村	/ 098
十字口	/ 082	水泸坝	/ 099
千秋塝	/ 085	玉屏山	/ 100
校场坝	/ 087	黑帽顶	/ 102

共乐镇
GONG LE ZHEN

将军树	/ 104	李宗民与红桥猪儿粑	/ 110
瓷器牌坊	/ 105	拖船丫	/ 111
东风湖	/ 107	凉水湾	/ 112
陈义和义建二桥	/ 108		

莲花镇
LIAN HUA ZHEN

双节牌坊	/ 114	江兴公路	/ 119
刘大悲旧居	/ 116	瓦窑塝	/ 121
垮　山	/ 118		

九丝城镇
JIU SI CHENG ZHEN

九丝城	/ 124	印把山	/ 141
文印书院	/ 126	清凉寺	/ 142
建武明碑	/ 127	写字岩	/ 143
棂星门	/ 129	东风村	/ 144
中共兴琪支部	/ 130	五谷仓	/ 146
龚家大院	/ 132	手爬岩	/ 148
玉屏墩	/ 133	龙君三圣庙	/ 149
刘元旧居	/ 134	上龙门民族学校	/ 151
元怀门	/ 137	白鹤林	/ 153
官田坝	/ 139		

石海镇
SHI HAI ZHEN

五　村	/ 156	红军坟	/ 167
石海景区	/ 158	天梁洞	/ 169
厅　房	/ 160	石菊古地	/ 171
红军岩	/ 163	塘　上	/ 173
红军小学	/ 165		

周家镇
ZHOU JIA ZHEN

周家沟	/ 176	板栗树	/ 181
斓　池	/ 177	洛浦大庙	/ 182
烂窖子	/ 178	烽烟寨	/ 184
落　坳	/ 179	天生桥	/ 186

大龙院	/ 187	棺木崖	/ 193
鱼 孔	/ 189	龙 潭	/ 195
飞龙山	/ 190	神龙洞	/ 197
挂榜岩	/ 191		

五星镇
WU XING ZHEN

乐共城	/ 200	九五二台	/ 206
连天山	/ 202	长春坝	/ 207
踏水桥	/ 203	七十二山	/ 210

大坝苗族乡
DA BA MIAO ZU XIANG

大坝红军长征纪念碑	/ 214	新 寨	/ 224
柏杨坡	/ 216	洪逐客	/ 225
关岳庙	/ 218	陶达纲旧居	/ 226
古佛台	/ 219	豹尾寨	/ 228
张爷庙	/ 220	青龙寨	/ 229
朝阳洞	/ 221	落凰沟	/ 231
大鱼洞	/ 222	芭茅湾	/ 232
小鱼洞	/ 223		

大河苗族乡
DA HE MIAO ZU XIANG

阮俊臣旧居	/ 236	关口村	/ 248
杨家大院	/ 240	九龙山	/ 250
赵铁桥旧居	/ 243	李子关	/ 251
金鹅池	/ 245	庆灵山	/ 253

麒麟苗族乡
QI LIN MIAO ZU XIANG

红军湖	/ 256	象鼻子	/ 266
王姑坟	/ 258	三官殿	/ 268
海纳沟	/ 259	三合村	/ 270
银矿坪	/ 261	四望山	/ 271
崔家坡	/ 263		

仙峰苗族乡
XIAN FENG MIAO ZU XIANG

仙峰山	/ 274	千年古银杏	/ 279
红军湾	/ 275	方竹迷宫	/ 280
顶冠山	/ 276	和尚坝	/ 281
黑洞沟	/ 278	七十二道脚不干	/ 283

后　记　　　　　　　　　　　　　　　　　　／ 284

兴文县

兴文县是四川省革命老区县，1986年11月成为对外开放县、四川省少数民族地区待遇县、中国绿色名县、中国低碳生态示范县、全国科普教育基地。

政区概况

【名称来历】 明朝万历元年[①]（1573）剿灭戎县僰人（都掌蛮），万历二年"取偃武修文之意"，改戎县为兴文县。

【地理位置】 兴文县位于四川盆地南部，川、滇、黔三省接合部，地理坐标为东经104°52′~105°21′，北纬28°04′~28°27′。东西长47千米、南北宽43千米。地处四川省南部，四川盆地南缘山区。东与泸州市叙永县，南与云南省威信县，西与珙县，西北与长宁县，北与江安县、泸州市纳溪区接壤。县人民政府驻古宋镇，电话区号0831，邮政编码644400，县城距宜宾市110千米，距离成都市385千米。

[①] 注：同一年号纪年，本书只在当篇目第一次出现时标注对应的公园纪年，特此说明。

【政区沿革】 唐以前为僰人、青羌、僚人地。唐高宗仪凤二年（677）置晏州，隶剑南道泸州都督府，州治在今僰王山镇。后降为羁縻州。北宋隶梓州路泸州，宋神宗熙宁八年（1075）隶泸州淯井监。宋徽宗政和四年（1114），淯井监改为长宁军，晏州属之。宋末元初为僰人（都掌蛮）所据。元世祖至元十五年（1278），置大坝都掌蛮安抚司，至元十七年改为大坝军民府。至元二十二年，总管得兰纽反元被杀，元世祖升大坝军民府为戎州，设流官，由四川等处行中书省诸蛮夷部宣慰司马湖路飞领。明太祖洪武四年（1371），降戎州为戎县，洪武六年改隶叙州府。明神宗万历元年，明朝剿灭僰人，万历二年二月壬子，因"戎县以有都蛮得名"而改名兴文，时属下川南道。入清仍隶叙州府。清仁宗嘉庆七年（1802），属永宁道叙州府。清德宗光绪三十四年（1908），永宁道改为下川南道。同年，为"安边治匪"，四川总督赵尔丰迁县治于建武，民国元年（1912）迁还晏阳镇（今僰王山镇）。同年废道制。民国二年因留省、置道、裁府（州、厅），改由下川南道辖领。民国三年改下川南道为永宁道。民国五年始，县先后为滇、川、黔军防区。民国十八年废道制，县直属四川省。民国二十四年起属四川省第六行政督察区。1949年12月28日，兴文县解放。1950年起属宜宾专区（地区）。1983年10月9日，省政府同意将叙永县古宋、共乐、大坝3个区及所属21公社和2镇划归兴文县，将兴文县曹营、石碑2公社划归珙县。1985年5月28日，经国务院批准，兴文县治所由兴文镇（今僰王山镇）移驻中城镇（今古宋镇），次年初搬迁。1996年，宜宾地区改为宜宾市，县隶属不变。

兴文县境历史上还存在过唐代的羁縻宋州，元代的九姓长官千户所，明代的九姓长官司、太平川长官司、泸州卫、建武守御千户所、建武直隶安边厅，清代的建武营、大坝营、九姓长官司、九姓乡，光绪三十四年至1959年的古宋县等军政建置。

GU SONG
ZHEN

古宋镇

　　古宋镇，兴文县人民政府驻地。在县境东方，面积220.70平方千米，人口12.6万人。镇人民政府驻东大街社区。明成化四年（1468）设泸卫城。清宣统元年（1909）成立古宋县。1960年1月，古宋县撤销并入叙永县成为区级镇。1983年10月，将叙永县管辖的中城镇（现古宋镇）划入兴文县。1985年5月，兴文县人民政府驻地迁至中城镇。2006年7月，区划调整组建为古宋镇。2019年，原太平镇划入古宋镇。有兴文县烈士陵园，内建有中国工农红军川滇黔边区游击纵队纪念馆、川南游击纵队纪念碑。名胜古迹有香水山森林公园等。宜叙高速（G547）、省道古高路横贯东西。

九姓长官司

提起九姓长官司，虽然近在古宋镇久庆场和古宋城，但除了今天久庆初中校园内树立的几块清代石碑外，遗迹几乎灰飞烟灭，无迹可寻，而它却是近来史学界土司文化研究的一个热点，如国家图书馆张泽林《九姓司兴衰史析论》（《黑龙江史志》2013年第21期），北京大学历史系赵世瑜《亦土亦流：一个边陲小邑的晚清困局》（《近代史研究》2015年第5期），中央民族大学历史文化学院魏煜民《土客学额争议中学宫、书院的功能及其历史定位——以晚清九姓长官司为中心的考察》（《北方文学（中旬刊）》2017年第4期），绵阳师范学院民间文化研究中心旷天全《略谈乾隆〈九姓司志〉》（四川省情网·方志园地·读志用志2016年5月18日文），复旦大学历史地理研究中心杨伟兵、董嘉瑜《资控驭而重地方：清代四川总督对九姓土司政治地理的整合》（《历史地理》第36辑），云南大学历史与档案学院黄丰富《社会变迁与"汉人"土司的历史书写——以九姓长官司为例的考察》（《成都大学学报（社会科学版）》2020年第3期），昭通学院陈凯《川南九姓司演变论析》（《昭通学院学报》2020年第1期），等等，均有涉及。

九姓长官司的"九姓"二字，说来还和宋代川南僚人直接相关。今兴文县东部原古宋县一带本是唐代羁縻宋州范围，居民基本上属僚人。在宋代，僰人还未统一成为都掌或称僰人，九姓僚人就属于元明时代都掌或僰人来源的秦汉土著僰人、三国迁来的南中青羌都掌、成汉入蜀的牂牁等地僚人三者中的僚人后裔。在宋朝剿抚兼施的政策下，这些部落逐渐归顺。与宋朝配合最密切的要数都掌人和罗氏党（史料也写作罗始党、罗始兜），充当夷义军，常常帮助朝廷攻打不服王化的其他部落，如乌蛮乞弟、僰人卜漏，趁机掠夺这些部落的财富、土地和妇女、儿童，暗中壮大自己。青羌都掌当时居无定所，四处流动，罗氏党则以今共乐坝为中心居住区，主要从事农业，有良田万顷。罗氏党早在北宋仁宗皇祐年间（1049~1053）就归顺朝廷，南宋王象之《舆地纪胜》卷163《叙州·景物上》说："义军，本进纳夷人，南溪、符竹皆有之。皇朝皇祐纳土归化为齐民，朝廷赐以九姓，曰罗、列（刘）、吕、惠、乐、虞、董、尚、奇。其民愿充义军，两邑共管二千三百人。其夷官有大小首领，不费官廪，仿佛府兵之遗意也。元丰讨乞弟以来，每出必为先锋，蛮人畏之。"符竹今天何处不详。这些僚人后来移居今共乐一带，成为土著，大概因罗氏势力最大而称为罗氏党。神宗元丰年间（1078~1086）讨伐乌蛮乞弟的战争就主要发生在今兴文、叙永、古蔺境内。

南宋末年，元军也是采用剿抚兼施的政策，不仅宋军投降，各部夷人也见风使舵，纷纷归降。《元史》对九姓仅记为"大江九姓罗氏"，属马湖路。《明史·地理四》也仅记"元九姓罗氏党蛮夷长官千户"。天顺《大明一统志》卷72《九姓长官司》记载相对多一点："旧为蛮夷之地，元立夷民罗氏党九人为总把。至元初改为九姓罗氏党蛮夷长官千户。"另有史料说不久改为九姓长官千户所，改隶四川等处行中书省永宁路。

九姓长官司的历史是从明初正式开始的。在元末大起义中，江南溧阳县人任福兄弟二人参加徐寿辉的队伍，后来在与朱元璋队伍的战斗中被俘，就归降了。再后来任福"洪武初年随傅友德取川，于阶州、文县率立功勋。举差招抚西南六诏等处，夷众悦服，输诚向化，世袭九姓土司，设立义学，延师教训，文风丕振"（乾隆《九姓司志》卷2《名宦》），取代了罗氏土司。准确时间是洪武六年（1373）十二月甲寅，改九姓长官千户所为九姓长官，正六品，隶四川等处行中书省永宁宣抚司。最初编户5里，"以乐贡（共）城下锣锅溪（今久庆河）下流东退归九姓，西归江安"。后增为6里，有在城里、第二里、第三里、义路里、金鹅里、得用里，土民2500余户（乾隆《九姓司志》卷1《赋役》）。《清史稿·土司二》记为"招抚拗羿蛮，受封"。羿蛮就是汉唐以来直到今天人们所说的"夷子""蚁子""羿子""羿人"，今天后裔还在，千百年以来一直居住在赤水河流域一带，如叙永、古蔺、毕节、遵义等地。羿人不服驯化却力量弱小，也说明任福被赐"主盟六诏"只是明太祖的鼓励而已。

任福在任上也颇为用心，修了衙门（今久庆粮站），修了土城，周围三里五分零，厚一丈有余，明末因兵燹而毁（乾隆《九姓司志》卷1《城池》）。洪武六年建了文庙，洪武二十五年建了学校（今久庆初中），"岁试文武，各取入学八名",清代增至廪生20名、增生20名(乾隆《九姓司志》卷1《学校》)。

九姓长官司汉人长官司存在的时间之长,共27代,从洪武六年到清朝灭亡(1911),竟然熬过了两个王朝,世袭了540多年,与贵州播州杨氏土司724年、30代有得一比。究其原因,在于任氏一族颇有政治远见和政治手腕,选对了政治方向。如成化年间明军大征都掌,长官任孟麒奉旨督兵进剿,斩获、生擒都掌首级300余颗,加宣抚使职衔,长子任伦随营效力,受伤身故。天启年间(1621~1627),永宁宣抚使奢崇明叛乱,长官任世藩协守建武,夫妇一阵亡、一被杀,其子任祈禄平叛有功,奉旨奖赏,实授泸卫守备,仍管九姓司事,以后逐渐暗中控制了泸州卫地方,事实上扩大了土司地盘。明代卫境"东西广二十里,南北袤九十里,东至永宁卫界,西至九姓长官司界各十里,南至太平长官司五十里,北至纳溪县界四十里,至泸州界一百里"(嘉靖《四川总志》卷13《泸州·泸州卫》)。康熙二十四年(1685)裁泸州卫,"城内居民仍归九姓司就近管辖"(乾隆《九姓司志》卷1《古迹》),得到朝廷正式认可。而大坝的太平长官司却被裁撤,是因为长官继承人黄高与叛军头目樊龙结为兄弟,死心塌地参加叛乱,把守重庆佛图关和临江门,强奸大批妇女(朱燮元《督蜀疏草》卷4《复渝献俘疏》)。明清鼎革之际,长官任长春冒着被占据泸州卫的明军游击马应试杀头的风险,果断弃明投清,长子任功臣得以袭职。吴三桂叛乱,任功臣被迫缴印信,被胁身死,长子任宗项又得以袭职。雍正六年(1728),奉裁吏目,泸州在九姓长官司设州同一员,分管民事,夺走土司权力。但在雍正九年,长官任嗣业赴京通过吏部侍郎任兰枝(江苏溧阳人)的同乡关系奏准得旨翻案,夺回原来权力。州同撤回泸州。乾隆五十八年(1793),长官任清通过钦差奏准将九姓长官司移驻泸州卫(今箭道子)弹压局势,使扩大了的地盘和权力名正言顺,最终却难抗"改土归流"的时代趋势。道光二年(1822),朝廷借口司民控告长官任清"不谙吏治"(《清史稿·陈若霖传》),将长官司"改土归流"为九姓乡,由泸州州判驻泸卫城治理,土司失去了大部分权力,仅负责代征、转运粮食和督捕逃犯,但土司名号的政治待遇却一直保留着,最后一任土司任大亨于光绪三十年(1904)代理长官一职。光绪三十四年,四川总督赵尔丰奏改泸卫为古宋县,仅存土司名号,就一点权力也没有了,任氏族人也成为寻常百姓(《清史稿·土司二》)。迄今为止,没有资料可查民国建立后是否取消了九姓土司的空头名号,当然更不会册封。没人知道这个任大亨何时去世，按常理推测，他至少应该比大清朝的寿命还长吧。

明代九姓长官司的居民基本上属于僚人。成化初年明军大征都掌，领兵的兵部尚书程信就上奏朝廷说："山都掌蛮贼结构九姓土獠流劫乡村，杀掳人财，十分猖獗。"（嘉庆《长宁县志》卷4《兵防》）到了清朝，九姓长官司的居民却以苗族为主。乾隆《皇清职贡图》卷6《永宁协右营属九姓苗民苗妇》说："泸州九姓长官司任氏，自明洪武时内附授职世袭，本朝顺治初归化。设学校师儒，风俗淳朴。苗民椎髻，裹青布帕，着花布衣，披棕榈皮，跣足。勤于耕，常吹竹筒笙为乐。苗妇挽髻，以青布作帽，束以花巾，着大袖花布短衣、缘边花裙，恒持伞以行。其编户五百余，输赋三百余两，每三年供马二匹。"其中的原因至今还没有人探讨。万历初时九姓僚人应该还多，曾达2500多户，所以曾省吾不准九姓长官司和大坝太平长官司的军队参加对都掌作战，就是怕他们互相勾结。平定都掌以后，除戎县（后改兴文县）归降苗族被押往贵州外，明朝采取了严厉措施来汉化兴文县残存的都掌人，推测对九姓和大坝两个长官司的僚人和都掌人也不例外。但实际遭到了僚人和都掌人的抵制，因为大约50年以后天启年间永宁宣抚使奢崇明叛乱，就有大批的川、滇、黔各族乃至汉族参加叛军，兴文县卜昏乡（今石海镇顺河村）、都都寨和大坝太平长官司残余都掌如麻老虎等参加叛军，甚至连太平长官司长官继承人黄高、九姓司生员王道达都参加叛乱，朱燮元《督蜀疏草》和《蜀事纪略》记载颇详。九姓司僚人参加叛乱的可能性极大，死亡人数自然也大，存者非逃则必汉化。不排除有部分苗族在万历时期迁入九姓司，朱燮元《致祭土司任世藩夫妇死难文》这样说："唯君夫妇，圣朝勋旧，世袭苗疆。……苗民划削，夫妇恨彰。"这里也有可能是以苗泛指少数民族。据今兴文县苗族学者杨永华调查研究，清代九姓长官司苗族绝大多数是明末奢崇明叛乱被平定后从贵州、云南逐渐迁来的，见于其《兴文苗族》一书。

九姓长官司历任长官对境内一带的基础设施和文化建设颇有贡献，"早夜冰兢""恪守常职""尽力公务，从无迟缓"，口碑颇佳。这也许是任氏能够长保土司之位的另一个原因。比如，兴修水利，康熙初长官司开修土地崖大堰，多年旱涝无忧，农业稳定丰收，司人普遍满意。乾隆年间任启烈令司民罗国辅修凿得用堰，灌田数百亩。嘉庆间，任清与士民邹志贤开凿太平堰15里，灌田600亩（嘉庆《九姓志略》上卷《水利》），改善交通。康熙四十年

（1701），任嗣业捐俸疏凿宋江雷劈石、拗洞、石牛滩、白崖峡、上倒桥、下倒桥、紫潭口等处险滩，行销富顺、犍为两厂引盐，方便货运，为司人乃至云南昭通、镇雄人民用盐经商带来了方便（乾隆《九姓司志》卷1《山川》《水利》，嘉庆《九姓志略》上卷《水利》）。乾隆年间，任启烈捐资修建了任家桥（在司北10里）、五马桥（在司北20里）、三元桥（在司北5里），与他人合建了普济桥（在司东25里）、清晏桥（在司治下街，今存，县级文物）、玉带桥（在司北20里，嘉庆时任清又重建）、丰乐桥（在司北15里）、永盛桥（在司北15里），共8座；其后继任长官任履度建了佛济桥（在司东35里），护理九姓司任启秀与他人合建了福溪桥（在司东15里）、行安桥（在司南10里），改善了内外交通，有利于九姓经济商贸发展。救济灾民，乾隆四十三年大旱，次年大饥，长官任履肃屡屡上书陈情哀恳，得以开仓平粜，又捐设粥厂以救饥民，全活甚众（嘉庆《九姓志略》下卷《政绩》）。

康熙、乾隆年间，任嗣业、任启烈先后重修长官司学校，还修建先农、社稷、山川等坛，重建文、武两庙，增修魁星楼，司治从此整饬美观。尤其是康熙四十三年任嗣业捐田10亩（康熙四十八年增至24亩），在九姓学宫之侧创办义学，招收平民子弟就学，称为"和山义学""文风焕然一新"（嘉庆《大清一统志》卷413《泸州直隶州》，嘉庆《九姓志略》下卷《政绩》）。乾隆十九年（1754）任启烈捐俸修建和山书院（在九姓司治北），瓦房3间，草厅3间，槽门1间（乾隆《九姓司志》卷1《学校》）。嘉庆初年，书院迁泸卫城米市街，由长官任清捐田10亩修建，"在分司两署之中"。光绪十一年因地狭窄、兵燹毁坏，由泸州州判刘启英主持（其时土司已经失权），再迁城北（今兴文二中桂花厅），建屋三重，后有大片园地。此时任清又捐田20亩，加上各界捐助，书院共有佃租66石，钱2000文（光绪《泸州九姓乡志》卷1《学校》）。清末光绪二十九年10月改为高等小学——泸卫学堂。民国十八年（1929）改为古宋县初中，1960年改为叙永二中，1983年改为兴文二中，2003年成为四川省示范性高中，是县内人才的摇篮，培养了一批本土人才，如"民国四博士"刘大悲、刘洪波、叶石荪、卢德全，为革命牺牲的秦青川、阮俊臣、方熙、常嗣先等，新中国成立后担任党政重要职务的常复武、文功元、王斌、刘复初、罗鬈渔、赵懋辉等。

任氏族人也颇好文勤学，身体力行。任嗣业性敏嗜学，著有《恪守堂诗集》数卷，工于书法、围棋、琴艺及医术、占卜（乾隆《九姓司志》卷2《人物》)。《九姓司志》艺文志就收录了任启烈、任仪、任嗣业、任启昌等多位任氏族人的诗、序、赋等诸多作品,词句意境多有可观。任氏结交来往的多文人雅士,如江安进士杨卓(学者、诗人)、泸州知州林良铨(广东平远县贡生,清代廉吏、岭南诗人,诗风"婉约冲远")、富顺进士李芝(与段玉裁合撰《富顺县志》)、永宁令虞景星(江苏金坛进士,工诗,书画学米芾)、葛曙(浙江余杭进士,首撰广东《丰顺县志》)等等。一时名士如大坝进士傅宗武、江安举人杨锡麟皆应邀来九姓长官司执教,多有造就。

九姓长官司、九姓乡的文化教育始终落后他乡,仅考中进士2人、举人19人。"改土归流"以后,由于审查学籍由泸州派人管理,不熟地情,九姓乡的学额往往成为他县欲寻捷径的学子们的目标,冒籍九姓乡的童生不少,九姓乡成为"冒籍渊薮",从道光到光绪年间,前后达数十年,引起九姓乡人民的极大不满(光绪《泸州九姓乡志》卷1《学校》)。

九姓长官司"改土归流"以后,虽然失去了大部分权力,但名号仍在,仍然属于统治阶级,因此也躲不掉反清力量的打击。同治元年(1862),响应张懋江(绰号"四皇帝")反清的大坝团勇李凤鸣率队袭占泸卫城后火烧箭道子的任太衙门——土司署三堂。

从前土司府,今日百姓家。新中国成立后,箭道子任太衙门收归国有,用于安置数十家居民。居民各自改建,结构破坏很大,年久失修,沦为棚户区。至2013年底,曾经高大雄伟的任太衙门被拆除,而今已经改建成数幢30余层高楼——景春寓小区,古宋城里仅剩的九姓长官司遗迹就此灰飞烟灭,不见踪迹。任氏土司后裔今在兴文县多达数千人,倒是可以随时遇见。

和山书院

据史料记载，清康熙年间（1662~1722），九姓司长官任嗣业捐田10亩，建立书院于九姓学宫之侧。因九姓司境内有中和山，故取名为"和山书院"。清嘉庆年间（1796~1820），任清复捐助田产11亩，将和山书院移到泸卫米市街。光绪十一年（1885），刘启英以书院地址狭隘、不能兴盛学府为由，邀约刘圣瑞等7人带头募捐，并提取田产100余石，共募得建筑经费白银1400余两，合原有产业，在古宋城北一段公地（即今兴文二中桂花厅）建屋3幢，后面扩入大片园地，直抵古宋镇香水山山下，"和山书院"就此奠基成为泸卫城的最高学府。光绪二十九年，废科举、兴学校，洪裕昆奉命开办学校，将和山书院旧址酌加修葺，把校名改为"泸卫学堂"，是年10月开学。光绪三十三年，改校名为"泸卫高等小学堂"。宣统元年（1909）申请设中学，改为"古宋县立高等小学堂"。1949年古宋解放，县人民政府接管学校后，更名为古宋县初级中学。1950年改名"川南古宋县立初级中学"。1959年学校改名为"四川省古宋中学校"。是年底，古宋并入叙永，学校改名"四川省叙永第二中学校"。1983年10月，原属叙永大坝、古宋、共乐3个区划辖兴文县，1984年学校再次更名"四川省兴文第二中学校"。校园内保存了书院老屋3间，门前有两株百年老铁树，屋内保存了一块石碑，书有"振兴文教"4个大字，这也正是当年和山书院和今日办学校的主要目的。

今日之兴文二中，又在光明新城修建了新校区，"百年和山"得到了传承。兴文二中已发展成省、市有名的示范性高中，高考本科上线人数年年攀升，近3年均有考生进入清华大学、北京大学。

和山书院遗址

香水山

香水山，山前半山有香水山庙，香水山和鸡公岭两峰缺口处黄桷树下为芙蓉寺遗址。民国时古宋文人王作耘曾有诗描写香水山：

香山芙蓉

香水山前色相空，四围翠竹满山松。
涛声悦耳微风过，云雾移晴细雨蒙。
历历美人埋脚下，纷纷豪杰葬山中。
多心经上悟禅理，一枕黄粱听晓钟。

芙蓉古刹锁双峰，屏障北门扼要冲。
香水山巅观敌我，鸡公岭外决雌雄。
关联据险能防守，策应交兵好反攻。
榕树团团遮隘口，香烟袅袅伴洪钟。

香水山紧邻城北，俯瞰县城，相对高度仅两三百米，是古宋城攻防要冲。清同治元年（1862），清将刘岳昭驻兵芙蓉庵防御太平军石达开部将赖裕新攻打泸卫城。山上林木茂盛，有山泉自山上流出，清洌甘甜，过去人们曾修渠引水至山脚取用，今已不见遗迹。山名来由未见古宋史籍记载，笔者推测大概取欧阳修《醉翁亭记》"酿泉为酒，泉香而酒洌"之意。现在颇多市民登山提水健身。

嘉庆《九姓志略》卷上《祠庙寺观志》始有记载："芙蓉庵，明普陀寺，在城北，两峰高耸约数十仞，嘉庆十一年（1806）任清捐建。因四面多芙蓉，故名。"普陀寺始建情况查无片言只字。明代普陀寺住的是僧人，清代重建的芙蓉庵住的是尼姑。至迟光绪时，芙蓉庵改为芙蓉寺，住的又是僧人（光绪《泸州九姓乡志》卷1《寺观》）。虽然芙蓉寺有"芙蓉古刹锁双峰""芙蓉仙境"之名，但在清代和民国都似乎香火不旺，民国《古宋县志初稿》也仅列名而已，古宋解放后长期只是瓦房一厦，行人歇脚而已。

香水山寺可谓后来居上，规模、香火、名气远胜芙蓉寺，至今不仅恢复旧观且发扬光大，是目前兴文县3所经官方批准的寺庙之一。而芙蓉寺则旧房已拆，只是一片重建工地，香火寥寥。

香水山在今天闻名全国，与香水山寺和开国元勋朱德元帅的一段缘分密不可分。民国六年（1917）11月27日至12月1日，靖国护法滇军第二军第十三旅旅长朱德退驻古宋。其时滇军被刘存厚、钟体道所部川军击败，纷纷退向川滇边界地区。大概28日，朱德携副官、卫兵数人登临香水山寺，在墙壁上题诗如下：

> 己饥己溺是吾忧，急济心怀几度秋。
> 铁柱幸胜家国任，铜驼漫作棘荆游。
> 千年朽索常虞坠，一息承肩总未休。
> 物色风尘谁作主，请看砥砫镇中流。

不知什么原因，笔迹模样未能保存下来，直至庙毁，20世纪80年代以前也未见文字记载该诗。幸好接待朱德的香水山寺住持隆清（俗名王祥文）背诵下来。1979年，经县内诸多学者考订，该诗始得重新面世，为泸州、宜宾、四川、中央各级文献研究机构所认可，香水山也沾朱德元帅之光而名扬全国。1987年，因香水山寺一片残垣断壁，古宋人秦道新等13人集资改在芙蓉寺前将这首朱德遗诗刻于碑上。

民国十六年（1927），住持隆清化缘扩修庙宅，民国十八年落成，彩绘观音菩萨，增加十二圆觉，新增三霄殿，雕石龙头置于泉口，泉水从龙口外流。寺庙墙壁用石灰浆抹平，从远处看，整个外观呈黑白色。

古宋解放后，寺僧分得土地，仍住庙中，但庙宇失修漏烂，1960年，僧侣4人迁入芙蓉寺。"文化大革命"开始，红卫兵破"四旧"将菩萨毁掉。1967年，城郊公社与寺僧协商，将残砖剩瓦折价190元卖给公社农中（今聚祥花园大门处）修补校舍。从此，廊庙全无，一方名胜变为一片残垣断壁，满目荒凉。

荣娇亭

　　1978年改革开放后，随着经济的发展，人们对精神文化的需求日益高涨。1993年7月至1994年4月，古宋老年协会的一些老人发起化缘重建香水山寺，重塑观音菩萨像，这次重修的房屋是今庙宇东面的两层楼房，菩萨和楼房都涂成彩色。1997年和1998年，古宋有几位老人牵头向民间化缘扩建香水山庙，即今庙宇不含钟楼的西面部分，并增塑了一些菩萨。这次扩建的房屋也是两层楼房，二层楼边还做了水泥栅栏。至此，香水山庙已初具规模，金黄色的琉璃瓦，金黄色的菩萨，红色的柱子，异常华丽，光彩夺目，从远处看，整个庙宇呈金黄色。同期，古宋旅台同胞刘光荣捐资在香水山路旁修建了荣娇亭，又添一景。站在二楼栅栏边，可以看见整个古宋城和远处重叠的山峰，有心旷神怡之感。游人络绎不绝，烧香的人越来越多。1998年夏天，一场大火将庙宇背后的林草烧光，而庙宇却丝毫无损。2004年以后，庙宇再次扩建，修建了钟楼。2015年前后，香水山开发工程展开，修建了登山石梯，整齐美观，又修建了从拢船沱殡仪馆连通芙蓉寺的后山公路，还在山间开辟了多条步行道，游览香水山更加方便快捷，加上后山有几家农家乐营业，喝茶吃饭方便，游者越来越多。每逢大年三十烧子时香，香水山寺更是人山人海，灯火通明，香火旺盛。芙蓉寺重建工程也同时进行，旧庙拆除后却停了下来，直到现在，唯有朱德遗诗碑独立坝中。

白塔与白塔山

在今天兴文县县城东面山上，有一座1995～1998年建成的中国工农红军川南游击纵队纪念碑和兴文县烈士陵园，有烈士墓50座，还陈列有关的革命历史、人物和文物图片等内容，人们习惯称之为白塔山红军纪念碑或白塔山烈士陵园。其实那里叫白岩上，并非历史上的白塔山，白塔山的真正位置应该是古宋河下桥下去约200米南岸的那个小山。现在白塔塔基遗址犹在，白塔山也因白塔而得名。而今白塔已片砖不存，空留塔址。

据民国《古宋县志初稿》卷11《艺文志》所载的清人罗毓谦《壶瓶嘴建塔序》记载，那个小山因"卓然笔立"而得名笔岭，"斜俯江流""特秀而最低"。壶瓶嘴就是过去称雷劈石的河段，因宋河至此岸狭水急，且河中有巨石

革命烈士纪念碑

当道，水势如水壶壶嘴出水而得名。清道光二十一年（1841）春天，江西南城县人胡学海代理泸州州判（光绪《直隶泸州志》卷6《职官》），前来九姓乡上任。胡学海是江西名士，善于风水堪舆，工作之余"辄出眺望山水"，见到笔岭，叹息说："气佳哉！葱葱郁郁，惜乎其不能耸拔也。"同游的九姓乡人、贡生廖纯斋问其故，胡学海说："不闻地灵则人杰耶？然生成之山水不无缺陷。惟人事可以补天工，此峰若立，实为一境风水所关。若能建塔其上，使尖峰秀出，直抵云霄，此木火通明之象也。其造福岂有既哉！吾子盍为领袖，成兹义举？"此前已经有几十个风水先生看法相同。于是廖纯斋将此语告诉乡中先辈，乡人欣然乐从，进行准备。不料不久胡学海调往他州，工程就停了下来。20多年以后，侨居泸卫、教书为生的兴文人罗毓谦等曾再次发起修塔之举，可能因为款项不足，仍未成功。又过了近60年，民国十六年（1927）冬，驻防古宋县的黔军团长李成章、县知事谢中孚倡议重建位于古宋城东关外黄土坎下（今盐井街口临河处）的仙人桥，县人募款万余元（银圆），第2年5月完工，士绅商议用修建大桥所剩木架，再拆城中白塔街（今博望街南段）清代塔砖于壶瓶嘴续修白塔，1928年底完工。塔身抹白石灰，远看呈白色，故称白塔。塔高7层，梯沿内壁盘旋而上，顶层为平楼，可容数人凭窗远眺，泸、叙群山尽收眼底。塔外林木苍苍，山底宋水泱泱，常有人在此游览题诗留念，如古宋文人钟序伦的《清江塔影》。白塔与古宋东城相望，站在水洞阁（今古宋大桥西桥头南侧附近）向东眺望，仙人桥、白塔及山水融为一体，美景如画，为古宋八景之一。二中退休教师康乃强的父亲康黎曾经以此作画《仙人桥》。

　　白塔建好后直至1957年的近30年间，古宋人过端午节大都是先打着火把钻干洞，出洞后爬白塔。男女老少熙熙攘攘，欢天喜地。爬上塔顶从窗口往外向西眺望，只见那古朴的仙人桥、潺潺的宋江水、江边的老黄桷树、岸边的青瓦房，构成一幅美丽的风景画。游子将行，每登白塔，故土难离，心酸泪洒；游子还乡，溯河而上，遥见白塔，欣喜若狂。

　　仅过了30年，古宋人辛苦了四五代人，投入巨资才修建起来的白塔就毁于一旦。1958年"大跃进"，为了修建古宋温水溪炼铁土高炉，白塔被拆。在拆白塔的同时，白塔山上的树木也被砍去炼钢。从此，巍巍白塔不见踪影，参天古木顿变荒丘。

玉皇观

玉皇观，地处古宋城最高点，是一座气势雄伟的古庙。明代修建，内有正殿、百子殿、观音殿、城隍庙，大小菩萨上百尊，塑造技艺精湛，栩栩如生。玉皇佛像全身系用黄铜铸造，重量上吨，为川南少见。观内楼、亭、台、廊、厢俱全，石梯宽敞均匀，正殿前的天井，为行善人放生之所，有乌龟、金鱼数十只。观内殿宇轩森，观外古木参天，为宋城避暑胜地。20世纪30年代设有茶园一座，供游人休闲。20世纪40年代用于办简师校舍。古宋解放后在此办农代会，在反封建的大浪中，菩萨庙宇被一一摧毁。1960年在此办民中，1990年代末划归二中，作为学生生活楼堂。许多石碑、石雕古迹被埋，荡然无存，尚余古城墙一段和墙侧破屋数间作为古庙历史的见证。

玉皇观后墙

古宋二校

今县人大、县政协办公地。

原为古宋中城二校地址,清朝时为机仙祠。光绪末年(1908)禀贡王梁邦洁做该祠首事时,即照学堂形式建设为女子小学。发展很快,机仙祠年收租仅20多石,教师脩金很不够,视学黄大勋拨款补助。民国元年(1912)初小一班毕业后,就该校添办高级小学款更不足,遂划拨男子高小(即古宋县立高等小学校)租谷100石补助,并称"古宋县立女子两级小学校"。以后古宋县政府将清朝时的皇仓、济仓两仓废地划给该校。邑绅任巨川又以米市街民房四间捐入校舍,遂成现在中城二校校址规模。历任校长有梁镜澄、梁羲之、谢永昇、许天民、秦镜淮、刘筱圃、常蕴高、李传等。古宋解放后一直办小学,"文化大革命"时期办过初中。特别是任过校长的刘筱圃(又名刘为瑶,号觉民),乃开国上将傅钟夫人,曾任解放军总政管理处副处长,大校军衔。民国初,考入成都女子实业讲习班(即农业专科学校)。在成都5年读书期间,经历"五四"运动,受到反帝反封建的思想影响,接触到了一些进步书刊。日本帝国主义在上海制造"五卅惨案"后,她积极参加学生进步组织——"后援会",在社会活动中得到锻炼,萌生了献身改造社会的志向。

1925年冬,刘筱圃回到古宋,任女子学校校长,她的堂妹——同在成都女子实业讲习班毕业回家的刘为姮(秦青川爱人)任该校教导主任。两个有知识的新派女性锐意革新,将女子学校办得红红火火,远近闻名,培养出一批冲破封建礼教束缚的有知识的新女性。她经常深入社会,调查民情,在教职员工中宣传新文化、新思想,组织师生庆祝三八妇女节,上街游行宣传"红五月",号召妇女为争取平等自由联合起来,向封建主义和旧礼教猛烈开火。1928年,共产党人秦青川回乡,她即聘请其来女子学校任教。秦青川也在女子学校利用讲公民课,宣传革命道理,使女子学校追求自由民主之风和进步之风更盛。当她收到未婚夫从巴黎托人寄来的进步书刊,即在女子学校组织了"格兰德读书会",组织青年学习马列主义,传播革命思想。因此,二校,这个百年名校,有着深厚的红色基因。

2015年,学校迁光明坝,政府决定将原址改做县人大、县政协办公地。

传经街

传经街属古宋镇西门上社区，北起陡城墙根，南至环城路，全长200米左右。

传经街并无寺、观、庵、堂，不应有诵经之声，怎会叫传经街呢？一是说当年香火盛极一时的玉皇观每日木鱼声、诵经声不断，传诵到了这条街。二是说街南头的秦家大院崇达摩，信佛教，秦家数辈皆有人在玉皇观为居士，清末民初的当家人秦镜淮，其母及其女儿也皈依佛门在家设经堂，每日吃斋念佛诵经，木鱼声、诵经声日夜传出，本来尚无名头的小街就被叫作了传经街。传经街因秦家而得名，秦家更为传经街添彩。

秦家大院在传经街很有名，其中一位主人秦镜淮不仅在本街，在老古宋城也相当有名。

秦镜淮（1890~1952），早年参加孙中山的同盟会，曾就读于京师大学堂（现北京大学），辛亥革命在成都参与创办共和大学和四川学制改革，护国讨袁时任蔡锷将军部参谋。后出任过广东省参事、越巂县知事、兴文县知事（未上任）、四川省立江安中学校长、古宋县教委主任等职。其抚养和资助其侄秦青川求学，更为人乐道。

生在秦家大院的秦青川（1898~1929）是兴文早期马列主义传播者，中国共产党早期党员，党内早期的活动家。他3岁时父母先后病故，全靠祖母和叔父秦镜淮抚养成人，幼年就读于古宋高等小学堂，1914年入

秦青川

江安省立第三中学，1917年9月入成都外国语专科学校。"五四"运动爆发，他积极参与，以"外专"代表身份参加成都外交后援会，担任庶务，常与北京学联代表会晤，往来于成都各校爱国学生团体之间。1919年8月经重庆到上海，在"法人中学"补习法语，9月，与川籍同学李劼人、肖金芳、何鲁之等一起受到孙中山接见并聆听教诲。12月9日，与聂荣臻等150名学生乘法轮"斯芬克斯"号赴法国勤工俭学。1920年1月，就读巴黎圣日耳曼中学，又在一家小厂当杂工。在法国，很快同赵世炎、周恩来、傅钟等建立了深厚友谊。1922年入丰登播伦农业学校半工半读，年底加入少年共产党，随后转为中共党员，1923年2月出席在巴黎召开的"少共临时代表大会"。1924年，在播伦农业学校毕业，转入蒙达尔一家橡胶厂工作，与傅钟一起，在艰苦生活中，共同完成党组织交给的各项任务。在此期间，他从法国向家乡寄回书信、杂志，向亲朋好友宣传马克思主义。1926年6月，上海五卅惨案发生后，参加抗议游行示威，写出《反对帝国主义惨杀中国人民》电文，迫使驻法公使陈箓签字并盖公使馆印，发往国内。斗争震惊中外各界，法国当局开始搜捕留法学生、工人，勒令其3日内离境。在党组织安排下，秦青川等200多名同学先后离法到苏联。到苏联后，秦青川与朱德、欧阳钦等30人进入东方大学，在郭莫罗夫卡军事训练班学军事。1926年5月，秦青川与朱德等20余人受遣回国，党中央派朱德、秦青川回川配合北伐。7月，两人到万县（今万州），朱德留杨森部，秦青川8月18日到重庆，会见中共重庆地委书记杨闇公，被派到彭县江防军第七混成旅做军运工作。其公开身份为国民党代表，实际是中共特派员。途经广安，他应邀在该县群众集会上发表演说，途经合川，与国民党左派将领黄慕颜（后为顺泸起义副总指挥）作彻夜长谈，更多谈及即将进行的顺泸起义。现泸州起义陈列馆已将秦青川列为领导人之一。

到彭县后，秦青川积极开展工作，发展了旷继勋（第七旅旅长）、王汉光、常小龙等入党，使江防军成为四川党的活动中心，对改造旧军队做出了卓越的贡献。后来国民党右派到江防军清理，下令不准倡言革命，秦青川在上级指令下返回重庆。

1927年1月，秦青川被派往二十军杨森部，任该军军事政治学校副校长。他一到职即整理校务，宣传办校宗旨，挑选一批进步军官和学生入学，为共产党培养和积聚人才。同年，重庆发生"三·三一惨案"，杨森反水，秦青川在学员和友人协助下，摆脱敌人，于4月12日到达武汉。

在武汉，秦青川参加了一段时间中央特科的工作，八七会议后，被派驻河南河北领导农民暴动。农民暴动失败后，1928年2月秘密回乡养病。

回家乡后，秦青川被聘任古宋高等小学及女校教员，继续坚持革命工作，宣传革命思想，组织进步学生学习马列主义，成立读书会，培育了青年学生文功元、常化知、刘复初、张友德等走上革命道路。1929年，他因病辞世于家中，年仅31岁，临终前捶胸疾呼："大事未了！大事未了！"

他发展为党员的旷继勋1926年率第七旅举行遂蓬起义，任苏维埃政府主席，后去四方面军担任过4个军的军长，文功元、常化知、刘复初等走上了革命道路，成为我党的高级干部。

在周恩来总理的关注下，1960年，秦青川被四川省委确认为中共党员，追认为革命烈士。1985年出版的《中共四川党员大事年表》中写道："秦青川是四川早期致力于旧军队改造，为党为革命武装奠定基础，作出重要贡献的军运领导人。"

传经街，不只传经诵佛，更因传播马列主义而闻名。

鼓楼谯

在宋江河水东阁往上的南岸有一条小街，被人们叫作"鼓儿桥"，其实，它正确的名称应叫"鼓楼谯"。还是泸卫城时，这里有一座楼，是司更鼓之地，叫鼓楼谯，每天准时传出的更鼓之声，在寂静的夜晚听起来清晰入耳，多年来，以不变的节奏伴着宋江河水汨汨流淌。

现在的鼓楼谯，鼓楼早已不存在，更鼓之声不再响起，一度成为县城小商品的繁华集市。小街的老街舍和老街坊十不存一，但生于斯并在此度过少年时光的一个人却被牢牢记住，他就是罗髫渔。

罗髫渔1902年出生于古宋镇鼓楼谯一个穷苦家庭，靠父亲做挂面为生。他自幼聪颖，小学五年级时因家贫辍学，到一家钱庄当学徒，后得老师及亲友资助，得以在南充顺庆中学就读。1921年离川，随几位同学浪迹武汉、南京、上海，一面工作，一面学习。1924年，入上海大学学习，开始接受革命思想，学业名列前茅。1925年上海"五卅惨案"，积极参与，向党组织提出参加共产主义青年团的申请。组织安排护送烈士何秉彝同学回四川彭县，后回家乡，散发从上海带回的传单和图片，把少年时的同学组成学习小组，帮助他们以后走上革命道路。

1926年9月，罗髫渔前往广州，转为共产党员，入黄埔军校任少校政治教官；1927年上海"四·一二"政变后，于5月初到武汉参与北伐，先后任16军、11军中校宣传科科长，11军政治部主任兼上校秘书。

南昌起义时，罗髫渔为总政组织处处长，后为11军军政治部主任（11军军部领导为叶挺、聂荣臻），他和夫人谭勤先是参加南昌起义结为革命伴侣3对中的一对，共同战斗生活了60年，两人的头像均刻在南昌起义纪念墙上。

后在组织安排下，罗髫渔先后在香港、上海从事地下工作，先后任泸中区组织委员、中央交通员、"蜀道通讯社"总编、"青年学社"党团书记、上海印刷总工会党团书记。1931年被捕入狱，1935年2月方出狱，在狱中坚贞不屈。在狱中和出狱后，他从事写作、翻译，有多本著作（译著），并转至香港任《天文台政治评论报》主编。1937年，经南方局工委恢复组织关系。1938年2月受组织派遣，随周恩来、郭沫若到国民政府政治部第三厅从事抗日宣传工作，1940年任政治部文化工作委员会秘书兼少将设计员。1945年受遣回川任四川大学教授，从事地下工作。1949年9月参加组织中共四川临时工委，任书记，从事军事策反工作，为成都的和平解放作出重大贡献。

新中国成立后，罗髫渔任四川大学管委会副主任，川西行政公署委员兼新闻出版处处长，西南区中苏友好协会总干事。1953年4月，调北京任中苏友好协会副秘书长。1958年调中国人民大学任教授，先后担任中国人民大学党委委员、《教学与研究》总编、中国语言文学系第二主任、清史研究小组副组长等职务。"文化大革命"期间，他遭残酷迫害，仍坚持原则。1978年中国人民大学复校，成立清史研究所，他出任第一任所长、名誉所长。他是全国政协第四、第五、第六届委员。

罗髫渔既是驰骋沙场的老革命，也是一位博学多才的学者、诗人。他的史学著作《世界文化史讲话》民国时曾再版8次，新中国成立后也再版。他通晓外文，曾翻译过《世界近代史》《德国近代史》《国际工人运动》等。他国学功底深厚，擅长古典诗词，还写得一手好字。在上海大学时，曾写过一副对联——"一身浩然正气，满腹锦绣文章"，赠送给老师萧楚女，有一书法作品布展人民大会堂。最早挂在张自忠路3号大门的"中国人民大学清史研究所"牌子，就是他的手笔。他先后在《龙门阵》《诗刊》《北京文艺》等发表若干诗、文、评论。

罗髫渔雕像

在兴文，罗髫渔抗战时返乡作过两首诗：

南天雅集之一

一叶帆张任驶收，三年重把宋江秋；
亲朋厚我常招饮，烽火催人未可留。

浴血哀兵怀北路，餐风铁马忆南州；
新晴正喜茱萸好，又见云生郭外愁。

北门雅集即景

多谢骚坛众教官，纷投珠玉履砖盘；
抒情自爱青莲逸，拨乱还尊老杜酸。
梦绕两湖驰八桂，心怀九曲望三韩；
有怀掷笔师宗悫，莫向新亭泪暗弹。

1981年7月1日，罗鬈渔应家乡书画展所书条幅：

北伐东征志气扬，红旗高举下南昌。
从今奠定千秋业，八一周公好主张。

1988年1月30日，罗鬈渔在北京逝世。《人民日报》发了讣告："新华社北京2月13日电，中国共产党优秀党员、久经考验的共产主义战士、无产阶级教育家罗鬈渔同志，因病于1988年1月30日在北京逝世，终年86岁。"罗鬈渔，不愧为兴文好儿女；鼓楼谯，因罗鬈渔而骄傲。

后街头

后街头是古宋镇东门外的一条街，因处城外，才有后街之称。后街头呈南北纵向，北起至东门外邻近水东阁，南至三官楼。这条街很有特色，街的东面皆正常布局，开间和进深都随各家财力修建；西半边全都是贯通型，前边门面是后街头，后门直抵胜利街，每家每户的门面开间大小不一。如前宜宾地区文化馆馆长、副研究馆员、著作颇丰的钱正杰家，门面开间可能不到3米，除去房间，就余一条窄窄的巷道直达后门；隔壁的罗声源，退休教师，能写会书，可称为乡贤，他家门面略宽，也不过3米多；而文家大院，门面有5~6米宽，大气多了，两侧为屋，中段还有天井。

后街头

其实，让后街头更有名气的，是从这里文家院子和刘家大院走出去的两位老革命家——刘筱圃、文功元。

刘筱圃，应为兴文巾帼的先行者，开国上将傅钟的夫人。生于1902年，卒于1980年。曾任过古宋女子学校校长（原古宋二校），为传播革命思想、革命知识将之办得红红火火。1931年4月，到上海与回国在中央机关工作的傅钟结婚，被安排在中共中央军委做机要交通工作，曾护送刘伯承由上海经香港再辗转到达中央苏区。1932年9月被国民党逮捕，狱中受尽折磨，经受了严峻的考验，后经组织营救出狱，仍在上海、北平从事党的交通工作。1937年5月到延安，任红二方面军抗属学校校长，开展大生产运动受到嘉奖。制作的腌肉和咸菜受到毛泽东主席、朱德总司令的称赞。抗日战争、解放战争时期，历任中央军委总政治部总务科科长、秘书处副科长、总务处副处长。新中国成立后，任解放总政治部管理处副处长。

文功元，出生在后街头文家大院。读高小时曾受秦青川教诲，1930年春参加中国少年共产党，任过本县少共组长。泸州读书时任少共泸县中学支部书记，在成都求学时任少共志法支部、皇城支部委员。1933年冬，受组织派遣回川南，先后担任中共宋兴特支书记，少共江安、兴文特区书记，泸县中心县委委员、组织部部长、宣传部部长，组建江长游击队及参与赤（水）合（江）游击队的领导工作。1935年5月调任少共四川省委、《四川晓报》主编，6月末在成都被捕，1937年6月底出狱。1938年冬去延安，入中国人民抗日军事政治大学学习，学习结束后，留校任政治教员。1946年随军参加东北解放战争，历任呼伦贝尔保安司令部政治部主任。1950年8月奉命进军大西南。1950年8月1日到重庆后，担任西南钢铁工会主席、钢铁厂党委副书记，保证了成渝铁路钢轨与配件的及时供应。1953年春被全国总工会西南办事处和西南工业部派去云南，协助个旧锡矿、东川铜矿、昆明钢铁厂工作。1954年大区被撤销后，调中央建设工程部筹建金属结构总局任副局长、代局长。1956年二机部成立时任生产局副局长。后任甘肃原子联合企业厂长，"八〇一"工程领导小组副组长，西北核武器研制基地副总指挥，核工业三线建设指挥部副总指挥，二机部计划局副局长，核电局局长，等等。

作为核电局首任局长，文功元负责制定核工业发展的长远规划。1980年，针对中国核电站的建设，到各地进行调研，向邓小平同志写了报告："现在争论的症结并不在进口或是国产，而是在于很多人不相信中国能搞出核电。"不久后，邓小平批示："核电应该搞。而且要自力更生。国家计委可以批些钱，先进行试验。"1981年10月31日，国务院正式批准建设中国第一座30万千瓦的压水堆核电站。文功元多次为建站选点调研奔波，最终确定厂址在浙江海盐秦山，中国第一座核电站——秦山核电站终得建设成功，这才有了第二座、第三座。所以，有人称他是中国核电建设的助推者和奠基人。他于1982年9月离休，享受部长级待遇。1985年10月，核工业部发给他长期从事核工业建设工作的荣誉证书；1988年1月1日，国家国防科工委发给他"献身国防科技事业"荣誉证章；2020年，核工业建设65周年，发布核功勋榜，文功元同志名列其中。

刘筱圃、文功元两位革命前辈的业绩感动后人，让人们更深地记住了他们的出生地——兴文县古宋镇后街头。

现在，后街头因修成贵高铁，靠胜利街一侧已被拆除，成了新的"半边街"。

常家院子

在古宋镇，常家院子有两个：一个是常家老宅，属晚清建筑，在康家巷子旁边，对门就是古宋最早的照相馆——林光照相馆；另一个是常家民国时修的，占地上千平方米，位置在二医院后面靠近河边原古宋打米厂那里。常家善经营，越做越好，越做越大，家业大了，人也多了，所以才另建新院。到常化知这一代，兄弟姐妹就有8人。1948年，常家分家，老宅这240平方米的房子就分到了老九常化知头上，但主人却不在家，他到哪里去了呢？

常化知，又名常章隆、常服五，自小聪颖，4岁多一点就上小学，10岁时读完高小，以优秀成绩考上成都私立宾萌中学，1927年秋，不到13岁，考上四川大学工学院预科。少年懵懂，尽管对动荡的社会不满，却不知向何处寻真理，为寻求拯世救民之术，他竟3个月内两上峨眉山。1928年回老家过年，在成都到江安的同一条船上认识了兴文的陈龙池，讲了一些在黄埔军校和北伐的

事情,讲到那些北伐中英勇牺牲的青年人可歌可泣的事迹。这些青年大都是共产党员,常化知第一次知道和认识了共产党。回到老家后,他与亲戚秦青川接触机会最多。秦青川很喜欢接近青年,组织大家演剧,参与社会活动,讲一些革命道理。两人谈得非常投机,常化知看一些革命书籍不懂的就问秦青川,他可算是他革命思想的启蒙者。

回校后,四川大学地下党组织主动借一些进步刊物给常化知看,吸收其参加读书会的讨论,1929年参加到CY(共青团)小组,参加了贴标语、集会游行等革命活动。1930年,组织上安排他作为弟弟与一对党员假夫妻组建家庭,在顺城街设交通点。不久,面对敌人大搜捕,通知转移,常化知结束了6年的成都生活。

常化知选择到北平去,经重庆乘船到上海再到天津转到北平,已是1930年暑期。他报考了北京大学法学院俄文系预科,目的是想有机会去苏联,此时他才15岁。在北平期间,他和组织接上了关系,被编入北京大学法学院CY小组。1931年9月13日,遭秘密逮捕,在看守所关押两个多月后,年底转押第一模范监狱关押政治犯的庚字监。

1933年5月,"大赦令"颁布后,常化知获释。他联系不上组织,身体又虚弱,就回到老家。回古宋后,在县中学做英语教员,很快与家乡地下党取得了联系,当年底,县里成立了"清共委员会",以有共党嫌疑将他软禁于城防司令部,后经家人保释,他不得不离乡出走。

1935年初,常化知离家经重庆到北平,学了两三个月日文。5月,经塘沽坐船到日本,用他堂哥的大学毕业证贴上自己照片报考上东京大学经济学部做研究生。随后加入四川籍留学生张健冬、傅襄谟、简泰梁3人1935年初创办的《留东新闻》,周刊内部员工几乎都是被迫逃亡的党员、团员和参加过进步团体的青年。从创刊到1937年被查封的一年多中,他们承受压力和迫害,在困境中与日本当局斗智斗勇,想方设法刊载有关抗日反蒋消息和红军在国内活动,如中共的《八一宣言》、"一二·九"学生运动、西安事变等,及时报道出去。1937年2月,《留东新闻》被查封,逮捕了常化知等5人,在据理力争和外界营救下,5人相继被释放并被驱逐出境。

1937年5月,常化知与刘筱圃、唐平铸等一起回到上海,再辗转到延安。常化知被分配到一个训练班学习,1938年被分配到武汉八路军办事处,不久办事处分配他到四川做地下工作。1938年春,他顺道回家看望父母。在家里,他大哥的儿子常嗣先中学毕业后在家管店铺，但追求进步。在离开老家时，本来是在泸州进货的侄儿却与他一起到了成都，介绍去了延安吴堡青训班，毕业后被分配到北平西部游击区工作。几年后他才知道常嗣先在一次反"扫荡"中牺牲，成了常家大院的抗日烈士。

常化知到成都不久，武汉失守，他与办事处失去了联系。1937年底他到八路军重庆办事处，讲述了过程。1939年初恢复组织关系。1939年秋到了西安八路军办事处，接待的同志告诉他，他的组织关系是重新入党，之后又到延安。他先后在八路军344旅中级干部训练队任政治教员、指导员，东进平汉路开展游击战争。百团大战前又调回八路军总部，到敌工部从事对日伪军宣传瓦解工作，组织"抗日反战同盟"，编辑"敌伪工作"刊物，在太行军区第二军分区和第五军分区都是做敌工工作。

1946年3月，常化知任太行军区第五军分区专署专员，4月，调太行区邢台市任市长，他是邢台市第三任市长，才31岁。第一任是任仲夷，曾任政治局委员、广东省委书记；第四任市长王秉璋，开国中将，第七机械工业部部长。1947年冬，调太行一专署任专员，邢台改为一专署管辖的县级市。1949年调任南下一地委书记，组成解放军的长江支队。1949年，担任福建晋江地委首任书记。

1952年，常化知调北京，在中共中央外联部工作，1954年以随员身份跟周恩来总理出席了日内瓦会议。1955年调国家建委任副局长，年底到出版局，以后3年，先后在化工部计划局、化工部有机设计院、锦州化工厂工作。1960年调化工部北京化工研究院任院长，1964年三线建设开展，到富顺晨光化工研究院工作，"文化大革命"中遭迫害，1980年恢复工作，任国务院外文出版局副局长，1983年离休，享受副部级待遇。

颇具古韵的常家院子在城市建设中已被拆除，但常家院子的主人常化知却永远活在兴文人民的心中。

同泰殿

同泰殿是位于二中对面，以白果树为中心的左右两侧，以刘氏集中居住的一大片祖屋。这支刘氏，清末时从福建入川，在泸卫城（今古宋镇）共有五房，其中一房居九姓，一房居于白果树偏东南的木牌坊，余者三房集居于同泰殿。同泰殿已于20世纪80年代末90年代初，因城市建设需要，被全部拆除，它因在此出生的兴文老幼皆知的刘复初而长存于人们的记忆之中。

1910年10月1日，在同泰殿，刘氏家族长房第四子刘国符宅院里，一个男婴呱呱坠地，给已经开始凋敝的刘家带来几分喜气。刘国符大喜之际，为儿子取名刘复初。原想"初"为万物之始，"复"则寓意重现祖上辉煌，给刘家带来新的希望。谁知刘复初不满周岁，母亲产后染疾而亡；3年后，一面种地一面教私塾的父亲也抑郁而死，扔下不满4岁的他和后母及后母所生儿子，留下可收10石稻谷的水田和两间破旧的青砖瓦房。

刘复初有着苦难的童年，极具反抗精神。6岁时，获得上私塾的机会，7岁时，却被继母打发到她娘家乡下去放牛。10岁，去银矿坪三叔祖刘小石家，白天放猪，晚上就和叔叔刘国烈一起看书识字。后来，姑父带他到麒麟沟，在卜蔓小学读三年级。14岁那年，考上了古宋县立高等小学，后因痛打在校横行霸道的学生而主动退学。毕业于北京大学的早期同盟会会员秦镜淮推荐他入古宋模范小学，还翻出他侄子秦青川从法国寄回的书籍诗文等给他看，让他了解社会现状和当今世界。模范小学校长方介培毕业于北京师范大学，将新思想、新观念带进校园，使他接触到了《向导》《新青年》等进步书刊。1926年，为反对丧权辱国的"二十一条"，全国爆发了反帝反封建斗争，在有10余所学校2000多人参加的游行集会中，15岁的刘复初担任学生总指挥，展露其组织能力。

1928年，刘复初考入中学，校内成立学联，他担任宣传处处长，后因经济困难而无奈辍学。刚满17岁的他又投考贵州赤水崇武学校，入校两个月因病回乡。他在同学的介绍下认识了秦青川，秦青川热情地向他介绍世界和中国的革命形势，还把珍藏的《共产党宣言》送给他。

1929年，古宋地下党组织将他作为培养对象，希望他到银矿坪一带去发动群众，特别是苗族群众，建立一个革命联络点。他上了银矿坪，在三叔祖的槽房帮工，趁机宣传革命道理，成立"苗族协会"，选择一些人成为"红军之友社"成员。

1930年冬，刘复初离开银矿坪任南区民团的督练长，趁机发展"红军之友社"会员。1931年末，重回银矿坪，于1932年春节加入中国共产党。1932年初，中共宋兴特支建立，夏天，增补其为特支委员。1933年7月，任特支书记，在兴文、古宋两县领导开展春荒斗争，到土豪劣绅家"吃大户"，破仓分粮。

1934年冬，在洛柏林，有几十人的宋兴特支游击队成立，刘复初任政委。1935年2月，闻红军川南游击纵队到了建武，他星夜前往，见到徐策、余泽鸿等领导，要求带着他那支游击队加入红军。经研究后，领导们同意将其改为"红军川南游击支队"，暂留地方，配合纵队行动。

1935年9月，纵队通知刘复初归队，在博望山（今㚇王山）合队后担任纵队的参谋长。1935年底，纵队遭受重大损失，刘复初带领剩余的17人上了连天山，躲过敌人的围捕搜剿。1936年1月下山到了洛柏林，重整旧部，再树红旗。2月，召开洛柏林会议，刘复初任特委书记和纵队政委，带领红军川滇黔边游击纵队转战川滇黔边区，开展革命武装斗争。

1936年12月，刘复初身患疟疾，留在川滇交界的大雪山休养，不幸被捕，关押在泸县监狱。他坚贞不屈，经受住了考验。1937年，全面抗战爆发，国共合作，他被八路军武汉办事处营救出狱。

1938年，刘复初到延安，任中共中央政策研究室研究员兼陕北公学民族部政治教员，还任过边区政府视察团副团长。1946年调东北，任中共呼盟工委委员、满洲里市工作队队长。1947年3月，任满洲里市第一任市长，1948年兼市委书记。1953年11月，任中国内蒙东部区党校党委书记、常务副校长。1956年1月，任内蒙畜牧兽医学院党委书记、常务副院长。1958年11月，创建内蒙古林学院，任党委书记、院长，"文化大革命"期间受到不公正待遇，1978年12月获平反，恢复党籍。1979年5月，内蒙古林学院恢复，任党委书记、院长。1984年离休，享受副省级待遇。

2000年9月26日，刘复初因病逝世，享年90岁。

温水溪

《古宋县志》载:"距城南五里大溪口附近,有一温泉,注入溪中,得名温水溪。"溪水流入宋江河,江水平阔如泊,沿河竹柳倒映,河中扁舟游荡,岸上开阔平坦,山脚"凤凰嘴"岩石笔立,附近奇峰雄伟多姿,农户毗连,夜晚灯火掩映,景色如画。明朝正德年间,宋人罗成霖在《温溪晚眺》一诗里如是写道:

> 温溪春晓景尤佳,丛竹修修一径斜。
> 山隈曲折回飞鸟,天半绯红杂落霞。
> 云月伴同烟雾起,翠微深处有人家。

这首诗把温水溪晴天傍晚看到的诸景描绘得生动无比。

1958年"大跃进"时期,泸州专署曾调集江北隆昌、富顺、泸县等地上万民工到温水溪扎下大营,修筑一排排高炉,摆开大炼钢铁的战场。古宋县也从各人民公社调集民工,负责后勤保障。记得笔者老家的家人在莲花街上做裁缝手艺,也被调去温水溪为钢铁大军缝补衣服;古宋中学的师生也被调去工地写标语,搞战地宣传。其时有个叫李琴和的初中学生写了一首歌词——《歌唱温水溪》,经严徽敬老师修改并用川南民间曲调谱成民歌。其歌词如下:

> 古宋的温水溪,离城五里地,清清河水绕村西。
> 初一对十五,十五的月儿高,江风吹动柳树梢。
> 过去的温水溪,河水静静流,船儿停泊在河中。
> 如今的温水溪,与往年大不同,热闹犹如城市中。
> 公路上人来往,车子穿梭样,河里船儿忙又忙。

温水溪驿站

> 高炉平地起,烟囱像森林,风箱拉得劈劈啪啪响。
> 勇士拿钢钎,撬开高炉门,铁水奔流闪红光。
> 全民总动员,遍地铁水流,超英赶美齐上阵。
> 有了党领导,群众总动员,共产主义早来到。

这首民歌一出来就唱遍了整个古宋县城乡,被人编成歌舞节目在各地演出,很快就传遍了川南,名噪一时。在四川省民歌比赛中曾获得三等奖,中央人民广播电台也经常播放。而今老年朋友们在跳"坝坝舞"时还唱这首歌,它记载着温水溪远去的历史,记载着"大跃进"年代全民大炼钢铁的历史。

温水溪以其得天独厚的区位优势成为兴文交通枢纽,是通往石海洞乡风景名胜区(世界地质公园)的必经之路;靠西面山脚就是宜叙高速,并修建了服务区;南行2000米便是宜叙高速的互通连接线,省道从光明新城穿过2000米的求雨山隧道,经过温水溪连接叙永;成贵高铁横跨温水溪,与宜叙高速交会。出温水溪1000米处的三角沱有着开阔的水域,是兴文人的天然游泳池,三角沱电站坝址处成为县城的水源地。

叶麐旧居

论起"民国四博士",无论从年龄、学识还是影响上看,叶麐皆居长。叶麐,名祥麒,兴文县古宋镇人,旧居在东阁头。祖籍江西吉安,清代中叶因战乱留居蜀中。父亲叶发新经商,母亲赵氏,弟兄5人,叶麐居长。

叶麐7岁入私塾,12岁入县立高等小学堂,毕业后考入永宁中学,未毕业即于1908年考入四川陆军小学(公费)学习。1911年加入同盟会。后到重庆与熊克武、张列五、黄复生等人协商组织学生军北战,适逢武昌起义成功,乃弃武就文。1914年赴上海考入南洋公学,以成绩优异得免费肄业。同年考入苏州垦殖专门学校,后又考入南京河海专门学校,因英语成绩较好,毕业后被分到济南分校任英语教员。1918年考入北京大学哲学系,名列前茅,受南京高校教授张子高的资助,直至获得优异成绩毕业。1921年得到蔡元培校长的提议,以特待生(获法国里昂大学奖学金)名义留学。

叶麐先进中法大学专攻法语,后考入里昂大学,专攻心理学,1929年获里昂大学文学博士学位。1930年回国,之后在清华大学、北京大学、山东大学、四川大学、武汉大学、中央医药院任教授、系主任、教务长、代理校长等。1952年至1977年在西南师范学院任教授、心理学教研室主任。

叶麐除参加辛亥革命活动外,曾于"癸丑之役"参加讨袁学生军,攻打过上海制造局。在北京大学学习时,加入新潮社,参加1919年5月4日天安门广场示威游行(后又称"五四运动"),受伤被捕。1926年留学法国期间,与共产党员张得荣(均系留学生)到日内瓦国际联盟抗议帝国主义在上海制造的"五卅惨案"、万县"九五惨案"和广州"沙基惨案",并以"中国青年"的名义,以法语撰文抗议,载法国《人道报》和日内瓦《劳动报》。1931年任清华大学教授时,参加教授会发起的反对"CC系"吴南轩任校长的签名活动。

1937年至1939年,叶麐任四川大学教育系主任时,担任左派学生组织的

"文艺研究会"导师,保护和资助进步学生蔡天心、邱觉新以及"伏虎寺纵火案件"的学生袁丙生(袁珂)等人。校长程天放多次托人游说叶麐参加国民党,其终不允。程天放以解聘相威胁,叶麐即愤然离去。后黄季陆任四川大学校长,聘叶麐任教务长。叶麐与黄季陆商定,教授经由他聘任,于是一批进步教授得以执教四川大学。四川大学的良好校风,叶麐先生贡献颇多。1947年版《川大一览》载:"自1945年叶麐任教务长以来,竭力从事整顿,日新月异,成绩斐然……叶先生为纯粹学者,风度严肃,诚笃不苟……商同校长,严格审聘师资,送函各教授从严督促学生作习,指导学生研究……同学皆兢兢业业,倍加奋勉,研究风气,与日俱增。"

1946年3月12日,四川大学发生迫害进步教授李相符、陶大镛、彭迪先的"三教授事件"。时叶麐代校长,前往查究中当众怒斥国民党特务的罪行,同时又保护进步教授杨东莼、罗鬓渔、陈刍尧等人,深得师生赞誉。1948年,成都发生大学生请愿而轰动一时的"四九血案",四川省政府门前军警荷枪实弹,以戒备5000多名大学生。叶麐参与请愿团代表,同省长王陵基面对面谈判、辩论。叶麐说:"学生要求平价米,犯何法?有何罪?要抓,先抓我,要杀,先杀我!"在叶麐的坚持下,王陵基才会见学生。随后,王陵基镇压了学生,叶麐除要回扣押在省政府的四川大学学生,还打电话给华西大学校长方叔轩和成都大学教务长苏国夫,催他们速领回被扣学生代表。他还冒着巨大危险将自己撰写的《维护人群声明》刊登在《大公报》上。

1950年,叶麐任四川大学校务委员会委员、川西行署委员,曾参加川西土地改革,并任工作团领导成员。1953年参加中国民主同盟(简称民盟),任民盟重庆市委员会委员,1954年任重庆市政协常委、重庆市人民代表,1956年任四川省人民代表。

叶麐于1935年至1936年,赴欧美6国考察文化教育,新中国成立前担任过中比、中法、中瑞文化协会理事长。新中国成立后,任中国心理学会常务理事,留学法国时是法共中央委员、著名心理学家瓦龙的学生。他的博士论文是《兴趣心理学》,主要著作有《文艺心理学》《变态心理学》。翻译出版有《阿朵尔夫》《从心理学观点论述小说中景物的写法》《列宁对苏联教育的贡献》,还发表过不少研究心理学的论文,其中,《人底心理活动是人的高级神经活动》载于中国科学院主办的《心理学报》。叶麐对美学也有研究。长期从事教育工作的他,教学经验丰富,方法上深入浅出,善于启发,莘莘学子听之入神，学生遍及全国，其中曹日昌、张增杰等已是著名学者、专家。

叶麐还善于辞章，早年在北京《晨报》上发表的诗词深得胡适赞赏，著名文学评论家、教育家、诗人、红学专家吴宓和叶麐有几十年的交往，情感甚深。20世纪30年代初，两人同在清华大学任教，便是意趣相同的诗友。当时，吴宓兼任天津《大公报》文学副刊主编，叶麐虽然是心理学教授，但从小喜爱词章，并有很高的造诣，不时填词送给吴宓，在其副刊上发表，还常常参加吴宓的诗会。1932年春，叶麐与邓昭仪结婚，吴宓作《蝶恋花》二首祝贺。词中之句"写就新词倾一世，得君方信文人贵"应是他赞赏叶麐的由衷之言。在抗日战争时期，叶麐填写《轻梦词》共66首，载于杨公庶主编的《雍园词钞》得以保存传世。抗战时期，很多著名大学纷纷迁入西南，陪都重庆成了名人荟萃之地。1946年，杨公庶先生在重庆沙坪坝收集名家词作，编辑出版《雍园诗钞》，选叶麐先生的《轻梦词》作为开篇，同时编入吴白匋、乔大壮、沈祖棻、汪东、唐圭璋、沈尹默和陈匪石等著名词人的作品，书名由著名词人、书法家乔大壮题写。

叶麐的《轻梦词序》写道："予少历艰颉，时复郁，亢心高洁，每与俗违。又复情随物迁，行不逮志。独居深念，动兴悔尤。因往往谬悠其词，托咏儿女。盖将以排遣其烦忧，非好沉溺与靡漫也。世之君子，其亦略其言荃乎！叶麐。"66首轻梦词，词牌近30个，如"踏莎行""贺明朝""诉衷情""水龙吟""玉楼春"等，件件皆为佳作，读之感慨不尽，兴味无穷，无愧大家之作。词章融家事、国事、情事、世事，或追忆，或沉吟，或感慨，或向往，尽付学者赤子之心。今录4首供诸君吟咏、品味。

点绛唇

小雨初过，翠郊青绿明如洗。饮牛临水，铎响前湾里。
只见伊人，独坐藤花底。抛书起，乱莺啼止，林外霞成绮。

浣溪沙

道上飙输渐渐稀，街灯冷落月光微，百无聊赖一人归。
此夜繁华同一梦，舞休歌罢各相违。余芬犹染黑呢衣。

减字木兰花

悄惶情绪,欲寄此心无寄处。慢把书翻,不道翻书意更烦。
今年又了,坐看落梅空悄悄。且待来春,只恐春来笑旧人。

山花子

大地沉沉入睡乡,但闻村犬吠声长。凄恻无眠空辗转,尽思量。
世事苦艰精力短,几人垂老志行强,明日太阳重起处,又登场!

此简述叶麐先生一生,读先生数篇华章,一位革命先驱、民主斗士、绝学教授、风雅文人等形象,已跃然纸上。

泸卫石城

据《古宋县志》载，明成化四年（1468），泸州卫由茜草坝西迁渡船铺建泸卫石城。其时朝廷正动员大军征剿大坝一带都掌蛮，建城为军事镇边之需。石城建于宋江河西侧两山之间，东西长1150米，南北宽850米，城周共3400米，全由方形青石砌成。城墙高5米，厚7米，顶部为凹凸不平的垛子。开洞深7米的城门4道，分别为东安顺门、西镇远门、南定边门、北拱宸门，其上皆有城楼。东北角建小东门，在城墙四角及北门、小东门建炮台6座，并建东西水关2处，放花溪由西关入城，曲折穿全城由东水关出，合宋江河。

泸卫石城，共建街道10条，东西主干道长1150米，宽约10米；南北宽850米，比主街稍窄，均用石板铺街，两旁修有阴沟，布局合理，市容整齐。街道名称没有文字记载，推测那时以驻军为主，居民不多，还未完全变为集市。

又据《九姓司志》古迹篇载："泸卫城，在九姓司南十里，成化四年，大坝夷叛襄城伯李瑾、兵部尚书程信讨平筑城域于九姓司之渡船铺，举杀贼有功之佥事严正为副使并有功之指挥使韩忠为都督佥事充恭将守之，将泸州同城之泸州卫原设左右中三所全伍官共改调于此，又将重庆卫前所官军割附泸凑并四所，每所设千户一员，百户十员，旗军一千一百二十名，又有经历守备各一员，共四十八员。神宗二年，曾省吾平定都夷，将泸卫前二所徙置建武城。天启四年，奢从明叛，总督朱燮元讨平，将泸卫左右官军徙置永宁，留守备一员，以任祈禄有功实授泸卫守备，仍管九姓司事。"

秦青川墓园

秦青川，兴文早期马列主义传播者，中国共产党早期党员之一，中共早期致力于旧军队改造的军运活动领导人。1929年2月21日，因病辞世于家中。

秦青川逝世后，家人在仙鹅溪（今古宋镇阳坝村）择地安葬，筑好坟墓，妻儿为之立碑。

秦青川逝世10年后的一天，周恩来同聂荣臻、李富春谈及在巴黎勤工俭学之事，便问身边副官邵文斌："你是四川古宋人，你知道秦青川吗？"邵文斌即回答："听说被反动当局迫害致死了。"当时周恩来很惋惜地说："好同志，好同志！"

秦青川墓

新中国成立后,周恩来总理在日理万机中叫身边秘书打电话给四川省委,要求查清秦青川的死因。四川省委责成民政厅派人与叙永县(当时古宋归叙永县管辖)组成联合调查组,经过调查核实,秦青川确实是被反动当局迫害致死。1960年,中共四川省委确认秦青川同志为中共党员,四川省人民政府追认他为革命烈士。1962年,省政府拨出专款指示叙永县政府培修坟墓,立"革命烈士秦青川之墓"墓碑以作纪念。1962年12月26日,以"叙永县人委会"名义立碑于墓园。

2019年,兴文县人民政府拨款对秦青川墓园进行培修,扩大了墓园面积,占地200多平方米。进入墓园,有一小平坝,青石栏杆相围,顺石阶而上,立一尊汉白玉秦青川胸像,雕像后边,是培修后的秦青川陵墓,墓碑仍用1962年叙永县人委会立的那块。陵墓后边用黑色大理石镶嵌,刻写有秦青川生平介绍。陵墓左右两侧各为大理石嵌壁,由7位著名书法家书写的秦青川烈士诗词10首镌刻于石上。墓园松柏掩映,庄严肃穆。墓园左方,立有3块石碑,分别为兴文县人民政府立的"兴文县重点文物保护单位""革命传统教育基地"和兴文县公安局、兴文县退役军人事务管理局、兴文县古宋镇政府、兴文县烈士陵园管委会署名的"保护烈士墓园的通告"。从原省道到墓园的小道已修成能行车辆的水泥道,并在二级公路老省道道口及通往墓园的小公路入口,分别立上"革命烈士秦青川墓园"指示牌。

放花溪

放花溪，有人读为"纺花溪"。它是从干洞湾流出，由西向东贯穿县城的一条小河，在水东阁处穿石注入宋江河。

放花溪，原名南门溪，清乾隆《九姓司志》载："南门溪，在司之泸卫城南门内。"《九姓司志》中，有《南门溪石泉》一诗，署名为刺史林良铨：

> 万斛滔滔碧绿纷，秋霜喷出自根云。
> 琼瑶漱处石应裂，冰镜悬时影未分。
> 锡杖岂劳唐景泰，剑锋不惜汉将军。
> 贪泉犹可吴公酌，洁清何妨饮使君。

至于何时由南门溪变为放花溪，具体时间无从可考，应该是在民国时就叫放花溪了，因为民国版，也是第一版《古宋县志》就记载为"放花溪"。

何为放花？逢盛世，多诗文，世平安，雅趣增。是否当年泸卫城一众文人雅士，溪边放花，品酒诗文，与曲水流觞有异曲同工之妙？对此假设，今奉举一小小佐证，仍为《九姓司志》载林良铨《宿九姓赠任中和》一诗：

> 几年前记宋州来，地主相逢曲水隈。
> 此夜蕉声还入梦，当年灯烬未全灰。
> 兰牙秀为生香谷，珠子圆由出蚌胎。
> 三载重游三世永，一翻忆旧一低回。

放花溪，多年来畅流全城，与城中居民相伴，人们在溪边濯衣、洗菜，与溪水相戏。一段时间，煤灰、垃圾、污水倾倒溪中，几乎成污水溪。近20多年来，众人维护，几经整治，堤岸青石垒就，溪上数桥卧波，溪水清清，偶有鱼儿游戏，已为城中一景。

卢家大院

卢家大院一角

"好个泸卫城,卢家把四门……"这是流传多年的民谣,说明卢家确实风光一时,南门为祖基,东门、北门、西门皆有卢家院子。如今,除南门、西门尚可见卢家大院遗迹,东门、北门的卢家院子早已踪迹难寻。

卢家在古宋经200多年形成望族,并非一夜暴富,而是走过一条勤奋发家之路。据卢氏族谱载,古宋卢氏始祖"勤良公,讳思珍,字行笃。福建汀州府永定县人。清乾隆二年(1737)十六岁,辞母贸易入川,止于泸州。九年后迁九姓司泸卫城。年未及冠,不畏艰辛,勤劳创业,生活简朴,持家有道,待人真诚,讲仁信,为里人称道。家业兴,不忘乡亲,好公义,乐善好施,助贫寒学子;储学俸,以利子孙。疏河道,利民航运,修路筑桥,普惠行人,设永庆会,助金婚嫁,恤孤寡,赠义冢,种种善举,不胜尽述",卒于嘉庆三年(1898)南门上老房子(后改为天主堂)。他之后,后代分家,散枝落叶,才有分把四门,各显其能,卢家院子也才大小不等。应是以南门老房子为根基,重修卢家大院,最旺时占地约5000平方米,也并非一路坦途,到卢德泉时,已不再兴旺。

卢家曾为古宋镇名门望族之一,子孙众多,人才辈出。这里要说的是最有影响的医学博士卢德泉。他1911年生于南门卢家大院,幼年时家境小康,弟兄姐妹10人,到高小毕业时,家境已贫。在成都读了半年初中,1927年离家流落上海做苦工,打工之余在夜校或补习学校求学。1944年在上海圣学翰大学医院毕业,后偕夫人(护理学专家)赴美留学获医学博士学位,继后又赴英国攻研神经病理学,返美后在医学院任教授30余年,是神经病理学家。1972年作为医学专家随美国总统尼克松访华。从1973年起,自费9次回国讲学,又自筹部分资金,资助和亲自培养到美国留学医学人才30余人。其儿子卢若在美国获博士学位,卢本星(楷若)在德国获博士学位,一家三博士,传为美谈。

更值得点赞的是,在古宋,卢德泉与住东门的叶麐、刘大悲、刘为涛并称"民国四博士",被传为佳话。

卢家大院是传奇,更是记忆。

刘为涛旧居

刘为涛,"民国四博士"之一,1899年出生于古宋镇正东街,其故居已在城市建设中被拆除。

1921年,刘为涛从南开大学毕业后赴法国留学,获法国国家理学博士学位,曾为居里夫人实验室助手。1930年任中法大学教授,后为北平研究院化学研究所所长,1946年8月任四川理学院院长,兼化学系主任。

1934年至1935年,刘为涛偕妻共同掩护中共地下斗争,并为营救党的同志做过贡献。1948年,热忱有效地支持成都地下党开展工作,其家庭是党组织活动的据点。新中国成立后,加入了中国共产党。他与秦青川是郎舅关系,受其影响颇深。秦青川在法国勤工俭学时,曾将留法日记委托刘为涛保管,可惜在颠沛流离中竟致丢失,成为他人生一大憾事。

新中国成立后,刘为涛历任四川大学化学系教授,物理化学教研室主任,四川省政协常委,四川大学教务委员会委员,四川省第一、第二、第三届人大代表,第三届省人大委员,四川省科学技术协会副主任,省科普协会主席,省化工学会理事长,中国化工学会理事等职。

刘为涛一生从事科学研究和教学工作,在物理化学,特别是对铬合物理化学的发展有一定贡献。"文化大革命"中遭迫害,1970年逝世于成都。

刘为涛故居虽已不存,但在古宋东门口,左邻右舍提及他,无不感到骄傲。

老街名称

宣统元年（1909）正式建古宋县，清宣统二年，知县赵润民组织资金、工匠、民工重铺街道，用大小相同的石板铺街心，两边用条石，条石外再嵌方石直抵街檐，整齐美观，行走方便。至民国二十五年，县城内主要街道有正东街、十字街、孝友街、正西街，均宽5米。横街有白塔街（水晶街）、水巷子（正南街）、老米市、箭道子、武官巷、小东门街、衙署街、河坝街、宝山号、传经街、鼓楼街……

民国三十二年（1943），县长李才贵接受地方人士的意见，将主要街道加宽，将凹凸不平的街道分段取直，改街为路，加宽后的街道面宽7米，两旁人行道各1.5米，共宽10米。共拓宽街道9条，即紫东路、中山路、中正路、忠孝路、民权路、迎辉路、仁爱路、德厚路、民族路。新建有法纪路（小东街改建）、荣誉路（紫东路），各宽10米。将正东路改成胜利路，古宋解放后将中正路改为解放路。

荣誉路

兴文县古宋老城之南东阁头至民生路（紫东街）有一条宽10米、长300米的路，1943年被命名为荣誉路。这条路深藏着一段抗日救亡的历史。

1942年秋，古宋城里来了一支国民革命军队伍，大约两个营。军人们步伐整齐，威武雄壮，在大操场集合。据范德坤老人回忆：他们穿着灰色的单军装，裹着绑腿，背着斗篷，扛着各种武器，长官们扎着武装带，佩手枪。每个士兵与官长的左臂都戴着"报仇雪恨"臂章。他们立正站在雨坝里，一动也不动地唱着军歌："荣誉，荣誉，千万健儿的铁血！洗尽百年耻辱。看！同盟缔结，胜利就在眼前，谨记民族给我们的旗帜，流血！发扬荣誉军人的大义，流血！"这悲愤而雄壮的军歌，发自数百名壮士的口，真是如雷轰鸣，表达了将士们不屈的意志，勇于牺牲的精神。或许是上天受到感动，雨也停了。一个斜披着红底黄杠绶带的军官高喊"立正"，跑步上前，举手向一个系武装带、佩手枪、挂短剑、面容刚毅的军官敬礼报告，回礼后，跑步转身喊："稍息！"面容刚毅的军官向士兵训话："兄弟们，我们驻扎古宋，等待上前线杀敌命令，待命期间我们要勤练杀敌本领，不能有丝毫松懈。我们要遵守军纪、军风。凡扰民者，军法处置；疏于操练者，军法处置。古宋县给我们安排了临时军营，并派来了向导。我命令，各部带回驻地。"

此后，大操场内设置了高低障碍、平台、天桥、单双杠、浪桥等练兵器材。在东阁头、小路两边的居民们听说要修练兵跑道，主动让出菜园地，供部队建路。因此，这条纵贯东阁头长约500米、宽8米的跑道不到3天就建成了。老百姓将这段路称为荣誉路。西城外山脚下的校场坝，是部队实弹射击的靶场，香水山上成了部队实弹演习的地方。原来这支队伍是国民革命军抗日名将陈明仁将军领导的，曾参加过长沙保卫战、宜昌保卫战的预备二师，因为抗战英勇顽强，战功赫赫，故称"荣誉二师"。1941年，该师奉令调川南休整，补充兵员,师部驻扎叙永,部分驻扎古宋县城。

1943年5月,荣誉二师奉命上前线。驻古宋部队出发时,在大操场接受地方官绅、父老乡亲欢送。百姓送上慰问品,士兵代表讲话,军官讲话,感谢古宋老百姓的支持,表示上前线英勇杀敌,把日寇赶出中国去的决心。嘹亮的军歌响彻古宋城:"荣誉,荣誉,千万健儿的铁血!洗尽百年耻辱。看!同盟缔结,胜利就在眼前,谨记民族给我们的旗帜,流血!发扬荣誉军人的大义,流血!"荣誉二师上前线了,留在古宋老百姓心中的是一支守纪爱民、英勇抗日的军队。

为了纪念荣誉二师驻军古宋,当时的县政府听取了地方绅士和民众的建议,正式把东阁头至民生路一段改名为荣誉路。

干洞湾

干洞湾溶洞公园

在兴文县城古宋老城的西部，有一匹石灰岩，岩脚有一个溶洞，长约300米，宽窄高低不一，道路崎岖，初入洞口处有可容100多人的开阔平地。因洞中无水得名"干洞"，而洞下还有暗洞，一股地下水（习称阴河）潺潺而出，清澈透明，由西向东穿城而过，在宋河东岸高铁桥下附近汇入宋河。这股溪水明清时候叫南门溪，现在称放花溪。因干洞一带凹进一个大湾，故而人们就叫它干洞湾，2013年末建为干洞湾公园。因夏季洞中吹出习习凉风，所以是古宋人民纳凉休闲的好地方，大人品茶，小孩戏水，常常人山人海。数百年以来，干洞曾经是人们战乱时托身保命、端午节健身寻乐的好地方，记录了古宋人民历史上的苦乐悲欢。

干洞最早见载于清代。乾隆《九姓司志·古迹》说："望城坡干洞，在九姓司东南九里。深八九十丈。"光绪《九姓乡志》卷1《山川》说："干洞，在泸卫西关外二里望城坡，深几百丈。"

大概清末教育改革、新学兴起之际，古宋开始出现端阳节钻干洞的习俗，人们呼朋引伴，手执火槁、亮油壶、纤缆角、电筒，鱼贯而入，火龙游动，蔚为壮观，人声鼎沸，热闹非凡，虽溜天滑地，崎岖难行，面黑如鬼，却乐在其中。因为古宋河水浅道窄，不宜划龙舟，香水山乃佛门净地，不适于登临，而钻干洞既可赏"马道子""窄脚扁""鬼门关""擎天柱""千丘塝""十二块田""三铁炮""公公背媳妇""石帐""将军炮""玉皇坡"等诸多奇景，投石问阴河之深浅，击鼓探造化之神工，又可度佳节，强身健体，利国利民，相沿成习，所以民谣唱道："端午泸州划龙船，大坝打木柑，古宋人些没事干，晌午吃了把干洞钻。"

中和山

中和山在兴文县城之西南约15千米,为方圆数十千米内最高的山峰,海拔近1080米,是古宋、麒麟、共乐、晏阳、石林5个乡镇的交界地。清嘉庆年间,山顶建有庙宇一座,曰"中和寺"。据老人们回忆,庙下有一水井,深冬季节,白雪皑皑,阳光照耀,甚为晶莹,登临其上,可见泸州之方山。过去,每年正月初一,苗族同胞聚集在此"踩山",芦笙起奏,翩翩起舞,青年男女相亲定情。城中商贩挑货郎担前往参加,饮酒作乐,尽兴而散。

中和山

古庙倒塌多年，10多年前，四乡善众八方化缘重建庙宇，由于资金有限，建青瓦木架庙屋，十分简陋，菩萨造型也不伦不类，但是每年天会、观音会仍然有成百上千的善男信女前往庙里朝佛，丰年时要摆几十桌，可见四乡的苗汉同胞对佛教的信奉和虔诚。

司中一景，名曰："中和特翠"。《中和特翠》为九姓司八景之首，有诗云：

（一）

天柱何年峙，孤掌劈汉门。
晚霞晴绮合，霭雨障烟昏。
树阅山河变，岩悬日月尊。
扶与青未了，孕秀此间存。

（二）

高耸凌霄汉，云霞岭半窥。
崖幽泉石韵，壑邃羽毛孳。
雪意层岚积，林光淡碧滋。
雨旸占霁晦，永奠西南陲。

中和山远在明朝初期就有此名。中和及中正平和，中和之道是儒家的主流意识，《礼记·中庸》曰："喜怒哀乐之未发谓之中，发而皆中谓之和，中和也，天下之大本也，和也者，天下之达道也。致中和，天地位焉，万物方焉。"

拢船沱和宝山号

这两个地名都属古宋镇宝山号社区，而且有着关联。

拢船沱，在打渔村出来的宋江河边，直到20世纪50年代初，几百年来，都是在古宋（泸卫）城重要的水码头。从云南威信、镇雄下来的山货土产，连同本县及周边的货物，都从这里上船，经宋江河于江门进入永宁河，在纳溪入长江，货物再分流到泸州、武汉、南京、上海和全国各地。川滇边区所需的盐巴、布匹、百货等则通过水运，逆水而上运到拢船沱。这样，拢船沱成了古宋重要的水码头，不仅有货运，还有客运。在蜀道难，难于上青天的那些日子，这是一条黄金水道、生命通道，也是经济通道。大小船只从事货运、客运，船夫、纤夫两个职业应运而生，运输通道畅通也促进了商业繁荣。当年的拢船沱，常是百舸争流，号子声声，马帮挑夫，穿梭码头，商贾云集，商号、货栈、饭馆、栈房林立，造就了数百年的繁华。

宝山号与拢船沱有关系吗？当然有。因地势关系，拢船沱倚山靠水，作为码头可以，却缺少扩展的条件。宝山号离拢船沱不远，又靠城边，因之，若干货栈、商号立足于此，是个不错的选择。而具体被叫作宝山号的，不是想象中的商号，而是典当行。有了码头、货栈、商号，就有资金流转，典当行在当时就代替了钱庄和银行，也算是古代的金融机构。

拢船沱，如今再也见不到舟船、白帆、马帮、纤夫，周围已全是柏油路、水泥路，大小汽车、摩托车往来如蚁，高铁就在身边穿行——这是现代的繁华。

弘农第

弘农杨氏,是以弘农郡(陕西省华阴县)为郡望的杨姓氏族,始祖为汉昭帝时期的丞相——司马迁的女婿杨敞。杨敞玄孙杨震官居东汉太尉,号称"关西孔子",其子杨秉、孙杨赐、重孙杨彪皆为太尉,时称"四世太尉""东京名族"。

兴文杨氏一脉,仍源自弘农郡,康乾年间从福建迁徙到泸卫城的土红坳,今古宋镇土红坳村2组。杨氏一脉迁来后,大约有祖上庇佑,加上自身勤奋,

弘农第

善于营生，渐成气候，成为当地一名门望族。

约光绪年间，建造"弘农第"，至今尚存，虽显凋零破败，还看得出完貌。大门为石柱打造，石条为门槛，石条为门楣，门楣上还有残存的石雕图案，门楣上镶嵌有石刻"弘农第"3字，往上是4层砖檐，檐上已是荒草丛生。门下方是8级青石双行台阶，中间用石条分隔，石条上犹可见石刻花纹。门的两侧刻有楹联，因年代久远，靠近地面的字难以辨认，上联为"矢志成将三戚（威）□"，下联为"殊恩恒自九重□"。院内占地几百平方米，为典型的川南三合院民居建筑，正房加厢房的布局。此房屋已无人居住，不知何时会坍塌。

"弘农第"建好后，稍后又建"关西第"，与弘农第紧紧相连，沿两"第"建筑用围墙圈护。可惜，"关西第"基本已不存在，围墙绵延的200米，进深五六十米。当年两"第"自成体系，围墙内有碉楼、水井、粮仓，据说有次土匪前来攻打，打了三天三夜都未能得逞。"关西第"当年端的是走马转阁楼，有13个天井巧妙地与建筑衔接。新中国成立后，曾作为学校，人民公社化运动时的大队部，也做过大队的养猪场。现在，原建筑已基本看不见，留下的是残存的围墙，散乱的石柱、鼓墩，满布污水和孑孓的13个天井。但就整个体貌，可以想象当初的繁华景象，不愧为兴文县的第一庄园。

同心桥

清朝康熙、雍正到乾隆时期，处于太平盛世的九姓司凭着广阔的田土和勤劳的人民，物产丰富。汉族土司兴学教化，儒风文雅，民风淳朴，百姓安乐，民族团结，交往密切。到任启烈、任履度、任履肃先后任九姓司长官期间，找到苗族头人杨耶仿商议，大家先后在九姓司捐资投劳做三件善事：一是重修和扩建司署文庙（学堂），二是加固和延长土地岩至九姓坝的灌田水堰，三是新建城隍庙。苗族读书人少，但在杨耶仿号召下，仍有不少人捐款支援学校的维修和扩建，重点参加城隍庙的集资和承担加固并延长土地岩灌溉水堰的建设。当时商定，城隍庙内要建一个苗族殿堂，塑苗族始祖蚩尤像。于是商定，由汉族精通修建庙宇的人设计和主持修建城隍庙；苗族负责土地岩水堰工程，此堰原建于康熙初年，这次工程是延长水渠和加宽、加固水堰沟边。

杨耶仿组织很多苗族人用一个冬天就把灌田水堰修好了。城隍庙于乾隆四十一年（1776）开建，用3年多时间才完工，然后组织两族人去验收。城隍庙修得很雄伟，大门进去是戏台、观众台，再进里面才是庙宇，共修13殿，前12殿是汉族的，殿殿画梁飞栋，装饰得金碧辉煌，泥塑彩绘金身菩萨神态各异；第13殿是苗族的蚩尤殿，装修一般，没有塑蚩尤像，只是在殿正壁墙上画了一个脚穿草鞋、头戴斗笠、身披蓑衣、手持弓箭的蚩尤像，神龛、香火设备一无所有，殿内空荡荡的。

苗族人认为，他们出了1/3的钱，修13殿，苗族只占1殿，把"蚩尤殿"修成这个样子太不公平了。一群人去找司署衙门和修建方评理，在群体的争执中，苗族人将画蚩尤像的画匠打死。司署认为是杨耶仿在背后为苗族人撑腰壮胆，唆使苗民闹事，就派4名公差去抓杨耶仿。其时，杨耶仿正在"落卜收坝"犁田，他对差人说："等一下，我把牛牵回家再同你们一起去。"然后把犁头卸了，伸出双手把牛抱起来洗脚，然后轻轻将牛放在路上。4位公差看得

同心桥碑

惊呆了："这个人力气好大啊！"杨耶仿回到家，用磨盘当茶盘放上4碗茶，端着磨盘向公差敬茶，吓得4位差人不敢接茶碗，忙说："不渴！不渴！"本来要捆绑杨耶仿到司署衙门的，看到这架势，公差也不敢动手了，只有跟随杨耶仿到司署问明情况。时任九姓司署长官是任履肃，20岁，年轻气盛，好打官司（《九姓任氏族谱》第22页有评价任履肃"好讼者"的记载），他对杨耶仿说："你们苗族人打死画匠，出了命案，要判闹事人死罪。"

杨耶仿说："修城隍庙是苗汉两族人商量好的，你们修12殿，为我们修1殿，我们出1/3的钱，现在你们的金碧辉煌，泥塑彩绘金身，我们这一殿只有一幅画像而已，我们不服九姓司所判。"

任履肃说："你们不服，就只有转泸州判决了！"

由此，两方把官司打到泸州，汉族修建方和苗族方派人驻泸州向州官行贿，时间拖了一年。州官收了双方不少的银两，偏向哪一方都不好，力主和解，升堂进行终审宣判。双方当事人跪在公堂上。

州官说："你们都是皇帝的庶民，虽然族别不同，却和睦相处、团结友好的，还做善事出资建庙宇、修学堂、修水渠，说明你们都是善良的人，这么远的跑来打官司，花费不少银两，实在是不值，再打官司对两方有害无益。打死的画匠已得解决，安埋一年多了，还有什么一定要求得个输赢呢？蚩尤殿没有装修好，回去补上，照样塑上金身菩萨不就行了吗？我劝你们官司不要再打了,回去把蚩尤殿装修好后两族人共同出资修一座桥,本官赐名'同心桥',就是要让苗汉两族人世代友好下去,你们说要得不?"

两方打官司花了很多钱,路途远、时间长,已疲惫不堪,不愿再打,只好服判。两族代表跪在地上齐声说:"大老爷,要得。"

回来后,杨耶仿说服族人化干戈为玉帛,共同参加把"蚩尤殿"里蚩尤像塑好,又一起修"同心桥"。原计划在渡口上修大桥的,但打官司花了不少钱,大桥修不起了,就在九姓司署衙门左侧500米处(现青龙村渡口上一侧)青龙溪流向芦溪河出口处建小桥1座,桥墩建得很宽,桥面用两块4米长的四方条石镶拢搭在两边桥墩上,一块代表苗族,一块代表汉族,意在镶拢了就永远和好了。桥旁竖有同心桥石碑,记述建同心桥来历和修蚩尤殿的经过,并设长桌宴117桌同庆。石碑在1975年的"农业学大寨"运动中被损毁。还有老年人隐约记得石碑上有"蚩尤殿事,讼中调和,汉苗同修,州官赐名……"字样。

1986年,兴文县九姓遭遇百年一遇洪水,同心桥墩被冲垮,当地村民将同心桥拆掉重修,把桥面条石改做桥的基石,修成拱桥,但人们仍叫其"同心桥"。

"同心桥"石碑不在了,但桥还在,遗址还在,故事还在。苗汉两族共建"同心桥",成为川南兴文苗汉两族人民的一段佳话。1992年和1996年,兴文县久庆先后举办两届苗族艺术节,都把"同心桥"的素材资料作为艺术节的会徽,同心桥寓意"苗汉同心",已成为兴文县民族团结的象征。

2014年7月,兴文县苗族文化促进会为了保护这一历史遗迹,在同心桥处重立一座碑,雕刻《同心桥碑记》。

杨二太医

清咸丰十年（1860）至同治十年（1871），贵州毕节陶新春、陶三春兄弟领导苗民起义，多次转战川南苗族散居数县。虽然川南参与起义的苗族不多，但事后却引起川南苗族人习武之风的盛行。

九姓（久庆）芦溪河流经九姓坝出牛栏塝往太平，与古宋河交汇。牛栏塝居住着数户杨姓苗族人家。其中有一户主叫杨桌，苗名"依仲"，传说他在年过半百时有六个儿子，目前，我们只知道他四个儿子的名字：大儿子杨启发，二儿子杨启聪，三儿子杨启顺，四儿子杨启成。六兄弟除了种庄稼就是练习枪棒武术，因无人指点，武艺平平。

六兄弟中，大哥杨启发说话干脆，爱学武术，比较好强。老二杨启聪生性风趣幽默，善于交际，人缘颇好。他浓眉大眼，有一对好眉毛，说话时总要眨两下眼睛，人们给他取了个绰号——"杨二眨眨"。又有人说，他把一根长辫分两股扎成两根长辫，人称"杨二挞挞"。不管怎么说，他是一个善于交际、性格外向、对人和气的人。其他几个兄弟都比较听从老大、老二的话。

一日，大哥杨启发带着几兄弟在敞坝里操练棍棒，父亲坐在旁边抽着叶子烟观看。六个儿子歇息时围在父亲身旁，大儿子说道："父亲啊，社会动荡不稳，我们应学一身本领，既能强身健体，又可以防盗安民，去找位武林师傅来教弟兄们，训练成为武林高手，虽不能天下无敌，至少谁也不敢欺负我们。"

在六兄弟的央求下，父亲只得同意老大杨启发去请武术老师来教。杨启发走后，父亲有点儿后悔，当晚一夜未眠。

第二天，杨启发回来说："武术老师两天后到咱家。"

杨桌把六个儿子叫来，语重心长地说："我昨天同意你们大哥去喊师傅来教你们武艺，一个晚上没睡着觉。今天把你们几兄弟喊拢，再认真思考一下，你们六兄弟站在一起，就没有人敢来欺负你们。如果你们个个武艺高强，在社会上遇事难免不出手,打伤别人要给人家医治,打死别人要偿命不说,还结下了仇恨。我们应该学医而不学打。人家打架斗殴,伤筋动骨,请我们给他医,我们又得钱又出名,只要医术精湛,人家再远也要找上门来,我们生活无忧,何乐而不为。如手艺高超,还能代代相传,子孙受益啊!"

二儿子杨启聪说:"老爹说得对,学医能养家糊口,我赞同学医不学打,但我们怎么去找到最好的医师呢?"

父亲杨桌说:"这个不难,我知道一位姓陶的医术高手,他原是贵州苗民起义陶新春苗王手下的医师,在转战川南时,夫妇流落在兴文,专治接骨,身怀苗医绝技。现在他隐姓埋名,躲到凌霄城下帮人为生。如果我们请他来做师傅并好生款待,养老送终,他就会毫无保留教会你们!"

杨启聪说:"有这么好的事就该马上去请嘛!"

大哥杨启发连忙说:"不行,我已经去请武功师傅,这个人姓李,也是贵州苗族起义一员武士,在海纳大尖山下隐居,以狩猎为生,过两天就到我们家里来。再说我们这么多弟兄,一些学医,一些学打不更好吗?"

父亲杨桌说:"一个家庭里,一些人学医,一些人学打,同时都在教,两个老师怎么用心教?你们又怎样静得下心来学?这样怕一样都学不好。"

究竟咋办,全家一时拿不定主意。这时,杨启发妻子的兄弟——住在九姓椒子园的王友明正好来到他们家耍,了解这个情况后说:"我只会弓弩枪箭,用于狩猎,一直想学武功,防身保平安,狩猎打虎豹,就是找不到好老师,你们就把这个老师让给我嘛!我就在这里等着,来了我引到椒子园家里去好生对待。大哥如果愿意学习,我们两人拜他为师,好好学习,必然学会功夫。"大家觉得这个办法不错。

两天后,李武士来到杨家。杨启发与王友明一起和他到椒子园王友明家住下,两人拜李武士为师,学习功夫。

再说杨家这边,没过几天,杨桌便把陶医师夫妇请到家里来,说明儿子拜他为师学习苗医。陶医师是一个无依无靠之人,又已年老,希望自己的手艺能够传下去,就答应了杨家的请求。

然后举行拜师仪式。六兄弟只有大哥杨启发去学武了没有来参加,杨桌也不勉强,由老二杨启聪为首领着弟兄们拜师傅。

陶医师绝非寻常之人,他并不急着教那五个弟子,而是循序渐进,先给徒弟讲"学医先学德,医术不外传"和"传男不传女""传女不传男"的苗医哲理。每日带他们上山识别草药，偶尔也露两手给那几兄弟看。

一次，陶医师路过一窝慈竹旁，看见几根嫩慈竹子长上顶，但枝叶还未发齐全，便叫几个徒弟围拢来看。他平胸斜着一刀砍断一根竹子，然后将山上采的草药塞进口中嚼碎，将刀砍的竹子刀口对拢，吐出口中嚼碎的草药贴上，绑上竹片夹板，过了半年，待竹子枝节长满叶后，被砍断的竹子照样能划篾条、扭篾索，众弟子看了无不称奇。他教徒弟时，用鸡腿做实验，轻轻一棒把鸡腿敲断，然后用草药包扎，捆绑夹板，一个月后拆开夹板，鸡腿骨肉长好如初。

经过三年时间，弟兄们都学会了接骨医术，但只有老二杨启聪刻苦钻研，学会陶医师折骨重接的全部本领，医好了许多人，被世人尊称为"杨二太医"。

杨启聪有三个儿子，大儿子杨文成，二儿子杨文星，三儿子杨文春（古宋志书上称"杨春廷"）。

杨文成、杨文星后来迁居原老兴文的"多岗槽"，只有杨文春留在牛栏塝。杨文春有两个儿子，大儿子杨焕舟，二儿子杨仕友。杨焕舟娶了椒子园王家姑娘王世贵为妻，活到107岁去世，跨越3个世纪，2000年，四川省人民政府授予其"世纪老人"称号。

陶医师的妻子姓杨，有祖传独门秘方——苗族药豆，消黄肿病，药到病除。因此方"传女不传男"，杨氏便将其传给杨启聪的媳妇王郎明。后来，王朗明改嫁九姓苗寨土地岩杨家，将此医方传到九姓苗寨，1960年生活困难，得黄肿病的人比较普遍，云南、贵州不少人闻讯至九姓苗寨求医，一斤黄豆就能治愈，甚为神奇。"苗族药豆"救了许多人的命，现已申报为宜宾市非物质文化保护项目。

"杨二太医"接骨术神奇而有效，一直传到儿子、孙子、重孙一代，人们仍然称他们为"杨二太医"，成为九姓牛栏塝杨姓接骨医术的品牌。

1943年，民国中央研究院芮逸夫到九姓街调研，在他的《川南苗族调查日志》中，有"杨二太医善接骨，住九姓附近（之北）"的记载，该书在中国台湾出版。

现在牛栏塝"杨二太医"后代还有六户人。"杨二太医"接骨技艺成为兴文县"非物质文化遗产保护项目"。牛栏塝杨伟是"杨二太医"第四代传人。

万寿二桥

说到二桥,人们往往会想起三国时孙策的夫人和周瑜的夫人——二乔姐妹,此"二桥"非彼"二乔"。这里说的二桥,是指万寿场(今属古宋镇)矗立于万寿河上的两座古桥。

清朝后期,家居六定庵(今属大河苗族乡)的陈松龄,家有田租千石,已过"知天命"之年,但憾无子嗣,终日郁郁寡欢。一日,友人来访,席间谈及此事,友人开导于他:"不孝有三,无后为大。兄可尝试多行善事,看能否解

万寿古桥

得此忧，我一直相信，人在做，天在看，举头三尺有神明。"

陈松龄闻友人之言，茅塞顿开。其时，万寿河河面不宽，水也不深，平时放几个石磴子也就过了，但一遇下雨涨水，就无法通过，时常还会出现行人涉险过而落水的事件。俗话说："大阴功修桥、补路，小阴功背人过河。"陈松龄有心为乡民做好事，选址在大河坝建一小石桥。此段河面狭窄，这座石拱桥桥面以下左右各有一个泄洪孔。桥修好后不久，他的夫人居然怀孕了。他大喜过望，亲自将此桥命名为"喜迎桥"。继而又大发善心，在离喜迎桥下游两三里处万寿场场口处，再修一桥，依然是石拱桥。此桥桥心两方各有三个泄洪孔，桥面立雕花石栏杆，以保行人安全通行，桥头桥尾，雕琢龙头、龙尾，工艺精湛，栩栩如生。桥修成，妻子快临盆了，陈松龄就将此桥命名为"喜临桥"。

多少年了，随着岁月的流逝，人们就只知道这是万寿古桥。至今二桥依然在，喜迎桥的拱被填平，变成了小平桥，现在都还能通行车辆行人；喜临桥在"文化大革命"期间的"破四旧"中，雕花石栏杆被砸毁，致使行人过桥时无安全感，近些年基本无行人通过。龙头龙尾，难逃厄运，被敲毁坠落河中。如今，喜临桥布满苔藓，挂满藤蔓，更显古意和沧桑，被视为古迹，成了万寿场一景。

在万寿，行善事似乎有传统。2001年，在万寿场场口，一座长30米、宽5米的双层石拱桥建成，可承载重量50吨。这座桥是由两位民营企业家出资修建的，当地百姓在两人名字中各取一字，将其命名为"民兴大桥"，并勒石为记。

正是：积德行善事，留得美名传。

青山岩

《九姓司志》载:"青山岩,在司东南三十里,高百十多丈,多箐木,司人尽取材于此。夏青葱如翠屏,冬积雪如玉垒。"

青山岩是大娄山山脉的余脉之一。大娄山叙永段支系的山脉在叙永水尾镇和兴隆乡之间断裂,在叙永兴隆乡与兴文县太平镇之间凸起了一座硕大的高山——青山岩。

青山岩的东北面属叙永县管辖,青山岩西南面属兴文县管辖,现为青山岩行政村。此山因一年四季郁郁葱葱,故被称为青山岩。

青山岩全域面积约56.8平方千米。原青山岩村全域面积为18.6平方千米,人口仅为1800人左右,其中苗族人口为200人左右。

青山岩森林覆盖率高,满目苍翠。这里的海拔从300米突然上升到1070米,山势陡峭。其中海拔800米以上的地区,夏季气温较低,比较凉爽,是夏季纳凉休闲之地。这个区域内分布有楠竹、水竹、方竹等竹类资源,分布有花楸、杉木、松树等次生树种,还分布有名贵木材——香楠,森林覆盖率近80%。

该区域大量分布了植物化石"桫椤树",其中以"桫椤谷"分布最多。桫椤谷里有瀑布、溪流,山泉漫流于红色谷底,独特的环境造就了溪谷里负氧离子浓度高的清幽世界。

沟壑悬崖造就了"桫椤瀑""龙涎瀑""火凤洞瀑布""龙泉寺瀑布""南无瀑布""三教洞瀑布""豹子岩(石宝寨)瀑布"等,构成了瀑布群。

这里藏有高6.38米摩崖石刻千手观音的"观音阁"和天蓬寨、龙泉寺、菠萝寺、三教洞、南无庙等佛教寺庙群的遗存。其中,据南无庙的功德碑碑文记载,其创立于雍正年间,历史悠远。

清任启列在《泸卫八景诗》中这样描写南无庙:

飞泉悬古刹，清冷浸禅房。
浓淡分山色，青红散日光。
披襟还踯躅，秉烛也徜徉。
隔山松簧奏，萧萧映笔床。

青山岩古有"九洞十八庵"之称。这些庙宇也散布于叙永一侧，以现为国家级文物保护单位的"清凉洞"宋代石刻群而著名。兴文一侧以悬挂于距地面100米之上的"豹子岩石宝寨"最为险要。

青山岩

石宝寨为青山岩奇洞，被历代兵家修缮利用。它是由自然岩穴加人工打造而成的。石屋乃就地取材，扩展岩穴而成。石屋长72米，最宽有4米，最高有3米，由多间房屋构成。整个寨子厨房、石灶头、分隔小石屋、水缸等生活设施较为完善。石屋设计精巧，其排水系统至今保留，发挥着作用。其供观察和枪战的内大外小的瞭望口、射击口保存完好。豹子岩瀑布从石宝寨石窗外飞流而下，形成石宝寨和水帘洞奇美的组合。

这一奇景，与青山岩脚下参加过辛亥革命的张仲华有关。石宝寨目前规模，乃张仲华在民国时期修缮建造而成。

青山岩也是古战场。明熹宗天启元年（1621），奢崇明起事。朱燮元《五路大战入永取蔺略节》记录青山岩也发生了战事："四月初三，秦翼明战于青山岩，此山有三洞，极险。偶天降大雾，各兵攀岩而上，将第一洞杀尽，至第二洞贼始觉，一交即败……"

这里除了有佛教文化和古代战场，同时也是苗族文化富集之地。位于原12组的苗族村落至今保存着22幢传统木瓦结构的苗族民居，以苗族服饰、苗族语言、苗族音乐（芦笙）为代表的苗族文化保存较好。这个组的村民全部为苗族同胞。

青山岩水质优良，全境内盛产乌骨鸡。本地猪肉（腊肉）、高山冷水鱼以及竹笋、菌类，营养价值很高。

苗族寻根碑

四川是海外苗族最早迁出地，他们的祖先从川南辗转贵州、云南，然后经过云南文山与红河迁出国外，应该说四川是他们的迁出地，云南文山与红河是他们迁出海外的中转站。今天，海外苗族仍然把中国四川称作"Shuad deb"（音"耍德"，意为有汉人的地方），他们说他们的祖先最早是从"Shuad deb"起程的。我们可以通过美国苗族的民间传说、寻根记录、祖坟认定、族谱记载、服饰花纹与兴文苗族服饰花纹进行比较和考证，并得到他们一些名人专家的认可，在他们迁出的地方树碑立传，叫"海外苗族寻根碑"。

寻根碑

修建海外苗族寻根地理标志最重要的工作是选址与征地。首先是选址，大家都认定久庆村4组（九姓苗寨）的"圆山包"。因背靠大山，居高临下，视野开阔，最为合适。其次是征地，村组干部和我们去叙永县找到土地的承包户的主人，说明情况并与他们协商，得到他们的大力支持，并与之签订征地合同。

海外苗族寻根碑。这是一块主碑，主碑左右各有一块长方形大碑，一块是苗族"蒙"人迁徙图，另一块是苗族"蒙"人迁徙史略。在两块横碑两边再配两块竖碑。这些碑都有非常重要的分量和意义。

寻根亭。原先计划修一层，最后确定建筑高10米，分上下两层。它不仅是寻根的一个重要标志，也是一个休闲观光场所。

祭祖堂。仿古琉璃瓦祠堂式建筑。高6米，宽4.5米，长12米。中间塑苗族始祖蚩尤像，两边分别塑"蒙博""蒙耶""伏羲兄妹""罐笕""夸佛""子庚""杨娄孟齐"等9尊塑像，作为寻根认祖和苗族重大祭祀活动的场地。

摇钱树。海外苗族有从"摇钱树"迁出的传说。"摇钱树"也称"相思树"，是寻根的标志性树种。西部方言苗族传说和记忆，他们的祖先是从"耍德"有"摇钱树"的地方启程外迁的，是寻找迁出地的植物依据。"摇钱树"俗称"红豆树"，唐朝诗人王维有"红豆生南国，春来发几枝，愿君多采撷，此物最相思"的诗句。

认亲场。在祭祖堂、寻根亭、寻根碑和花台的中间设有一个大坝子，作为举行认亲仪式、祭祖仪式的场所。

演出台和观众位。在认亲场花台前面，是一个长10米、宽6米的舞台。舞台前方矮1米为观众广场，可容纳1000名观众观看演出，是举办文艺演出和篝火晚会的场所。

蒲氏宗祠

蒲氏宗祠位于古宋镇双凤村枇杷树，距兴文县城5000米。该祠堂始建于清康熙四十八年（1709），其内供奉着蒲氏入川落业叙永始祖蒲枝祖后五代祖宗的牌位。历经300多载风雨沧桑，风吹雨剥，年久失修，只留下残垣断壁。2018年经县文物主管部门考察鉴定，确认川南枇杷树蒲氏宗祠具有3方面文物价值：历史价值——古宋蒲氏宗祠建筑风貌保存基本清楚，具有川南清代浓厚

蒲氏宗祠

的地方建筑风格；艺术价值——古宋蒲氏宗祠的石雕刻精巧别致，雕刻以线刻为主，采用虚实结合的表现手法，让人赞叹不已，闪烁着浓郁的地方文化气息和艺术光彩；科学价值——古宋蒲氏宗祠建筑造型美观，布局巧妙，主次分明，开合有序，功能齐全。整座民居布局不仅保留了传统性、实用合理性，而且建筑具有鲜明的地方特色，对于研究清代时期建筑风格有重要科学价值。按照文物管理部门的要求，蒲氏家族捐集资金30余万元，经过一年多的努力，修复垻簸堂，加盖琉璃瓦修复两厢耳房，作为蒲氏文化研究室"集贤斋"和蒲氏谱牒文物陈列室"永德堂"，保留了古建筑的风貌和文物古迹。这里成了祭奠祖宗的场所，进行优良家风传承、孝道文化教育的基地。蒲氏宗祠融入乡村文化振兴，是对族人进行社会主义核心价值观教育的基地。

僰王山镇

BO WANG SHAN ZHEN

　　僰王山镇，兴文县辖镇，在县境西北方。面积172.2平方千米，人口6.7万人。镇人民政府驻北门上社区。唐高宗仪凤二年（677），在境内设置晏州。明万历二年（1574），改戎县为兴文。宣统元年（1909），县治所移驻建武城。民国元年（1912），县治所又从建武迁回旧址。民国二十九年（1940），改联保为晏阳镇。1953年，成立城关镇。1982年4月，城关镇更名为兴文镇。1985年5月28日，兴文县治所由兴文镇（今僰王山镇）移驻中城镇（今古宋镇）。1992年9月，原兴文镇扩建并易名晏阳镇，兼并博泸乡、新胜乡、富安乡。2006年7月行政区划调整后更名为僰王山镇。2019年，原玉屏镇划入僰王镇。有烈士陵园，名胜古迹有国家级AAAA级风景名胜区僰王山等。宜叙高速（G547）设僰王山互通。省道古高路过境。

僰王山

僰王山即南寿山。清光绪版《兴文县志》载："南寿山，县西十里，初名博望。四面陡绝，屹如城墉。山下四围无路，唯西关口和插旗山有隘道可上，宋五斗蛮据此。政和中转运使赵遹擒卜漏，捣其巢穴，绘图以献，神宗（应为徽宗）悦，赐名南寿。县城之脉发源于此，上有晏峰诸景。"清县令余炳虎制"兴文八景"诗，打头即《南寿丹霞》："高峰雨霁夕阳斜，四面云开照晚霞。正是画图描不尽，疏林断处两三鸦。"

僰王山，曾名石头大寨、轮缚大囤。北宋政和年间，因官府横征暴敛，引起僰人部落反抗，泸州军使贾宗谅杀其首领，冲突更剧。梓州转运使赵遹奉旨率兵4万征讨。赵遹恩威并举，杀贾宗谅以抚民心，展军威以期震慑，僰人各部落纷纷求和，并与宋军歃血为盟。嗣后，僰人势力最大的部落首领卜漏（多岗漕人）又出动人手抢劫商队马帮，继而于政和五年（1115）元宵节趁梅岭堡（今红桥）知寨高公老（史称驸马，其妻赵氏族姬为皇室宗亲）邀其饮酒赏花灯之机，让部下混入，是夜趁乱点火攻陷梅岭堡，高公老惊走，族姬被掳走后于仙鹅洞跳崖自尽。因之战火复燃，赵遹率兵先攻下仙峨洞、晏阳等地，再围其巢穴——轮缚大囤。今僰王山西关口、插旗山等地名皆于此场战事相关。轮缚大囤山高路险，易守难攻，僰人又十分骁勇剽悍，山涧之间行走如飞，宋军久攻不下。赵遹率部将便服出行，绕山四周，忽见一最险要处僰人未设防，于是从军中挑选出2000兵勇练习攀爬，并捕捉山猴数百只，而每天照样派兵佯攻，使之疲怠。而后，部将率2000兵勇攀上轮缚大囤，僰寨于下触目可见，则将山猴尾部拴着蘸油火把点燃，山猴窜向僰寨，霎时火光四起，2000兵勇趁乱杀入僰人营寨。山下宋军见火光起，亦发起总攻，用此"火猴计"攻陷轮缚大囤，俘斩卜漏。此战胜利后，赵遹制长卷"平蛮图"连同奏章上报朝廷，宋徽宗见后大悦，将轮缚大囤赐名为"南寿山"。赵遹平蛮图后从宫廷流失，现存

僰王山景区

美国芝加哥艾金斯博物馆。

赐名"南寿山",清光绪版《兴文县志》和民国版《兴文县志》皆有记载,兴文城南之"南寿寺"及今山上之"寿山湖"皆从此名而来。征讨后留驻南寿山尚有宋军,其最大寨子曰"博望寨",当地人渐将南寿山呼为博望山。1935年9月,中国工农红军川南游击纵队在司令员王逸涛叛变,政委徐策等领导牺牲的不利局面下,在政委余泽鸿、司令员刘干臣带领下来到博望山,通知刘复初归队。合队后,刘复初担任了纵队的参谋长,川南游击支队被编为纵队的第三支队。此时,中央红军下来的老班底与地方游击队融合在一起。合队之处,兴文县人民政府立碑以志。博望山又为兴文的红色文化涂抹上了厚重的一笔。2002年2月,四川省人民政府批准博望山为四川省风景名胜区;2003年,博望山被更名为"僰王山";2005年2月,被批准为兴文县世界地质公园僰王山园区。

僰王山中心景区18.2平方千米,万亩楠竹,漫山翠绿,集山、水、林、泉、洞为一体,空气清新,风景迷人,是旅游、康养的绝佳去处。至今山上还可见僰人的大小寨门,城墙遗迹,似能嗅见当年轮缚大战的战火硝烟,听到声声铜鼓,兵戈相击。寿山湖,如翡翠镶嵌在僰王山;飞雾洞,中外游客皆称天下绝景;万竿修篁,溪流瀑布,莫不如诗如画。僰王山以其厚重的历史、迷人的身姿,将为兴文的旅游和社会经济发展做出贡献。

凌霄城

远眺凌霄

清光绪版《兴文县志》载："凌霄山，县西南三十里。三面峭壁，西连五斗坝，深箐绵延数十里，层峦叠嶂，望之如城。宋时为都蛮所据。明成化间，李镇攀岩架木，循南箐以进，遂破凌霄，后复为蛮首所得。万历间，帅臣刘显攻拔之，擒酋阿苟，长驱而遂入，绘图以上，赐名拱极城。"

凌霄城在宋代为长宁军属地，明代初属戎县（今兴文县），今属僰王山镇凌霄城村，海拔1000米，三面悬崖峭壁，仅有羊肠小道蜿蜒盘旋共48道拐直上山栅门；与五斗坝相连处，为一断裂悬崖，跨度约7米，深20米，置吊桥相通，人称"断颈岩"，地形十分险要。山顶平坦，可耕面积约90亩。自南宋到民国年间，该地一直为军事上的扼守要地。南宋宝祐五年（1257），为了防备元军从云南攻进四川，四川宣抚制置使蒲泽元以天子命，令泸州帅臣朱异孙措置泸（州）、叙（州）、长宁（军）出面，由长宁守臣易世英负责，潼川路总管朱文政监工，在山上筑城。是年闰四月经始，冬十月告成，准备一旦元军入侵，即移长宁军治于城内，作为"屯兵峙粮，出攻入守据依之地"。然而，城筑好后，与元军并无战事。此后，兴文仍归入元朝版图。

明代，凌霄城为都掌人的军事据点之一。明成化四年（1468），枢臣程信督兵征讨，别将李扩循南西北，梯崖架壑以进，自高而下，都掌人多坠死，城陷。

隆庆年中，凌霄城复为都掌人所据。万历元年（1573），四川巡抚都御史曾省吾及总兵刘显等，率兵14万征讨九丝王城阿大，时凌霄城、都都寨与九丝城为犄角之势。是年3月，凌霄城被攻陷。据称，僰人（都掌蛮）首领阿苟凭险据守，明军多次进攻未克，有内奸用山歌唱出"断颈岩、断颈岩，一人一背桠桠柴"。明军大悟，一人一背柴，投入断颈岩，深壑被填平后，明军顺利攻进。战后，曾省吾奏准改凌霄城为"拱极城"。

民国十九年（1930），川南工农革命军独立团由王泽嘉、袁敦厚率领进驻凌霄城，以此天险据守，进而扩大建立根据地。3月初，南六县（珙县、长宁、兴文、庆符、高县、筠连）"清乡司令"陈子方急令一个小分队赶赴凌霄山下堵守，设指挥部于木瓦房（今满山红村），架设专用电话线。同时，密报省政府，"川南边区共匪叛乱"，请求派兵"围剿"。4月初，省政府指派宜宾护商团派两个配有迫击炮的正规营，由宜宾县县长沈眉荪率领，会同兴文、长宁、珙县、江安、筠连、古宋、叙永等县团防队及附近各乡镇民团数千人，集结凌霄山下"围剿"。设立"临时清剿司令部"，于凌霄城周围安营扎寨，重兵把守交通隘口，不时枪击炮轰，欲攻陷凌霄城，消灭川南工农革命军独立团。独立团凭险据守，英勇还击，与敌人相持数月。之后，独立团弹尽粮绝，又无援兵，于6月7日夜，用土布和绑腿连接，缒岩而下，分散突围，终因势单力薄，牺牲殆尽。但王泽嘉留下诗句"缊动高梧一叶枫，非霜染到雁来红。布罗衫子心情爽，不耐寻思明月中"及对联"生死搏斗，舍己利民"，横额"中国共产党万岁"，表达了一代共产党员的高尚情操。

凌霄城，历来被列为"兴文八景"之一。清嘉庆年间，兴文县令余炳虎八景诗中《凌霄翠巘》写道："势插晴空飘渺峰，亭亭绿树积阴浓。光连云汉三千丈，翠滴金门数万重。"

凌霄城是数朝战争遗迹，蕴含着诸多战火硝烟和传奇故事。断颈岩，吊桥早已不见踪影，有小木桥相通。栅门，也叫寨门，是石条砌就，关上栅门要用很大的门杠，两边插门的石孔清晰可见，栅门狭窄，最多可容两人通过。凌霄城四周，战壕还依稀可见。遥望远处，重峦叠嶂，那是江安、长宁连界的万里箐，也就是今日之蜀南竹海，对面是黑帽顶，隔着一条多岗槽，似乎触手可及。"城"于峰顶，峰自兀立，小道凿于绝壁间，的确险要。"城"内有荤、素二井，荤井井水如泔水，专供灌溉和畜用；素井井水清冽甘醇，最宜沏茶。这两口井常年不涸不溢，最为神奇。山上曾有凌霄寺，清县志载："在凌霄山绝顶，环以石城，曲径盘纡，尘迹罕到，真仙佛之所栖也。"此寺早已不存，今人盗修小庙，全无仙佛之味。

如今，凌霄城已作为兴文世界地质公园的一个园区，成为红色文化和革命传统的教育基地。

凌霄书院

凌霄书院,最早见于嘉庆重修《大清一统志》卷396:"凌霄书院,在兴文县治东,本朝乾隆四十八年建。"又据清光绪版《兴文县志》载:"凌霄书院在县城东门内,因县有凌霄山,故名。知县潘敬苍、孙讱先后创修,捐资置田为束脩膏火之费,士人赖之。"民国版《兴文县志》载:"凌霄书院,在县城东门内,因凌霄山故名。乾隆四十八年邑令潘敬苍初创,无束脩膏火。"

凌霄书院旧址在今僰王山镇东门内,原汽车站左侧,曾作为县百货公司宿舍。

凌霄书院自建成以来,历经乾隆、嘉庆、道光、咸丰、同治、光绪、宣统7朝127年,直至民国初,进士、举人不胜枚举,大都出自凌霄书院。如光绪十九年(1893)中举,曾任贵州思州知府的何肇勋,就读于斯,守孝回乡,又任凌霄书院山长,教授经史;其子何肖葛,清末上京待考而科举废,曾任国史

凌霄书院

馆《清儒学案》总校勘、《四库提要》编辑等，后回乡任《兴文县志》主编；兴文近代名人庞叔向、石千仞皆就读于凌霄书院。故此地文风颇盛，文脉延续甚旺。

据民国版《兴文县志》记："清光绪三十一年成立，民国二十九年改今名。"这里指的是1940年建的兴文县晏阳镇中心学校，校址就在凌霄书院，而之前，"清名为高等小学堂，民初为县立第一小学校，后合并女子小学及模范初级小学，为县立第一完全小学时，高级二班，初级四班，民国二十六年邑人石千仞长校，逐渐扩充为高级四班，初级八班，更名为城区小学校，分校于泰山庙（原女子小学校址）。民国二十九年，实施新制至今。"

据此推证，凌霄书院废于清末。

巧的是，原书院学生石千仞又曾在凌霄书院旧址办学的县立完全小学任校长，文脉得以传承。

五斗坝

　　五斗坝，海拔1008米，背倚五顶蓬（海拔1400米），前接凌霄城，左拥林口湾与长宁黄金乡接壤，右连大凌霄。地处山腰，昔年交通十分不便，往上到仙峰10千米，往下至多岗槽7.5千米，全是崎岖小道；往右侧方经香丰寺下到河底，再攀罗桠到兴文县城22.5千米；往左侧方经关口、龙碑坝到梅硐15千米。

　　五斗坝山高林密，常被云雾深锁。俗话说，"高山多雾出名茶"，1956年，这里建起了五斗坝茶场，开辟出茶园200多亩。1963年，从成都市招来知青270多人，茶园扩大到800多亩。20世纪70年代，陆续又有兴文、宜宾的知青加入，一度十分繁华。

　　当年，对五斗坝之名，笔者曾追寻过，场里老工人说，张献忠部下曾屯垦于此，当年种下胡豆收了五斗，故名。后来，有机会接触史料，才知相去甚远。史上青羌入川，居于此，称为"五斗夷"，为形容其数量之多："一人一

五斗坝

豆，数有五斗。"明朱国桢《涌幢小品》载："诸葛擒孟获，散青羌于五斗坝，此凌霄都蛮之自来。宋元丰中征之，国朝成化中征之，万历再征，皆因大雨而克。"这才应该是五斗坝之名的来历吧。五斗坝的一些小地名，都应该与凌霄城不同历史时期发生的事件有关，比如与凌霄城最近的"槽房屋基"，应是和南宋宝祐五年（1257），为防元军，奉天子令长宁宋臣易世英负责修筑凌霄城有关，有军队和民工施工筑城，就出现了酿酒的"槽房"。当地人说的"辕棚坳口"是张献忠军队的辕房，应该与明成化四年（1468）征讨都掌人所据凌霄城有关，抑或与明万历元年（1573）征剿僰人擒僰人首领阿苟相关，绝不会发生张献忠屯兵于深山老林之事，因为史料从无张献忠占据凌霄城之说。大地头，则是因川南工农革命军独立团扼守凌霄城时，川军暨民团"围剿"时，曾在此架设迫击炮轰击凌霄城得名。

在柏杨湾，有一官地叫"金交椅"，背倚五顶蓬，面对凌霄城，远眺万里篝，状若交椅。清末时，红桥一常姓保正，择葬于此。1964年，茶场大开荒，挖出这一墓葬，棺中尸骸完好，足见其不失为一处风水宝地。

如今，茶园依旧，体制改革后，茶场早已更换主人。以与世界地质公园凌霄城园区毗邻之优势，优美的茶山风光，纯净的空气，凉爽的气候，因凌霄城若即若离的历史文化点染和兴文发展全域旅游战略所推动，五斗坝，必能再现昔日的繁华。

多岗漕

多岗漕，之所以有名，乃曾为一县之地。清光绪版《兴文县志》载："唐仪凤二年，开山洞置晏州、领崀峨、新宾、扶来、思晏、哆岗、罗阳七县。"七县之中的多岗县，即是多岗漕。北宋政和年间，梓州转运使赵遹平蛮，发生的轮缚大战，与之抗衡，屯兵僰王山的僰人首领卜漏，即是多岗漕人。轮缚大囤被攻破后，卜漏外逃，仍被宋军擒获于多岗漕。又载："多岗废县在县东南，唐晏州所领七县之一。宋祥符中，多岗酋斗望犵獠，即此。"

多岗漕，称为漕，确为漕形，两山相夹，一面为凌霄城、五斗坝，另一面为黑帽顶（晏峰），中有一溪，县志载："分水岭，在县南三十里，太平岭岭外，为多岗漕水源流入长宁县，岭内为基口寺，水源流十里成溪，入两河

多岗漕

口。"照此文，原名是多岗漕，更有口误者，呼为"拖岗漕"。

一个漕口地带，竟成为一县治所，并且1000多年，地名依然存在，总有其深刻的社会原因。20世纪50年代至70年代，这里又被叫作新街，不足百米长的小街，形成了场口，逢一、四、七赶场，虽不及梅硐场之隆盛，但场口仍存在多年。究其原因，当时同心公社（乡）所在地在千秋塝，除一所完小挨着外，其余公社所属"机关"，如公社所属的诊所、供销社、粮站、食品站等全在多岗漕，似乎成了公社（乡）的又一治所，难怪能形成场口，有些小繁荣。

域内有龙塘沟，于分水岭下，小溪之源头处，多瀑布，风景秀丽，更有桫椤树群，总量在2万株以上，最高大的一株超过8米，极具科研和旅游观赏价值。

多岗漕现已并入凌霄城村。

腰宝沱

在僰王山镇富安村8组，有一个地名叫"腰宝沱"，是块风水宝地，这就是晚清重臣薛焕的故居。故居早已不存片瓦，只余大门前几级石阶，靠后山的残垣断壁，但门前仅几十米的晏江河依然轻缓地流淌，向人们慢声细语地讲述这一段它见证过的历史和故事。

据清光绪十三年（1887）《兴文县志》载，薛焕，字觐堂，四川兴文人，历任江苏金山县知县、松江苏府知府、钦加盐运使衔、苏松常镇太粮储道、苏松太兵备道、江苏按察使、江宁布政使、苏州布政使、江苏巡抚赏加头品顶戴，充上海道台、钦差大臣，署两江总督，内升工部右侍郎，兼管银法堂事务，署礼部左侍郎，钦派沟渠河道大臣总理衙门大臣，钦差云南查办事件大臣。

薛焕画像

薛焕虽出生在宜宾赵场，乃因薛氏先辈为后代发展计，为保住兴文籍，据传曾以富安水车坝的土埂子换了赵场的八块田，故一直有八块田乃兴文飞地之说。渐成年，薛焕兄弟二人回乡在富安饱学先生姚某门下就读两年。

薛焕被研究者们称为"洋务运动先驱"，其主要功绩为：（1）任上海道台时，依靠全城军民努力和三千川勇保住了上海，未被太平军攻破，对上海的发展做出了贡献；（2）建洋枪队，使清朝军队逐步告别了冷兵器时代；（3）力主洋务运动，在外交、通商方面做出了贡献；（4）保住了澳门的主权，将拟协议中的"割让"力倡扭转为"租借"；（5）退休后创建尊经书院（四川大学前身），任首任山长，力倡"通经学古，中为西用"。

薛焕，应是兴文乃至宜宾品级极高的历史文化名人。

八凤山

僰王山镇的三星村，小地名叫野土地，野土地后面有座山头。据说，这里有八只凤凰，是风水宝地，故名八凤山。晚清重臣薛焕的曾祖父、曾祖母就合葬在此处。

传说，当年的风水先生曾断言，下葬当天会发生"戴铁帽、鱼上树、雀打鼓"之事。下葬时，葬穴尺寸、深浅皆有严格要求。谁知，其中一人下锄太猛，超过了深度，将惊起的一只凤凰腿挖伤。从此以后，薛氏门中，几乎每隔一代就会有一人腿部有残疾。薛焕本是健康之人，在任苏州道台期间，城中叛军与土匪勾结，欲陷苏州，他闻讯后带兵弹压，身先士卒，混战中一侧膝盖被长矛刺伤，治愈后仍一腿微瘸。

下葬当天，十分热闹，围观者甚多。一农民赶场，顶了一口铁锅，到场观看，适逢小雨，顺手将铁锅顶在头上；一乡民赶场买了一条鱼，用谷草穿腮，为看热闹，则将鱼挂在旁边的树上；吉时到，铁炮响，惊得口衔树枝的小鸟口一松，树枝掉落在鼓上，发出"咚"的一声响——这就是戴铁帽、鱼上树、雀打鼓。

传说归传说，但不可否认，富安薛氏确是名门望族。据民国三十二年（1943）《兴文县志》载，在清乾隆、道光、同治、光绪年间，连同薛焕在内，共有16名薛家子弟中举外出为官。今日，薛氏宗亲，人才辈出，遍布海内外。

虎山亭

虎山亭

在僰王山镇高潮村9组,紧傍着翠竹掩映,数湾绿水的万丰岩水库,岸边耸立着一座好几米高的亭子,那就是人们出于对英雄的怀念,对英烈的崇敬,专门修建的"虎山亭"。虎山,是指红军川南游击纵队中的一名战将——黄虎山。

黄虎山,籍贯不详,出生年月不知,在川南游击纵队之前的历史也如烟如雾。但是,有一点可以肯定,他参加红军的历史不低于5年。经历过的战斗无数,而且表现英勇,对党特别忠诚,不然,不会担任保卫中央重任的中央政治保卫局第五连连长。1935年2月,在云南扎西石坎子,中国工农红军川南游击纵队宣布成立,黄虎山的第五连被编入纵队,同时由其担任五大队大队长,这个大队是纵队战斗力最强的大队。黄虎山带领五大队,奋战川滇黔边区,成了让敌人闻风丧胆的一员战将。

1935年12月,长宁贾家湾特委会一致主张纵队化整为零,机动游击,保存实力。龙厚生、黄虎山率领二支队去滇黔边界活动。队伍刚开拔到炭厂(仙峰)时,遭受敌穆银州部队的伏击,黄虎山组织队伍奋起反击,奈何寡不敌众,于是带领部分战士突围到了云南,不知纵队消息,不知其他战友的生死,只好钻进大山与敌周旋。在如此艰苦的条件下，黄虎山没有去追赶中央红军，直到1936年初春，听到一些消息，又带着队伍到洛柏林与刘复初会合，重新擎起红旗，继续战斗。是什么精神在支撑着他呢？是信仰，是责任，是承诺。为完成中央交给的任务，在困难面前，在生死面前，黄虎山义无反顾，一往无前，无怨无悔。

1936年上半年，在红鱼养伤的黄虎山被敌人抓捕，关押在兴文县监狱，受尽严刑拷打，敌人却什么也没得到。一个春寒料峭、风雨交加的夜晚，一具血肉模糊的尸体被丢弃在兴文东门口的灰包（垃圾堆）上，几天后被好心人收埋。

新中国成立后，人民政府曾追寻过黄虎山的遗体，终寻不见。1991年4月，一批不愿忘记过去的人们，集资建造了"虎山亭"，让心中的英雄在晏江河畔，接受着人们的祭悼。

十字口

在许多城市，有许许多多的十字口，像宜宾原来就有大什字、小什字。老兴文县城（今僰王山镇）因地形关系，十字口只有一个，不必标出方位。

城呈南北狭长状，中间略有弯曲，由北向南倾斜。从北门上出发，至县商业局旁，有一小巷至西门城墙，无奈街的东面是房舍，仅形成一个小的"丁"字口，至银行和县文化馆段，是兴文城中心，最佳的十字口路段，可惜当时兴文的最高建筑银行（四层）横亘西面，露出唯一的"东街"仅不到百米就到东门口。在南门坡顶端，往西是小街子直到西门城墙上的县人民武装部，也因东面皆是街舍，成为"T"字形的三岔口。过了南门桥，才是真正意义上的十字口，往前穿越南街至南操场，往东有泰山庙过瓢地沟至二郎庙，往西至县医院到新胜公社，这就是兴文城唯一的十字口。

提起十字口，老兴文人都知道，也很容易记住，但给其留下深刻印象的是十字口土生土长，被列入宜宾市党史人物名录的蓝次先。十字口，也因之更有光彩。

蓝次先，字镜明，化名张剑横，1906年生于兴文县城关南街十字口。年幼时，就读于县立第一高等小学堂，1924年入江安省立第三中学。他喜欢阅读进步书籍，接受革命思想，寒暑假中，常往来泸州、宜宾、南溪，与吕一峰、赵崇修、刘永吉、李国钊等有志青年接触，共同探索救国救民的真理。在校期间，被推为晏阳同学会会长。次年，率领同学集队登上满载"仇货"的英轮，与英商进行面对面的

蓝次先

斗争，迫使英轮驶离江安。从省三中毕业后，考入重庆中法大学。不久，黄埔军校武汉分校在重庆招生，蓝次先即考入，为黄埔第六期学生。尚未毕业，值大革命到来，他与兴文籍学生陈丰京等人被提前分配到叶挺独立团，参加北伐。北伐中，经受了战争的考验，参加了中国共产党。北伐中，曾致信其父："儿虽不敏，窃欲一本父母爱子之心，而承爱扩爱以及国家人民。"又言："中原烽火，大敌当前，儿当拭泪雄装，英勇赴战去，此即儿承爱扩爱，移孝作忠也。"

大革命失败后，1927年，党中央派一批同志回四川开展地下斗争，蓝次先被派往宜宾做联络工作。联络期间，发展了兴文籍叙联中的学生张国忠作为中共党员。1928年国民党反共高潮中，蓝次先利用社会关系，设法将郝谦、魏锡英等共产党人护送出城，而本人却被捕。在狱中，他立场坚定，写有《狱中吟》二首：

   一腔热血投黄埔，只为神州将陆沉。
   同样趾骨分贵贱，满庭豺虎恣纵横。
   山河破碎嗔诸帝，道路流离哭兆民。
   极目燕云提剑啸，扬鞭北伐荡妖氛。

   频年车马四方奔，事败身扬又逮擒。
   冬竹峥嵘高劲节，南冠慷慨笑牢城。
   武威富贵怎淫屈，主义精神自服膺。
   大好头颅非吝也，成功先应有成仁。

1930年春，蓝次先经多方营救出狱，赴成都寻找党组织，省委派他去广汉，化名张剑横，负责当地特支工作。他与中共地下党员曹荻秋（"文化大革命"前曾任上海市委书记）等一起，策划领导了广汉起义。1930年10月25日，广汉起义爆发，成立了苏维埃政府，曹荻秋任主席，蓝次先为20个执委中的一员。起义失败后，他回到成都，再次被捕入狱。1930年冬，经黄埔军校在蓉同学黄慕颜及兴文同乡庞叔向营救得以出狱。

蓝次先出狱后，正值革命低潮，一时无法联系上党组织，先后赴上海、南京等地四处奔波，历时八九年。1939年春回川后，在犍为私立知行中学任教务主任，宣传革命思想，组织抗敌救国活动，后被立案，只好离开。

1947年，蓝次先到贵州毕节投奔少时挚友——时任毕节专员的周希濂。他一面教书，宣传革命思想；一面对周希濂加强教育，灌输共产党的主张。在离开毕节后的1949年冬，周希濂以20军参谋长的身份起义。

1949年春，蓝次先回兴文老家养病，病中仍刻印传单，秘密宣传"共产党必胜，国民党必败"，并约集一批进步青年商议如何迎接解放。

1949年12月，蓝次先准备赴重庆寻找党组织，不幸在临行前被捕。面对严刑拷打，他昂首回答："杀了我这个共产党，也挽救不了蒋家王朝的彻底失败。"是月，被杀害于仙峰。

噩耗传来，乡邻痛惜不已。曾任《兴文县志》编修的何肖葛拟一挽联：

名垂竹帛，气壮山河，钦投笔从戎，跃马横戈奔北伐；
伊陨仙峰，我惭史位，未擎毫撰绩，因风寄泪哭南冠。

老同盟会会员——曾任民国中将参议的开明士绅庞叔向亦写下"挽蓝次先"：

百丈光芒，一天霞彩，自将星辉耀，独遗恨遥夜高悬，到黎明陨地；
八千里路，卅六湾头，听涛声呜咽，最伤心短期长别，向何处招魂？

1950年1月，兴文县人民政府追认蓝次先同志为革命烈士。

千秋塝

千秋塝，属今千秋村，左邻沙子坎，右近大堰沟和罗垭。周围山峰围绕，唯这一片层层梯田，稻谷飘香，白鹤翩飞，一片蛙啼，风光特异，由是被叫作千秋塝。

千秋，应指年年丰登，岁岁平安，含祈福之意，当然，若地出名人，亦能千秋流传，而千秋塝，正好两者兼具。

最有名者当属清光绪年间兴文进士何肇勋。何肇勋，字绍放，号鲁林，清咸丰十年（1860）生于兴文县让畔乡第一甲千秋塝，逝于宣统元年（1909），享年49岁。何家在兴文属书香门第，家中藏书冠于当地，他于光绪十九年（1893）考中举人，次年到北京参加应试，适逢甲午中日战争爆发，毅然从军参加在山海关的战事，写下"亡国瓜分心胆寒，豪歌纵马出玉关。男儿当负兴亡责，不破倭奴誓不还"，以诗言志。光绪二十三年（1897）得假归家，曾为九姓土司上万言书于四川总督鹿传霖，列陈教育、实业、交通、弭匪诸要政，颇多建议被采纳。光绪二十四年（1898）戊戌岁考中二甲第64名进士，选授翰林院庶吉士。光绪二十七年（1901）授编修，续任刑部、工部主事和水部右侍郎，诰封朝议大夫，钦加三品衔。后其父病故，遵制返乡守孝。在此期间，在凌霄书院讲学，任书院山长，兼授经史。他曾题联勉励后学："消息几时来？二月桃花八月桂；功夫何刻用？三更灯火五更鸡。"假期某日，受大坝黄举人之邀去做客，登锦江楼赏景，遂作楼联："到处且随缘，江流曲曲，绕上岗楼，回首看，崇丽楼台，江水平分山色绿；登临益怀古，边海茫茫，容升鸟道，凭栏瞰，夜郎河岳，边氛犹漫汉关秋。"守孝期满，以京官放贵州思州府任知府。1906年，贵州东部少数民族起义，朝廷下令"普剿"，何肇勋不忍生灵涂炭，奏请朝廷改用剿抚兼施，以仁政平息了"贵东之乱"。在思州任上，他还注重教育，创办学校，自任学校监察；整顿税收，富国利民；关心民众疾苦，常周济贫民，故思州百姓乐业，社会稳定。由于政绩显著，他被擢升为广西巡抚，因积劳成疾，未及赴任，即殁于思州府任上。因其道德文章并著，深受兴文各界称赞，民国时兴文县县长余诩曾为何氏祠堂题诗："太守祠堂何处寻，阿兰谷口白云深。莺迁乔木钦前辈，春荐繁花忆上林。水部文章开藻绘，思州遗爱绕棠荫。过林看竹清风在，一涧频繁君子心。"阿兰谷为当时何氏居住地，处镇之南，当时，其子何肖葛为民国版《兴文县志》编修。

另一名人亦为何氏中人，名何甸卿，学名何甸。其生活简朴，勤奋兴家，成为一方绅士，以慈善功德冠于县内，其庄院曾为同心公社（乡）政府所在地。他捐谷子3石在牛角岩修水渠，长约300米。除灌溉佃户农田，还惠及邻里；捐资在大圆地修石板路7500米；民国二十年（1931），在罗垭设旅店，为零星过往商贩提供免费食宿，每年约惠及7000人次，年耗大米4500公斤，历时3年。年满60岁，开始赠义棺，捐粮济贫。他家山林很多，杉树也多，每年伐木一次，约有100口棺材之料，请木匠做成棺材，凡乡里贫苦老人去世而上门求助者，皆赠棺木一口，大米3斗（约50公斤），土布20丈，此义举达30年之久。逝世时，县长题联吊唁：

博施济众，简朴修身，茂德茂龄垂典范；
勤苦兴家，旷达养性，成仙成佛乐逍遥。

校场坝

校场坝,在兴文至仙峰的驿道上,海拔约1200米。当年交通不便时,从兴文县城上仙峰,到建武,这里是必经之路。从县城到仙峰50里,到建武120里,故有"兴文穿城120里"之说。那些年,在校场坝有一小店,卖些杂货,供点茶水。这条驿道,山高路险,旁皆沟壑,有个令人心惊的名字:小恶戾。

传说,当年有一县令出巡,坐着轿子,从兴文出发,经铜鼓岩、牛栏坝、两河口,倒还平缓,一过沙子坎,虽然全是石板路,但梯级往上,似乎一无尽头,直上云天。县令在轿中几乎倾覆出轿,坐不住了,只好下轿步行,一路攀行,其苦其累可想而知,登至山顶极目处,回首望去,犹感心惊,大叹山道之险:"太恶戾了!"意为穷山恶水,山道凶戾,因是外省人,说的是官话。当地人就将"恶戾"两字说成"窝累",将这条驿道叫"小窝累",另一条叫"大窝累"。

校场坝，当地人喊为"教场坝"。处高山深处，道路如此凶险，何来校场？按常规之解，校场，一般为练兵演武场所，有校场者，非州即县。翻开历史，此地还真是曾经的县之治所。因为校场坝，史上曾名太平岭、箐前。清光绪版《兴文县志》载："太平岭，县南四十里，即遏磲坎。乾隆间，知县陈潘郯开山通道，荆榛尽剔，名太平岭。"文中遏磲，即小恶戾，小道修建于乾隆年间。又载："箐前，县东南五十里，前即太平岭，山高路险。旧志载，金事李江计擒阿苟诸军乘势破箐前。"此处指明万历元年（1573）九丝战事，阿苟即为僰人守卫凌霄城首领。新编《兴文县志》（1993年版）载："元世祖至元二十二年划大坝军民府地置戎州（设流官），州治在箐前，即今仙峰乡（今应为僰王山镇）太平岭一带，后移驻今水泸坝，所领俱村囤，无县邑乡镇，由四川等处行中书省马湖路飞领。"

箐前、太平岭、校场坝应同为一处，那当年作为州县之治所，虽于高山上，择路旁稍平缓之地辟为校场做练兵之所，也就说得通了。

温井亮虾

清光绪版《兴文县志》载:"温泉井,在县东一里,二郎庙侧,冬温夏凉,中出亮虾,常见。"又载:"温泉,在治东二郎庙侧,其水寒天可浴,亦名温水溪。"其位置在原县城(今僰王山镇)出东门约500米的晏江河畔。清嘉庆年间,县令余炳虎制"兴文八景"诗,其中"温泉虾灯"则是写此,诗曰:"山上和风山下泉,虾灯如火水中燃。夕寒浮出光千点,长照乾坤不夜天。"

二郎庙,源自李冰治水,祭祀李冰父子,庙皆建于河边。兴文的二郎庙,也是建在晏江河畔,惜庙早已毁。温水溪即在二郎庙侧,亮虾肯定是要夜晚方能得见。初到兴文者,当地居民都会热情介绍温水溪和亮虾。

温水溪,因溪水冬暖夏凉,离城又近,很多年来,都是人们濯洗衣被之所。每年制作泡菜时,人们挑着大挑小担的青菜,亦到溪边淘洗。温水溪,亦是少儿嬉戏之所,踩水玩、找亮虾是很多人的童年回忆。

二郎庙之侧的晏江河河段被叫作"二郎沱",兴文人夸张地说"水深无底二郎沱",其实,水并不深,不过在那一段,水面较宽,就如古宋的三角沱,是适合游泳的场所。每至天暖,可能每年不到五一劳动节,就有人到二郎沱游泳;7月和8月,天气炎热,学生放暑假,游泳者更多。不大的水面浮动着大小人头,有人说,密密麻麻就像煮水饺似的,拥挤不堪。不过,二郎沱这片天然水域,让相当多的兴文人拍着胸脯说:"我学会游泳就是在二郎沱!"

老城变迁

原兴文县城（今僰王山镇），略一考证，却与两座城有关。

晏州城。唐仪凤二年（677），置晏州，隶泸州都督府，领7县：思峨县（治今江安五矿镇仙鹅洞一带）、柯阴县（治今五星镇营盘村一带）、新宾县（治今石海镇原兴晏乡一带）、思晏县（治今原博望山、水泸坝一带）、多岗县（治今多岗漕村一带）、扶来县（治今何地不详）、罗阳县（治今不详）。州的治所（晏州城）说法纷纭，一说在今僰王山镇；一说在今城郊村土城上，宋梓州转运使赵遹"征蛮常驻兵于此，始筑土城，高不及丈"。到明朝，"明洪武中，甃以石高一丈，周一里八分，计二百七十丈，门四"。又载："明正德二年，建石城高一丈，周围一百九十九丈，城楼三座，开三门。"晏州城（晏阳城，今僰王山镇）历来皆是兴文的政治、经济和文化中心，直至1983年区划调整，1984年县城搬迁。

悦州城。在今龙江村两江口一带。唐先天二年（713）置悦州，隶戎州都督府，领6县：甘泉、青宾、临川、悦水、夷邻、胡戎。其治均无考。州治说法有三种：一是在戎州南135千米南广溪洞，二是在兴文城南，三是在云南省镇雄县到彝良县之间。经考察，州治当在今僰王山镇南1公里，即今龙江村两江口一带，街基石砌尚存。

富安场

富安场位于从原兴文县城（今僰王山镇）出来5000米往宜宾方向公路左侧边，曾为富安乡、富安公社治所，后被撤销，并入僰王山镇，现属富安村。富安场的来由与当地名人彭维熙有关。

彭维熙，字百字，笔名思怡，兴文水车坝人氏，出身世代书香人家。光绪三十二年（1906），参加过清朝最后一场科举考试。考试前两日，官府捕杀川南大匪首"巴地虎"，民心大快，彭维熙也极兴奋，信手撰写了一联贴于考亭台上："好官先除巴地虎，小池难养上天龙。"此联对仗工稳，出语豪迈，考官甚为惊异。然考试未待发榜而科举停，考官惜才，遂将其推荐给都督赵尔丰，任"刑幕"。

后来，彭维熙弃官回乡。见家乡干溪（今富安场）只有草店几间，系谭二兴、李恒太、谭兴廷、郑隆太、王福和等几家人在此地居住经商。此处是江安、古宋、兴文三县交界处，是兴文的门户，亦是通往江安、宜宾的要道。彭维熙为了繁荣此地经济，方便人民生活，遂倡议扩建兴场，此举深受乡人赞许和支持。在原有数家草店基础上逐渐扩大，于光绪三十四年农历三月二十七日正式开场（开场日期是1985年撤财神庙时，在二梁上发现彭维熙亲笔记载），把原来的干溪更名为富安，取富裕安民之意。后来又立修建富安场之碑，碑文曰：

连界开场，三边共利，一人倡议，有代留芳。

彭维熙熟读经史，好诗文，尤喜好趣联，他的作品形象新奇，亦庄亦谐。新中国成立前，吸食鸦片的人甚多，他自己也染上了，痛恨之余，自撰两联，贴于自家居室。

又如他的调侃楹联："小百姓心头火起，大老爷口角流油。""何须饱鬼打饿鬼，归根大虫吃小虫。"

一首七绝写下棋：

红黑分开若战场，公然对垒要擒王。
输赢何必争高下，结局空留纸一张。

刘铭碑

在兴文县医院背后一个小地名叫"三铁炮"的地方（现属僰王山镇高潮村），树立着一座高大的石碑，纪念一位几十年如一日，一心为民的良医——刘铭。这是兴文第一座民众志愿捐资，为一位医德高尚的医生树起的丰碑。

刘铭，讳光毕，纳溪高硐乡人，出生于1908年。少有夙志，愿为良医。成都医专毕业后，服务于川军邓锡侯部，历经抗日战争，授少校军医科科长。后内战爆发，民不聊生，于1947年愤而离职返乡，躬耕行医。新中国成立后，兴文县组建县医院，闻之医术精湛、医德高尚，遣人延聘。刘铭于1951年6月到兴文筹建县医院，1956年任该院副院长，1981年退休。系兴文县第一届至第七届县人大代表，第七届县人大常委会副主任，第一届县政协常委。

刘铭常年一身中山装，生活简朴，不抽烟，不喝酒，更不赴病人之宴请。他为人和蔼，从无架子，脸上常挂笑容，对找他看病的平民百姓如是，对招呼他的干部、官员也如是，全无刻意做作，多副面孔。对病人不分贵贱，一视同仁。

刘铭一人独居在县医院一间10多平方米的屋子里，简陋到仅一张床，一张办公桌，几样简单的生活用品。这里不仅是他的卧室，也是他为人看病的地方。他从来不分上下班，从来没有节假日。那间屋，常是门庭若市。乡下的农民来了，常是一身水两脚泥，他亲切招呼其在小凳上坐下，把脉问诊、听诊；让其躺在自己睡觉的床上，为之检查。兴文有名的神经病患者——乞丐刘老八，浑身又脏又臭，带年背着一个装满垃圾的口袋。他来此看病，刘铭仍无嫌弃之色，让他躺在床上为之检查身体。

刘铭为人看病不择地点，休息时上一趟街，无论沿街的居民、公职人员，只要说看病，即随之进屋，与之看病，掏出随身携带的笔和处方笺。开出处方后，既不收挂号费也不收诊金。"文化大革命"中，他被扣上了"地主分子""走资派""历史反革命"三项帽子，也受了一些苦和罪，仍然舍不得放下听诊器，随身揣着处方笺，只要有病人找他，就看。近郊农村，街头巷尾，常见其身影，照样当他的医生。他开出的处方，从来不乱加贵重药品，一个处方，仅仅几角钱，块把钱，药到病除。正因如此，农村来县城找他看病的人特别多，有本县的，也有邻近长宁、江安、古宋的。近郊农民甚至说："只要刘院长带个口信，病就会好。"

刘铭医术精湛，但究竟精于哪一科，谁也说不清。反正，只要他能看的病，就看，一般的外伤，也能处理。他只记得自己是医生，来找他的就是病人，治病救人是他的本职。为人看病，病人痊愈，要感谢他，他却说："是你的命大，不是我的本事大。"招兵、招生、招工体检有他，医院里的疑难病例会诊有他，常常一语中的。

刘铭30多年来如一日，已记不得为多少人看过病，记不得开出了多少张处方笺，更记不得众多病人的姓名。但人们记得他，他每到一处，无论是城乡机关的公职人员还是普通百姓，无论是老年、中青年还是小娃娃，都会尊敬地喊一声"刘院长"。

他积劳成疾，有严重的肝病，自己不断地与病魔做斗争，始终未放下过听诊器，直到74岁才被批准正式退休。退休后也是有请必至，有病必看，直到逝世的前3天，病情恶化，身体实在难以坚持，才不得不放下了陪伴其一生的听诊器。1986年3月17日，刘铭溘然长逝，享年79岁。

当时，兴文尚无殡仪馆，刘铭的遗体被停放在县医院。噩耗传出，该院的医生、护士，县里的领导，机关工作人员，以及农民、工人们，纷纷前往吊唁，其中农民人数最多。吊唁现场，哭声一片。出殡之日，万人空巷。从县医院出发，经正南桥、南门坡、东门坡直到二郎庙，沿途都是为刘铭送行的人，有的情不自禁在自家门前当街长跪。出殡队伍行至二郎庙时，被一群近郊农民挡住，他们不让刘铭离开，自己愿出土地，让其葬在兴文。县领导好一番劝说，刘铭的遗体才得以离开，回归故里。

刘铭逝世后，民众自愿为其立碑并撰写碑文，今实录一段："先生救死扶伤，不分时间、地点、对象，几十年如一日，实为杏林圣手，堪称医界表率。逝世后，县委、人大、政府、政协领导均到灵堂吊唁。发丧之时，全城举哀，盛况空前，老幼失声，有路祭者，长跪不起。《诗》曰：'如可赎兮，人百其身。'山城人民，感先生硕德，踊跃捐资树碑，以志永怀。悲乎！先生虽去，丰碑永矗民众心底！"

老县委

作为地名文化,这里的"老县委",不是指地方党的领导机关,而是指这个机关的建筑——兴文老县委办公楼。

老县委办公楼旧址位于兴文县僰王山镇北门上社区,坐西南向东北,建于1952年,占地面积413.448平方米。整体建筑呈"凹"字形,两层楼砖木结构,小青瓦屋面,建筑外形似"太师椅",面阔7开间31.15米,纵深17.3米,高12米,楼梯及二楼地板均为木质结构。老县委办公楼是新中国成立后,兴文县委于1952年所修建的,它见证了兴文县从新中国成立至今的发展与变迁,同时也丰富了兴文的建筑类型。

此楼从1952年建成,即为中共兴文县委办公地。"文化大革命"中,曾为兴文县革命委员会办公地,粉碎"四人帮"拨乱反正后又恢复为兴文县委办公地。1983年区划调整,兴文县城于1984年搬迁到今古宋镇,兴文县委办公地也搬迁到古宋镇。老县委办公楼现为僰王山镇党委、镇政府办公用房。

老县委办公楼已于2012年被列为四川省文物保护单位。

万丰岩

万丰岩又名晏阳湖，位于兴文县僰王山镇。属小Ⅰ型水库，1973年动工，1977年竣工。坝高27米，库容176万立方米，有效库容122万立方米，有效灌溉面积3400亩。

万丰岩水库利用晏江河上中游段，起始于原两龙乡的新街，再往前是经沙子坎、小恶庆上仙峰的当年驿道，往左是经大草坪上仙峰的公路，往右是上黑帽顶（晏峰）通往罗垭、多岗漕、凌霄城的道路。晏江河流经牛栏坝、铜鼓岩，形成近3000米的狭长水域——晏阳湖。两岸山峦染翠，修篁摇曳，有4个半岛伸入水中，水绕山转，如九曲游龙。湖水清澈，平静无波。最深处达20米，平均宽度60米，最宽处100余米。晏阳湖宛如一条飘动的碧绿色玉带，与蓝天、青山缠绕在一起，成为人们休闲、垂钓的好去处。

湖边，为纪念红军川南游击纵队猛将黄虎山的"虎山亭"巍然耸立。邻近的中村坝，曾是古戎县县城遗址。下游500米处的两江口，是古悦州治所所在地。历史、文化与自然交相缠绕，让万丰岩水库具有一种独特的气质美。

最为人称道的，是1977年与水库同时竣工的万丰岩水电站。引用流量是1.2立方米/秒，水头21米，装机容量2×200千瓦，年发电量100万千瓦时。万丰岩水电站的建成，结束了兴文县"黄色灯泡"的历史。当初由于县城发电机功率低，造成全城的路灯、家用电灯泡发黄。最弱时仅见灯泡中的钨丝发红，像一个燃烧的烟头。电影院放电影，若自己不启用发电机，电影中会出现许许多多的慢镜头，放映时间会延时数倍。万丰岩发电站建成，让白炽灯泡从"黄色灯泡"来了个华丽转身，为自己正了名。

永寿村

僰人巨石阵

永寿村距僰王山镇10千米，面积10.2平方千米，共有503户1999人，其中苗族占34.8%。全村属深丘和山区，举目眺望，四周群山茫茫，连绵不绝，一直延伸到云深处。就这一片自然条件并不好，多年积贫的地方，在以习近平总书记为核心的党中央脱贫攻坚战略决策指引下，于2016年率先脱贫，成了全县脱贫攻坚中一颗璀璨的明珠。

永寿村的支柱产业为国家地理标志产品——兴文山地乌骨鸡，年出栏乌骨鸡10万羽以上，形成了孵化、养殖、销售、烹饪全产品链条，打响了"乌鸡全宴""养殖绿壳鸡蛋"等永寿品牌。该村还种植翠冠梨3000亩，探索出林下套种赤松茸（酒红菇）新模式，形成了可食、可采摘、可观光的翠冠梨采摘园。全村手机、电视信号全覆盖，道路实现了"组组通、户户通"，并且是全市村道实现黑色路面的第一村。

在永寿村境内还有著名景区"僰王巨石阵"，核心面积2.4平方千米，属4.7亿年前的奥陶纪产物，也称豹斑灰岩。景区"巨石"千态万状，又与僰文化紧密相连，已于2021年1月被评定为国家AAAA级旅游景区，与永寿村每年都在举行的"苗族踩山节""乌鸡美食节""梨花节""采果节"等乡村旅游项目互促发展。

永寿村，突出的是"寿"字。此处海拔500—1100米，山清水秀，空气清新，土壤含硒量是全国均值的3倍，空气中的负氧离子含量在全县也是名列前茅。从历史资料来看，长寿者甚多。乌骨鸡、翠冠梨、赤松茸、富硒米皆是有益于健康和长寿的食品，加上景区内特有的"永寿神菇"，形神皆备，传说中谁摸了它就会增寿，因此，这里是康养的好去处。或许，"寿"会成为永寿村最具影响、远近闻名的品牌。

太安村

太安村距镇政府15千米,面积10.64平方千米,有5个村民小组,518户2039人,耕地面积1647亩,林地近万亩(楠竹、苦竹、巨黄竹等)。

境内的太安石林,属奥陶纪豹斑灰岩,是2005年2月11日联合国教科文组织评审通过的第二批世界地质公园——兴文石海世界地质公园中的"太安石林园区"。该地质公园以其奇特的地貌,天工造化的妙景奇观,在世界地质公园中独树一帜。四周青山作幕,地面绿草如茵,林间流水淙淙,泉水欢唱,各种形态的奇峰怪石,或雄伟瑰丽,或小巧玲珑,或参化天地,或立地为景。石与竹相伴,景与物互动,置身其中,让人目眩神迷。景区内,竹木覆盖率在60%以上,山花绽放,雀鸟啁啾,无任何人工打造痕迹,是"天然去雕饰"的纯自然景观。有迷踪城、古城堡,有石莲花、石牌坊,有石寨门、天生桥,有石仙、石猴、石马……不胜枚举。且该景区地处公路边,游览极其方便。

多年来,因其区位优势和交通制约,名声在外却未体现出旅游价值,随着"旅游致富"的战略实施,旅游环线公路建设的推进,结合太安社区村大力发展林下乌鸡,做大做强生态养殖、有机果蔬和竹木业的深加工,太安石林一定会发出耀人的光华,带动和促进太安社区村的全面经济发展。

太安石林

水泸坝

水泸坝，今水泸坝社区村，唐仪凤二年（677），置晏州，领7县，其中思晏县，即今水泸坝、博望山（僰王山）一带，原系明代下半乡（后改跃龙乡）一甲、二甲、三甲地。民国二十四年（1935），置博望、水泸联保。民国二十九年（1940），两保合并成立博泸乡。1950年分出部分境域建立博望乡。1956年，博泸、博望、中心3乡合并称博泸乡。1958年为新民公社管理区之一，1959年以乡建社，改称博泸公社。1984年复称博泸乡，治所大桥龙家祠。1992年9月撤区并乡建镇时并入晏阳镇（今僰王山镇）。

水泸坝

水泸坝距僰王山镇7千米，与长宁县梅硐镇交界，面积11.6平方千米，稻田面积3656亩，耕地面积1550亩，林地面积1957亩。1983年区划调整前，水泸坝是兴文县最富庶的"粮仓"。经四川省地质调查院的农业地质调查，村内田、地富含对人体有益的元素——硒，其含量均值为0.64毫克/千克，是全国均值的3倍。

以"硒"为切入点，凸显富硒品牌，着力打造水泸坝乡村振兴示范区。完善入园路、产业路、高标准农田、田间生产便道等基础设施建设，实施河道治理工程。连片规模化发展富硒水稻3500余亩，配套发展五粮液酿酒专用粮、杨梅、油菜等特色产业1500亩，形成了"春挖竹笋，夏摘杨梅，秋闻稻香，冬酿红粱"的四季有风景，季季有收获的产业格局，还建起了富硒大米博物馆。

现在，已建成集田园风光、农耕文化、科普示范、特色养生、农耕体验为一体的现代田园综合体——水泸坝现代农业公园，成为兴文县乡村振兴的一张亮丽名片。

玉屏山

玉屏为兴文县的北大门，与江安县的红桥镇隔河而治。史上曾为梅岭堡，其时曾地属两岸。20世纪60年代，红桥镇也曾为梅桥镇，大约因民间多忌讳，"梅"与"霉"同音，我知道有将姓"梅"的叫为"喜"，梅桥也叫作"红桥"，正如"梅硐"被叫作"红硐场"。多年以来，这一片不分江安、兴文地，都叫红桥坝，桥那边江安界场镇大些称为"大场"，桥这边兴文界则为"小场"。两岸交往甚多，亲戚关系更是盘根错节，密不可分，尽管如此，千余年来，兴文这片地域，还是叫玉屏，源自其境内之玉屏山。

清光绪版《兴文县志》载："玉屏山，在县东梅岭镇，上有驸马宫废址。"驸马宫，是指北宋政和年间，时为梅岭堡知寨的高公老，娶妻赵氏族姬，乃王室宗亲，故称为驸马。又载："驸马宫，旧址在玉屏山，去县城三十里，宋驸马高公老所驻也。公老之妻为徽宗女，公老知梅岭磐后，为夷掳去，

妻不辱死，诏赠节义族姬。嘉庆初，居民掘得石狮一只，左右有濠，至今基址尚存。"梓州转运使赵遹平夷征剿卜漏，与卜漏攻破梅岭堡"惊走"高公老、掳走赵氏族姬大有关联。

玉屏，唐高宗时晏州所属思晏县地。元至元二十二年（1285）为戎州水都4乡地。明初为叙州府戎县水都4乡之一的下半乡。民国二十四年（1935）编为玉屏联保，民国二十九年（1940），玉屏联保改为玉屏乡。1950年玉屏乡属兴文县第一区，1958年为玉屏公社，1984年改公社为乡。2014年更名为玉屏镇，2019年撤并僰王山镇，原治所改玉屏社区。历史沿革，改去改来，因玉屏山的存在还是叫玉屏。

玉屏山，从街上丁字口往右，原老公社背后，为乡人登山游玩之处。驸马宫已无存，倒是有所蚂蚁坟（也叫阴阳坟）很有名。传说一名风水先生为寻龙脉，从云南到四川，来到玉屏山上因病死去，万千蚂蚁衔土来埋，几经辛劳，终成坟堆。如今，山上修有几座亭子。

黑帽顶

黑帽顶为僰王山（原南寿山、博望山）顶峰之俗称，海拔1180米。

其实，它的真实名字应叫"晏峰"。清光绪版《兴文县志》载："晏峰山，即南寿山。高耸翠岚，时多雾集，惟天气晴朗，日午方见，蔚然以深，窅然以远。唐晏州及思晏县皆以此名。"由此可见，晏峰，唐朝时就有此名。因为，晏州位于今兴文县境内和江安县一部分，唐高宗仪凤二年（677）招生僚所置晏州；唐玄宗先天二年（713），晏州与萨、纳、巩州皆降为羁縻州。思晏县，古县名，位于今僰王山镇一带，系唐高宗所置晏州辖县之一。那么，思晏江、思晏水（今晏江河）和晏阳镇（今僰王山镇）皆源出于晏峰。

晏峰为何又讹称为"黑帽顶"呢？旧县志上说得好："高耸翠岚，时多雾集，惟天气晴朗，日午方见。"是描述其山高多雾，时隐时现。更主要的是，古代没有现代的卫星云图，无法给出科学的气象预报，全靠观测日、月、风、云、山、川之异象和天气变化，积累出一套气象观测方法。晏峰亦成了人们观测的气象标。天气晴朗，晏峰在蓝天丽日下，露出其壮丽身影；阴雨天，晏峰云遮雾障，锁住其神秘峰峦。久而久之，当地人一见晏峰云遮雾绕，就知道天气要变化了，要下雨了。而此时的晏峰，没再露出两边山峰美丽的弧度托起的巍峨尖顶，就像是戴着一顶黑帽，于是人们将它叫作黑帽顶，晏峰之名，也逐渐被湮没。

GONG LE
ZHEN

共乐镇

共乐镇，兴文县辖镇，在县境西北方，面积54.97平方千米，人口4.6万人。镇人民政府驻东阳湖社区。唐高宗仪凤二年（677）为晏州柯阴县地。元丰四年（1081）筑乐共城。南宋时，地入泸州江安生南耆第30都，乐共城属30都之境，仍为军城。元至元二十年（1283）并入江安县。明永乐年间（1403~1424），属江安县共乐乡。光绪三十四年（1908）置古宋县，共乐乡大半从江安县划归古宋县。1951年，共乐乡分为共和、中心、红旗3个乡，1984年各乡改为公社。1992年撤区并乡建镇，共乐、东阳2乡合并建为共乐镇。为中国工农红军川南游击纵队司令员刘干臣牺牲地。省道古高路过境。

将军树

将军树

在共乐镇东阳村，原东阳乡政府门前有一棵黄桷树，很多年来，人们都把它叫作"将军树"。

1935年2月10日，扎西会议期间，中央决定组建中国工农红军川南游击纵队，先后担任参谋长、司令员的刘干臣将军，其时正在踏水桥养伤，被闻讯而来的国民党反动派围捕。伤情未愈的刘干臣怕牵连房东，冲出房间想突围出去，没想到敌人已将此处团团包围，他被逼到了屋角。身经百战的刘干臣，拖着伤腿，右边衣袖飘飘（战争中失去了右臂），左手挥动着左轮枪，一粒粒仇恨的子弹射向敌人，弹无虚发。只是敌人太多，越围越近，像一群饿狼一样似要吞下这位游击队的司令，他们不断喊话："跑不掉了，投降吧！"刘干臣用坚毅的目光望向中央苏区的方向，大声道："哼！共产党人，只有断头将军，哪有投降将军？"在激战中，刘干臣射出了剩下的子弹，最后一颗留给了自己。残暴的敌人将他的头颅割下，挂在东阳乡政府门前的黄桷树上示众；他已经没有头颅的尸身，也被江安的民团抢回县内去领赏。刘干臣司令员的英雄事迹深深打动了当地民众的心，人们就将这棵曾经挂着刘干臣头颅示众的树叫作"将军树。"

80多年过去了，这棵黄桷树依然虬干苍劲，枝繁叶茂。刘干臣将军的鲜血没有白流，这里的老百姓生活越来越好。紧邻这棵黄桷树，还建起了有1000亩土地的"山朵万象园"，搞稻虾养殖，还有科技体验馆，用新的理念和新的发展方式，加快新农村建设的脚步，告慰逝去的英灵。

瓷器牌坊

在兴文，名气大的牌坊有3座，现存的有建武的"棂星门"和莲花镇的"双节牌坊"，被毁掉了的就是世所罕见的"易氏瓷器牌坊"了。

200多年前的清朝乾隆年间，易氏族祖道升公、赞廉公、景廉公、道明公4人皆中进士。一门四进士，何等荣耀。乾隆三十年（1765），皇帝御笔亲批，责成四川省江安县（共乐时属江安）在共乐建易氏牌坊，以资褒奖。易氏族人得到圣旨后高兴万分，筹集银两，前往江西景德镇购买材料，用船溯长江而上运来。该牌坊以大青石为底，全是用景德镇产瓷砖、瓷罐、瓷盅、瓷碗、瓷盘砌成。牌坊高丈余，有3道拱门，中间拱门最高，两侧拱门略低，四盘鳌角，上塑宝鼎，中间砌供蓝底金字圣旨牌；二盘鳌角以下，是"旌表节孝"4个字，下现一幅大瓷画，以"四进士"幼时读书、生活为内容，背靠青山，门前小溪蜿蜒，房舍、人物栩栩如生；牌坊上还刻有易氏先祖治家之功德铭文，牌坊树于共乐镇东兴寺村2组。易氏族人每年清明都要前往祭拜，100多年来，年年如此。而且，民间还盛传，牌坊中藏有金银珠宝。

可惜的是，如此精美的一座瓷器牌坊，由易氏族人修建，却也毁于易氏族人之手。

民国二十四年（1935），一易氏族人（系牌坊上旌表的"四进士"嫡亲后代之一）时任古宋模范队队长（相当于保安队队长）。当时正值红军长征过兴文，国民政府以"匪患严重，需筹资剿匪"为由，四处搜刮钱财。这位易氏队长，不知是财迷心窍还是上命难违，竟骑着高头大马，亲自带着一批武装人员和民工回乡，在牌坊前，先是装模作样让随行的阴阳先生拿出罗盘测量，继而以上司有令，"瓷器牌坊有碍党国风水，致匪患频繁"，下令将其拆除。其实，大家都心知肚明，想得到传说中牌坊内的金银珠宝才是其本意。在荷枪实弹的兵丁面前，围观群众及易氏族人皆敢怒而不敢言。易氏队长一声令下，顷刻间，瓷器牌坊轰然倒下，皆成瓦砾。

传说中，在乾隆年间修建牌坊时，牌坊之侧有一块大田，是块烂包田，在田中央突然塌陷一块，涌出一汪清水，异于周围，见者无不称奇。而牌坊被拆除之日，那块田当初塌陷呈一汪清水左侧，又突然塌陷一块，但涌出的水不再是清水，而是浑黄的泥水。人们议论纷纷——拆毁牌坊，是否人神共怒，天理难容？

姓易的模范队队长带人拆毁牌坊后，没有得到金银珠宝，却留下骂声一片，不久即辞去职务，上云南种罂粟去了。有人说他受到了上司训斥，而带人拆毁牌坊后又花了不少钱，欠了账，要另寻发财途径；有人说他在一片"不肖子孙"的责骂声中，似乎良心难安，羞于面对先祖和族人，只得远走他乡。没想到去云南种罂粟欲发财，眼见丰收在望，又遇上蒋介石推广新生活运动和禁烟，所种罂粟全部被铲光。他以后屡屡不顺，后被仇家所杀，弃尸于乱石坑中。

易氏瓷器牌坊被毁至今已80多年，易氏族人谈及此事多言"族门不幸"。有的家中所存被拾起的瓷器牌坊小块碎片，视为珍宝收藏。

东风湖

东风湖又叫东风水库，更早名为东阳水库，占地面积923亩，湖区九湾十八岔，有1500米宽的大坝。总库容573万立方米，最大深度26米。灌区包括古宋、共乐、五星3个镇的33个村115个组，灌溉面积14500亩，兼供人、畜饮水之用。其中，引水渠15千米，左右干渠15千米。同乐麻园、关上支渠25千米，库区总渠道共有62千米。

传说，这里曾是一块风水宝地，叫"龙头凤嘴"。清朝年间，黎姓人家居住在这里，自从祖先埋在"龙头凤嘴"穴位后，越加兴旺发达。一次，九姓土司任太爷经过这里，停马下轿，对四方山水仔细观察，认为此地风水穴位会克着任家土司。因此，建龙凤桥，悬一宝剑斩断金龙出路；桥两头立石狮，左立阿弥陀佛，右立观音菩萨，以镇压龙气。这样一来，黎家果然日趋衰落。

东风水库建成不久，人们发现，在水库中央，是几十个山头连成的一条长龙，称之为"金龙入水"；金龙两侧的水沟，像是长在金龙身上的翅膀，好似飞凤展翅。这一奇观自然流传，被称为"龙凤呈祥"，人们都说："风水宝地又活了！"

如今，东风水库水清鱼肥，舟艇湖面穿梭，环湖山清水秀，林木茂盛，一年四季鸟语花香。它不仅浇灌着万亩良田，更是数万人民的饮水水源地，还成了人们旅游休闲的好地方。

陈义和义建二桥

陈义和生于道光五年（1825），原籍合江，后迁入纳溪泰山庙。因胞弟参加太平天国起义，当上了个小头目，失败后，追捕甚急，陈义和为避免株连，被迫搬迁至拖船正街居往，仍操旧业行医，开设"义和堂"中医药号。他医术精湛，求医者应接不暇，收入渐有积存，除置田租备晚年，多用于修桥补路、施衣、施棺等。

当时，古宋至兴文要道水车坝（今僰王山镇富安村）白岩寺处的晏江河峡谷，水势湍急，来往行人经过，仅凭江心几个石礅，上铺几块木板，但一遇

水车坝古桥

洪水，木板被冲走，石礅被淹没，来往行人，只有望河兴叹。年近古稀的陈义和见状，立志倡议建桥。但当倡议传出后，有人在其背后泼冷水，说："狗屎蜂怎造得起列子，若能把大桥修成，我手板心煎鱼，中指上立庙。"陈义和听到后，不但不灰心，反而铆足了劲，加快了速度，得到知名士绅姚三卿等人共襄义举，经过一年多的操劳，于光绪二十年（1894）春建成这座长25米、高13米、宽6.5米的石礅拱桥，横跨晏江河。建成之日，竟有蜜蜂筑巢于桥下。落成典礼时，邀请了一位高龄苗族老人"踩桥"，老人唱道："苗子苗，苗子苗。先生请我来踩桥，今年修起万年牢。"陈义和也回应当年的讽刺，来了几句顺口溜："石岩对石岩，文风接过来，手板煎鱼吃，未见端过来。中指上建庙，自古未见到，夸你说大话，还要建一道！"

  在大桥建成之日，陈义和就有了再建一桥的打算，因为接壤文昌宫庙还有一条小溪，同处古宋至兴文要道，来往行人涉水而过，照样不便。但在资金来源上，重新募集不容易了，他毅然将自置田产80余石变卖，作为建桥费用。这座长22米、高9米、宽6米的石礅拱桥，则于次年，即光绪二十一年（1895）四月建成。在落成典礼上，邑人石寿亭先生当众贺诗一首：

  愚公移山真雄才，陈君双桥实难哉。
  已观蜜蜂佳巢在，未见香鱼坦掌来。
  中指立庙何妄诞，天堑通途巧安排。
  毁家纾难创奇迹，磨杵成针勉后侪。

  双桥告成之年的七月是陈义和古稀寿庆，由拖船、共乐、水车坝的士绅赠匾作贺，上书"作善延年"4字。

李宗民与红桥猪儿粑

在共乐镇的姚天口（今共乐村7组）曾出过这样一个人物，他叫李宗民，少时性情顽劣，外号"李三魔王"。民国之初，为杨森部驻节泸州的师长杨春芳麾下之混成旅旅长。他的祖坟葬在姚天口的白土湾，李氏人讲，祖坟山中，就出了个李宗民的官最大。

猪儿粑

军阀混战中，杨春芳被杀，李宗民心灰意冷，淡出军界，在泸州做起了寓公。据传，他与朱德有旧交，曾互有帮助，故朱德驻节泸州时劝他出来重新带兵，他坚辞不受。

当寓公只能坐吃山空，李宗民想到了要做一个小生意，即老家人人会做的"猪儿粑"。猪儿粑以纯糯米为原料，温水浸泡，晾干，用脚舂（或水舂）为粉。做猪儿粑时，加水和粉揉面，再用不同的馅儿，捏成不同的形状，上笼蒸熟，揭开笼盖，因皮薄馅多，呈透明状，如工艺品一般，加上火候掌握得好，一个个肚子圆鼓鼓的，挺而不塌，像极了肥嘟嘟的小猪儿，故此称为"猪儿粑"。兴文江安一带几乎家家都会做，春节期间成必备佳肴，尤以红桥猪儿粑最有名，已有几百年历史。当然，红桥不仅仅是指江安境的红桥，兴文境的玉屏亦称红桥，以河为界，江安界的叫"大场"，兴文境的叫"小场"，"红桥猪儿粑"是两地共有的。李宗民打定主意，让其夫人和四妹出面，在泸州打出了"红桥猪儿粑"的招牌，结果很受欢迎。据坊间传说，当年军阀混战，各地兵匪横行，一度造成原料（糯米）供应跟不上，差点让"红桥猪儿粑"难以开下去。李宗民找到朱德，谈及此事，朱德答应，保证每月至少供应他150公斤糯米。

如今，泸州人以不排外和包容之心，将这个外来品牌"红桥猪儿粑"列为泸州市知名小吃，李宗民在泸州创建的"红桥猪儿粑"也成了百年老店。

拖船丫

老街一角

清光绪版《兴文县志》在疆域篇中载："兴文县距京师六千七百三十里；在省城南，距省一千四百一十五里；在府东南，距府二百六十里。东至拖船丫九姓司界十里，西至长宁县多岗漕界十里，南至叙永厅腊鹅寨界六十里，西南至云南镇雄州界一百三十里，东北至直隶泸州江安县界一百三十里，西北至珙县周家沟界一百二十里。"拖船，俗称"拖船丫"，古已有之。原一直属兴文，光绪三十四年（1908）在泸卫城基础上拟设古宋县，方划归古宋。

拖船，扼兴文至古宋交通要道，虽然场口不大，却在兴文、江安、古宋、共乐这一片小有名气。何为"拖船"？穷尽史料也未查个究竟，只从民间之说，从兴文翻大坳口，马路之下就是拖船场，一色青瓦房鳞次栉比，蜿蜒相连，看去像是一艘船覆之于上，这可能就是拖船的来历吧。拖船老街是挺有味道的，尽是川南民居而无高楼，不长的老街却也曲折有序，赶场天，人如潮涌，箩篼、背篼摩肩擦踵，茶馆、酒肆茶酒飘香，举杯间，豪爽而朴实的乡音响彻老街。可惜老街于今仅存数十米一段，于中尚能体味出那些年的韵味。不过，据原宋兴特支负责人刘光远回忆文章中说："宋兴特支有三个联络点，开会都是在这几个地方，一是古宋后街头文家大院文功元之家，二是兴文东门口刘光远家，三是拖船丫×××家，当年党领导的灾荒年间'吃大户'的活动就是在这里开会决定的。"看来，这里还有值得追寻的红色基因。

如今的拖船，作为拖船社区村而存在，有耕地面积近2000亩，主要种植玉米、水稻，已基本实现机耕、机播、机收，还大力发展稻虾养殖业，种植茵红李，建白果园，种竹，栽荷花……从单一的农耕经济向多元化发展，带领全村人民奔走在小康之路上。

凉水湾

凉水湾景区是国家AAAA级景区，位于兴文县共乐镇毛村，距兴文县城约12千米，交通便利，风景迷人，是一个集生态康养、文化体验、滨湖度假、田园休闲、山地运动为一体的综合性景区。景区总规划面积近18.2平方千米，核心区占地面积5.1平方千米，由生态旅游科普陈列馆、颐静湖、华夏榜样山、生态旅游文化长廊、生态农业园、家风堂等精华景点组成。

华夏榜样山共建有主题雕塑10座，分别展示了孔子家风、周公诫子等10个经典家风文化故事。浮雕墙上雕刻有一位老者——中国著名的大思想家、大教育家，儒家学派的创始人，位列"世界十大文化名人"之一的孔子。孔子创立的儒家学说中有很多关于家风文化的内容，不论是儒家学说中关于"仁义礼智信、温良恭俭让、忠孝勇恭廉"的三纲五常与伦理道德，还是"修身、齐家、治国、平天下"的个人追求，都为后世家风文化的发展提供了基础。

除了历史文化故事，华夏榜样山的植物资源也非常丰富，红豆杉、荔枝树、油茶树、桂圆、三角梅、银杏、香樟等多种植物随处可见。树干上均挂上了树铭牌，方便人们了解树木名称及其属性。

莲花镇

LIAN HUA ZHEN

莲花镇，兴文县辖镇，在县境东北方，面积75平方千米，人口3.1万人。镇人民政府驻观音寺社区。莲花镇境在北宋元丰四年（1081）属泸州乐共城所辖镇溪堡、席帽溪堡地。南宋高宗绍兴年间至理宗绍定五年（1232）前为江安县生南耆第30都辖地。绍定五年，江安县纳溪寨升为纳溪县，划归纳溪县管辖。光绪三十四年（1908），纳溪县镇溪乡大部分划归古宋县，分为镇溪乡（今莲花镇一带）和青川乡（大部分由镇溪乡划出，今太平镇一带）。1951年分为新民、胜利、水栏3个乡，1956年合并为胜利乡，1958年建为胜利人民公社，1959年更名为莲花公社。1984年改公社为乡。1992年撤区并乡建镇，在莲花乡镇基础上，划入水栏乡建置为莲花镇。莲花镇当地有座"观音庵"，又名"莲花庵"，因此取名"莲花"。今有名胜古迹"莲花庵"。当地以种植业和畜牧业为主要产业。纳溪—古宋公路、成贵高铁过境。

双节牌坊

据《古宋县志》载，离宋城23千米的观音寺下场口处，有石制节孝牌坊一座，修建于嘉庆十六年（1811），牌坊全高9米左右，宽7米左右，以4根0.6米见方的石柱支撑，有主门1道，侧门2道。有石鼓8个辅助，鼓上有石狮、石象、云花等雕刻。牌坊上的石人、石马，工艺精巧。正中前、后两方均镌有"圣旨"二字。在"双垂节孝""叠播清声"横额下有刻字，简要介绍了何国钰之妻曾氏和何国钦之妻唐氏节孝一事。

清嘉庆时，莲花属泸州纳溪县管辖，名镇溪堡。

据《纳溪县志》记载"旌表建坊入祠祀"：

何曾氏，何国钰之妻，武生何大川之母，年二十二而寡，大川甫数月，曾誓不二志，养亲送终，抚孤成名，现年七十二岁，知县赖华钟详情。嘉庆十六年奉，旌表建坊。

何唐氏，武生何大川之伯母，年十八，适夫何国钦，七年夫故，姑舅哀唐无子，以大川继承，两房宗挑，唐誓守柏舟，与曾养亲抚孤，亲爱无间，现年八十二岁。知县赖华钟详情。嘉庆十六年奉，旌表建坊。

从这两段简要的文字记载中可以得出这样的结论："双节"是指两位节妇，一位是何国钰之妻曾氏，一位是何国钦之妻唐氏；"双节"牌坊即为这两妯娌所立，旌表她们夫亡后"誓不二志""誓守柏舟"的妇道贞操。

曾氏，22岁守寡，立牌时72岁，节守50载，"誓不二志"；唐氏，25岁夫故守寡，立牌时82岁，守节57年，"誓守柏舟"。何氏两妯娌在"贞节"一项上符合了朝廷旌表的规定。曾氏所生之大川，成人后科举有了武生功名，曾放县官，家境也宽裕。据莲花山寺庙扩建的碑文载，何大川同缘龙氏捐银84两，

双节牌坊

可见已是富有之家。扩建寺庙后3年,修建了工程巨大的"节孝牌坊"。嘉庆年间,皇帝谕准修建一座3门、高9米的石牌坊,赐皇银50两。显然何大川还得自耗资金。何大川既有了功名,又有了经济实力,况其何氏家庭中人气又正旺。这些在扩建莲花山寺庙的功德碑上可以得到印证——碑文载何文伟捐银140两,主持人纳溪廪生何应钊、何文斗、何文渊都与何大川有亲密的关系,于是可以推论,纳溪知县赖华钟在向朝廷上奏的详文中是遵从有关规定的。

曾氏、唐氏两位老妇人守节均在50年以上,并忠实履行了"誓不二志""誓守柏舟"的诺言,并相助相爱,养亲抚孤,将何大川培养成有功名的武生。何大川与其夫人又生养了天侯、天明、天柱、天铁、天聪、天思、天宁7个儿子,人财两旺,仕途顺风,衣锦还乡,扩庙、建坊,为镇溪小场增添了风光。

刘大悲旧居

刘大悲，又名刘厚，出生于兴文县莲花镇园林村3组一个殷实富庶之家，旧居曾有屋十数间，屋后翠竹森森，院内多有花草，因其外出求学、谋生，旧居早已荒废。刘大悲为"民国四博士"之一。少年时就读于成都陆军小学，后转到重庆读中学，辛亥革命后，袁世凯窃国，曾为同盟会员杨沧白、谢恃等传递信息。

1913年，刘大悲假道苏联赴法国勤工俭学，4年后获里昂大学理科硕士学位，后转入巴黎大学深造，并获巴黎大学理科博士学位。1913年至1932年，在留法20年中，热心接待中国赴法勤工俭学留学生，包括秦青川、聂荣臻等人。曾任华法教育会学生事务部总干事，里昂中法大学秘书长，并于1921年习研蚕桑，获法国里昂大学理科博士学位，后与巴黎巴斯德学院研究员张振华认识，相爱结为终身伴侣。

1933年回国后，刘大悲任国民政府实业部简任技正，负责起草《中华民国森林法实施细则》，后被派到广州担任商品检验局局长，主要是对国外进口的各类商品尤其是药品和食品进行质量检验。在许多人看来，这是个肥缺，国外商品为要顺利通关，外国商人经常塞包袱打点，而刘大悲廉洁、正派，据在他手下工作过的人回忆，有好多次外国商家想用金条打通关节，都被刘大悲——拒绝，使检验局在当时具有很高威信。

1937年，刘大悲调任复旦大学教授，组织编写了《中国森林业教材》，后调贵州省农业改进所任森林系主任，对贵州林业现状做过详细的调查研究，提出了发展贵州林业的意见和建议。在1939年任西南垦殖公司董事兼经理的6年中，在贵州清镇等县组织山民开荒4500亩，植油桐、茶树、樟树等100余万株，并以公司名义在10多个县推广"清镇"经验，促进了贵州人造经济林的迅速发展。1946年调农业部湖北金水农场任场长，1948年调河北任垦业农场场长。1949年去台湾，历任士林园艺研究所技正，罗东及花莲两山林管理所所长，台北农业改良场场长，在任期间造林2800多公顷，植樟树750万株，为台湾经济林发展做出了贡献。1967年退休，1978年去新西兰。

晚年的刘大悲因思念家乡，于1983年取道香港回到成都，与分别近40年，在成都市政协工作的老伴张振华博士团圆。刘大悲被安排到成都市政府任参事，次年4月在成都逝世，享年90岁。后人遵其遗嘱，将其遗骨运回老家莲花镇莲花村3组安葬。

刘大悲夫人张振华1894年生于隆昌，1921年赴法勤工俭学，习研蚕桑，获法国里昂大学理科博士，曾任巴黎巴斯德学院研究员。1934年回国后，历任国民政府全国经济委员会蚕桑改良委员会技术专员兼实验部主任，国立浙江大学、复旦大学、四川大学教授。在成都创建蚕桑专科学校，为西南地区培养了一批从事蚕桑丝业的专业人才。1956年后任成都市政协特邀委员。

2005年，张振华于成都逝世，享年111岁。后人遵嘱将骨灰运回其夫故里兴文县莲花镇，同刘大悲葬在一起。两位博士其为事业奋斗，风雨同舟，患难与共。他们热爱祖国，热爱家乡，安息在故乡的土地上，叶落归根。

他们的墓碑上刻着：

  留法俭学，科农科桑；归国垦教，树木树人。
  爱国心诚还故土，溯源返璞得其真。

垮　山

地名，有的因重大历史事件，或名人、或英雄、或风物传说而得名，"垮山"则是因地质灾害而得名。

据《莲花镇志》载："地陷，又称为地面下沉或地面沉降，它是在人类工程经济活动影响下，由于地下松散尽固结压缩，导致地壳表面标高降低的一种局部的下降运动（或工程地质现象）。民国九年（1920）8月10日（农历六月二十六日）鹿鸣村（今莲花镇桃园村境内），发生地层陷落，周长约1000米，刘宪龙家房屋全部损毁。"从此以后，地陷的这一块儿，就有了一个新的地名——垮山，一直沿用至今。

事发当天，毫无征兆，干农活的干农活，放牛的去放牛，该赶场的去赶场，而且骄阳当空，炎热异常。去赶场的人们经过那里时，尚有稀疏的农家，鸡鸣犬吠，炊烟袅袅，山上草木青翠，地里庄稼茂盛；赶场回来，房屋不见了，草木、庄稼不见了，留下的是大大小小的塌陷坑，张牙舞爪的裂缝，尚未散尽的满天灰尘。更奇的是，有一人赶场回来时，在一个供着观音菩萨石龛旁小憩。龛后有几株树能遮阴，他倚在那里径自睡着了。正做着美梦，只听得轰然一声巨响，睁眼一看，吓得浑身发抖——身边不远处，一大片地方塌了下去，观音菩萨却完好如初。惊吓之余想到，是观音菩萨保了他一条命，立即向观音菩萨像磕了三个响头，以后别的菩萨都不信，就信观音。

此后，垮山竟成了人们的游玩之地，特别是好奇的小娃娃，陷坑、孔隙成了他们捉迷藏和探秘之地。后来，因游玩探秘发生过伤亡事件，政府、学校一再提醒、告诫，让游人别轻易自行前去，以免发生危险。

江兴公路

江兴公路是指叙永江门至兴文袁家洞（今天泉洞）这段公路，也是兴文县境内第一条公路。

1937年，兴文县县长陶硕辛呈报国民政府，称兴文袁家洞洞深且高阔，隐蔽性强，又能防止飞机轰炸，适合建兵工厂，生产武器弹药供抗日战争所需。次年即被采纳，成立川滇公路江兴支路建筑委员会，兴文县县长李仲阳和古宋县县长蒲殿卿均参加，并决定将26兵工厂内迁。

据民国版《兴文县志》载："县属兴晏乡境内江兴公路一段自袁家洞至江门，在县境内者约十一公里。按二十八年（1939）十二月奉令建筑江兴公路，兴文担修十七公里，应派民工十七万四千三百余名。限六十晴天完竣。县属边僻，地瘠民贫，全县壮丁人数仅一万二千，除警卫、教育、学生及一切公务人

员，并出征转定暨依法免应予免缓役外，仅六千余人，以之全数充后，犹恐无济。经士绅彭焕文、李廷璠一再签恳酌减未获，竭力将事附此于此，非敢诩瘠土之民，向义，亦是见蕞尔之曲，然于国家担勇未敢后人也。"

为了这条路，征集兴文、古宋两县民工，兴文出动民工17万多人次，古宋出动民工50多万人次，民工们按联保（乡）编为中队。下属分队分段作业，全凭锄头、十字镐手挖肩挑。披蓑衣、戴斗笠，晴雨不停，吃的是糙米饭及常见的蔬菜，喝的是南瓜汤、白菜汤，难得见油腥和打一次"牙祭"（吃肉）。在如此艰苦的条件下，两地民工挖土石方与填土石方，用打夯石柱垒实路面，拉着大石滚拖拉滚压碾平路面，再铺以碎石，一条宽8米、长57千米的公路终于完工，于1940年9月3日试车，开上兴文土地上的第一辆汽车是美国的"大道奇"。

莲花镇是江兴公路最先进入兴文的地段，莲花人民为这条公路也有艰辛的付出。为了抗日战争，兴文人民做出了巨大的贡献。

瓦窑塝

瓦窑塝属莲花镇水栏村，新中国成立初以匪患严重而闻名。

1950年，中国人民解放军第二野战军第5兵团第16军48师144团奉命在古宋一带清剿匪患。在侦悉以陈少甫为首的土匪长期落脚于太平、莲花、水栏交界一处名叫瓦窑塝的孙姓地主庄园的敌情后，解放军于4月4日拂晓将土匪围在庄园内，先是喊话劝降，不料屋内土匪放冷枪打伤劝降士兵。解放军勃然大怒，随即加派兵力，将庄园团团围困，一场激烈的剿匪战打响了！

瓦窑塝前面是开阔的梯田，后面是茂密的小树林，地主庄园墙高门厚，屋内匪众30余人俱有枪支，易守难攻。为最大限度地减少伤亡，机智的解放军决定智取。现场指挥官派人从5000米外的莲花观音寺挑来煤油，用干草围住地主庄园一阵火烧，减少了土匪隐匿之所，接着开始发射炮弹轰炸。

或许是装置问题，也或许是技术问题，第一颗炸弹"咻——"地冲上了天空，军、匪两边都屏声静气，等待着它掉下后产生的结果，那颗炸弹却"叮咚"一声落在了房前的大田里。于是炮手调整了一下发射装置，第二颗炸弹又"咻——"地冲上高空，大家都比第一次更紧张了，它却又"咔嚓"一声落在了屋后的树林里。于是炮手再次调整装置，两分钟后，第三颗炸弹又"咻——"地冲了出来。就在大家都没前两次紧张的时候，却都同时听见"轰隆"一声巨响，炸弹不偏不倚正中土匪居住的房顶。紧接着，第四颗、第五颗、第六颗……炸弹像冰雹一样"轰隆轰隆"落在屋顶上，弹片四溅开来，炸得屋内土匪哇哇怪叫。少数胆大的土匪端着枪想要硬冲出去，结果冲到门前看见的是无数支黑洞洞的冲锋枪。有个悍匪顶着一口锅，还真的冲了出去。解放军追了一里多路，还是把他打死在一块稻田里。孙姓地主把全家几十口人全部集中到一间有板楼的屋里，大家都只好听天由命。

猛烈的炮轰过后，残存的土匪几乎没有了，解放军进来逐个角落清场，看是否有漏网之鱼。一个罗姓土匪藏在水缸里，被解放军发现后，硬说是地主家的长工。解放军找来地主当家人问话，地主眼看如果说一声"不是"，罗匪立马就要人头落地，就微微点了一下头，让他得以苟且偷生。另外，有一个李姓土匪由于头天晚上回家取东西，等第二天早上来归队时，解放军已经把其他土匪围困了，便立即折回家中在被窝里抖了一天，从此改邪归正，重新做人，后来年近90岁，无疾而终。其余土匪无一漏网。据相关资料记载，是役，解放军牺牲1人，受伤3人，毙匪30余人，缴获冲锋枪3支，手枪2支，步枪20多支。

4月5日，大家开始清理垃圾，整修被损毁的房屋，这时赫然发现地主一家躲藏的那间屋子的顶上有一颗箩筐一样大的炸弹没爆炸众人小心翼翼地把炸弹取了下来放在屋后的谷草堆上。有个姓杜的长者，人称"杜二爷"，趁众人吃午饭的时候，悄悄抱走炸弹到一个很背藏的地方搞实弹实验。杜二爷是个聪明人，他用力地将炸弹扔了出去后，赶快趴到一个田埂后面，可是炸弹没响。他又如此扔了一遍，可是炸弹还是不响。第三次，他有点儿生气了，摔得更用力，而且没趴下，昂首挺胸长身而立，此时，这颗炸弹却响了，一块小小的弹片钉在了杜二爷的高鼻梁上。

JIU SI CHENG
ZHEN

九丝城镇

九丝城镇，兴文县辖镇，在县境西部，面积188.76平方千米，人口3.4万人。镇人民政府驻僰城社区。唐代为仪凤二年（677）设置的羁縻纳州都掌县地，隶剑南道泸州督都府。元代为戎州山都6乡之红崖乡地，由马湖路飞领，至明代一直为僰人聚居地。明万历元年（1573）征剿僰人，明军攻占山都6乡，次年以偃武修文之意，改戎县为兴文县，于今九丝城境内建内官寨建武城（今龙泉村），以6乡地专设军政合一的建武守御千户所（直隶四川都司）和建武直隶安边厅（隶叙州府），对山都6乡重新划分、命名，即武宁乡（今九丝城镇建武一带）。清乾隆元年（1736）并建武营地于兴文县。宣统元年（1909），兴文县治所移驻建武城。民国元年（1912）又迁回兴文。1958年建立人民公社，境内建武、双河、簸峡分别建为公社。1984年改公社为乡。1992年9月撤乡并乡建镇，将原建武、德胜、簸峡3乡合并建立九丝城镇。2006年7月，在原九丝城镇基础上划入文印乡。2019年，原毓秀苗族乡划入九丝城镇。名胜古迹有古代僰人留下的200多处悬棺葬穴、碑刻等，中共兴珙支部遗址、红军长征公园等。当地以商业、种植业、畜牧业为主要产业。有通县、通乡、通村公路。

九丝城

清光绪版《兴文县志》载："九丝山，县西南一百二十里，建东北二十里，山高而险，四面峭壁。昔征蛮时，各寨俱破，而酋长阿大、阿二、方三并据于此，倚山为城。闻以丝围之，约重九两，故名。或云都蛮种类分杂，其姓有九，号为九丝。"

九丝城，亦称"九丝山"，其形如城，四壁千仞，上有九岗四水，僰人首领阿大僭王号，筑王城，雄踞九丝，声名远播。朝野震动，引发了兴文史上最大的一场战事。清《兴文县志》是这样记述的："蛮首阿大、阿二、方三等，俱僭王号，据九丝城，势甚猖獗。万历元年，巡抚四川都御史曾省吾声罪请讨，诏许之。于是调汉土官兵一十四万有奇，悉隶总兵刘显，以副使李江监军，江建议先攻凌霄城，次都都寨，剪其两翼，然后进攻九丝，显从之。五月拔凌霄。六月拔都都寨，八月进逼九丝。九丝险峻，诸蛮死据不下。官兵亦以仰攻为难，止在城下围守，冀贼出奔，坐收擒斩之功。李江密报省吾，请下令汉土官兵先登九丝者为上功。诸军闻令，思奋，冀得重赏。会天雨，浃旬，把总吴鲸，土舍扬王宗购死士，夜半衔枚腰系互而上，未明，轩关经薄蛮所，蛮惊惧不知所出，自相践踏。又五路官兵并进冲杀，死者无算，九丝遂平。先后下蛮寨六十有奇，斩首俘获四千六百有奇，擒酋长三十六名，招安三千三百口，拓地四百里，获铜鼓九十三面。题改戎县为兴文县。"

破九丝之日，火光冲天，九丝山几成一片焦土，至今仍留一些遗迹。城内有大王宫殿废墟，大王粮仓被烧后还有煳米，当地人重阳节有登山之俗，上去后都会带回一小袋煳米，可作药用，也祈求哈大王保佑。还有辗米盘、练兵场，2米多厚、1米多高的土城墙废墟；48个尖峰上有哨楼废墟及残存的碎瓦片，壕沟深度有50多厘米。东面是小寨门石城墙，南面有大寨门，西面为西关口，至今尚存西关口石刻，旧镌字迹朗然可观："万历元年冬十月既望，四川左布政,四明冯成能,副使渤海李江、参议嘉禾沈伯龙同登九丝城,当天兵大捷,为经略万世之雄图也,维时,风卷长云,日开阴谷,相与酬舫,绝顶跃剑,悬崖俯视,万灶星屯,蛮巢尽为焦土。望西南,诸夷扼塞,尽在目中,诚千古奇观,是用勒石,以志不朽。纬川冯成能书。"

还有九丝岩石题字,清《兴文县志》载:"镌岩畔,高约数丈,久经风雨,自下仰视多难辨识。诗云:'荡寇崇朝升峭壁,同来睥睨接钩陈。扶桑日出乾坤辟,玉垒云堆虎豹屯。沃土已归神禹贡,中兴垂睹鬼方宾。欢偕瘁力诸文武,奏凯亲回万壑春。'万历二年,岁在甲戌,闰十二月,参政李江,参议杨一桂,检事罗向辰,督总兵刘显,副总兵张泽,都司徐仁威,知府陈大壮,同知曾可耕、吴文会、陶采,知县萧雄。赵汝直、许一德、何汝质、稽镏、陈忠、任体直、王慎,登九丝城纪事。都御史、都指挥吴宪、吴鲸勒石。"

九丝城也被列为"兴文八景"之一,清县令余炳虎制八景诗之《丝城瀑布》云:"千寻翠壁入云中,吹落飞泉挂玉虹。白练青山天影淡,丹霞染书浅深红。"

1573年九丝战事,留下与之有关的遗迹无数,如内关寨、都都寨、大营、金鸡营、前五营、笔架营、谷爆营、黑帽营、得胜营、和尚营、荡平坡营、麦易营、芽坝营等。留下了哈大王驾云簸箕峡等民间传说,还有车灯传唱哈大王等。而且,因九丝城是僰人最后的王城,1573年又是僰人消亡年,从此再无僰人的记载,悬棺葬再没有续延下来的节点,受到国内外史学研究者的关注,很多团队专门来此考察。

随着兴文县对僰文化的重视,在"文旅富县"整体思路的引导下,九丝城定会再现昔日王城的风采。

九丝城

文印书院

文印书院在建武文庙北侧，以境内有文印山故名，为清代岁贡生罗世琇创建。清光绪版《兴文县志》载："建武厅学宫，明万历二年建。先在城北隅，国朝康熙五十五年，郡庠生张行义改建于城西南隅。乾隆元年载建武厅学，归并兴文，祀遂寝。建之绅士号置祭田春秋修荐如故。二十五年，国学欧全修培砌台基，募修东西芜八间，乾门三间。棂星石坊一座，功未竣。二十六年，庠生张庭荣移大成殿于前，建崇圣祠于后，装修门壁。四十二年，修泮池于戟门外，越一年功始竣。嘉庆十二年，庠生欧阳春等以祭田存金，新建圣域贤关，制度乃备。"其时，文庙已成，紧傍的学宫后之书院已具雏形。又载："罗世琇，岁贡生，才识兼优，好义举，创修文印书院，培修文庙。织修旧志，赞成之力尤多。"

文印书院为三合头木架结构。中有石镶天井，正厅两旁考为寝室，两厢为六柱五列四间之讲堂，明窗镂花，外有走廊即士子攻书之所。政治中心转移后，文印书院渐废，后改为"皇仓"和"积仓"。"皇仓"为储国家公粮，"积仓"为储民间积谷之所，至1941年仍如此。之后，民国时期另建粮仓，即废置。2014年，中共兴文县委宣传部、兴文县教育体育和文化广电局、九丝城镇重建文印书院，以图再现书院风采，延续九丝文脉，将建武中学校内一楼作为"文印书院"，并拨款装修、添置设备，存众多图书和书画作品，创有《文印石书》期刊。

建武明碑

建武明碑共有8块,其中,万历二年(1574)任翰(翰林院经筵讲官)所撰碑,以及万历四年六月按察副使陈文烛所撰碑,因迁文庙于废址,故址碑毁,仅余6碑。明万历元年(1573)九月,潼关兵备道周爻(宜宾人)所撰碑,毁于1950年秋,因碑高厚大,建武粮站将其打成石磨加工粮食,碑毁字碎,今无存。下令毁碑和拆除"千仞宫墙"的区委书记李某曾受通报批评。

故明碑实际现存5碑,立于棂星门外,原崇报祠内。

1.《功宗小纪碑》。时四川巡抚曾省吾撰文并书,万历二年(1574)中秋,安边同知吴文全勒石,碑高4.55米,宽2.3米,厚0.33米。

2.《平蛮碑》。万历二年(1574)三月,明国史馆修撰李长春(富顺人)撰文。碑高3.5米,宽1.9米,厚0.33米。

建武明碑

3.《西蜀平蛮碑》。万历二年（1574年）十二月，明吏部尚书武英殿大学士陈以勤（南充人）撰文。碑高4.5米，宽2.3米，厚0.33米。

4.《戎平行碑》。碑文及序为明四川巡抚曾省吾撰文，万历二年（1574）春，由明礼部尚书，文渊阁大学士赵贞吉（内江人）书。碑高3.5米，宽1.9米，厚0.33米。

5.《修建武所城碑》。万历三年（1575），明国史馆修撰李长春撰文。碑高3.5米，宽1.9米，厚0.33米。

以上碑因年代久远，置于露天，风化严重。有的起层剥落，字迹模糊，碑文难以辨认。21世纪初，为保护现存5块明碑，曾罩上玻璃罩，几年后又听说罩上后更加快碑石氧化，又将玻璃罩去掉。2020年，修两座亭，将5碑全置于亭内，免遭风雨剥蚀。同时，将碑文全文复制立于碑旁，供游人观赏。

1935年2月，红军长征过兴文，宿营建武，曾有军中秀才滞于碑前，详察探讨，其意甚浓。

棂星门

棂星门在建武城后（今建武村），始建于清乾隆二十六年（1761），为石门建筑，门呈方形，高约3米，宽约2米，柱有图案、对联，门楣上书"棂星门"3个大字，字的上方有鎏金龙凤图案，为一龙一凤。棂星门整个图案，饰物、饰纹雕刻十分精美，石雕均属上品。令人好奇的是，龙凤图是凤上龙下，按传统意义讲应是龙上凤下。据专家推测，传说乾隆皇帝十分孝顺，为尊其母，故而有此图案。棂星门内面左右泮池各一，现仅存左边泮地，泮池中应有的荷花游鱼已不见。中间有一座状元桥，桥不大，呈拱形，可惜拱出地面部分已被水泥覆盖，仅露弧形。再往里走是文庙，文庙分3层。棂星门外有一道宫墙，上书"万仞宫墙"4个大字，据说这4个大字全是用景德镇的瓷器片来镶嵌的。

以前，凡县以上（或大的镇）都建有文庙，祭祀大成至圣先师孔子，传承中国2000多年尊崇的儒学。建武曾为兴文县治所，自然有文庙，只是规模小了一点。万仞宫墙、泮池、状元桥、大成殿等皆为文庙必备建制，现仅存一个泮池，一座隐隐约约的状元桥，文庙存于追忆之中。唯棂星门保存完好，成为建武城一著名文物景观。县文管部门正欲将棂星门、悬棺等一起申报为国家级文物保护单位。

中共兴珙支部

清光绪版《兴文县志》载："学田在建武城南，武宁乡大营上，建武营古演武场也。明崇祯七年，游击李栋移武场于城北。国朝乾隆间归为学田。其田四十八亩，载粮六钱四分四厘，册名文学，载入让半乡册内。"这个学田上，原属新建村，现为建武村3组，是兴文县第一个中共党组织——兴珙支部诞生地。

1928年夏初，中共党员张国忠从宜宾返回兴文，途经珙县与袁海扬联系上，在孝儿场天井头黄凤江家建立珙兴支部，袁海扬任书记。8月，袁海扬到泸州参加川南特委会议，回孝场天井头秘密传达会议精神，决定组织武装暴动，派吴定扬、张国忠到建武与刘永吉、李国钊联系，召开党员会议，决定建

中共兴珙支部旧址

立农民协会，发展党团组织，建立农民武装，伺机发起农民暴动。而在之前，刘元就已经开始组织行动，由他担任农民协会主席，刘永吉任常务副主席兼组织委员，李国钊任武装委员，张国忠任宣传委员，已发展农协会员50多人。1928年10月29日，袁海扬被捕后在珙县城南英勇就义，珙县党组织遭到严重破坏。

袁海扬牺牲后，1928年12月，在刘元组织下，把珙兴支部改建为兴珙支部，张国忠任书记，吴定扬任副书记，李国钊负责武装工作，刘永吉负责农民协会工作。刘永吉带头筹集武器，卖掉家产18石田租土地，买回8支步枪。组织铁匠出身、手艺精湛的农民协会会员罗树清、罗正银开炉制作了34把马刀。李国钊又在石碑大石盘老家拼凑了10多支前膛枪和火药枪，还有20多把大刀，这样就装备了80人左右的农民武装队伍。1929年1月下旬，这支农民自卫队夜袭上罗民团巢穴——东皇殿，缴获10多支步枪和部分弹药，又没收了一户黄姓恶霸家中的财粮，打响了兴文农民武装斗争的第一枪。1929年2月13日（农历正月初四），刘永吉、李国钊领导的农民自卫队在石碑乡发起武装暴动，一群"泥腿子"揭竿而起，在兴珙支部领导下，坚持开展了一年多的农民武装斗争。

学田上——兴珙支部诞生地，如今已被打造为"兴珙支部旧址"，用图片、实物、资料展示给世人，成为革命传统教育的基地，在红色血脉传承中发挥着作用。

龚家大院

龚家大院位于建武城南,与禹王宫相邻,其址现为建武村6组。清宣统元年(1909),县城曾迁至建武,民国元年(1912)复又迁回晏阳,龚家大院则为其时所建之县衙,占地1000余平方米,共3进,有房38间。县城复迁后,为龚姓人家所得,当地人习惯性地将其叫作"龚家大院"。据说,龚家也没居住多久,搬进来后,原本的殷富之家,一度气运不顺,人丁凋零,风水先生讲,怪其命理不硬,压不住曾作为县衙门的大院。龚家自认命运不济,无奈只好搬走了。此地也曾几度易人,直至新中国成立,将龚家大院作为区政府,这才稳定下来,呈现出勃勃生机。

1935年2月3日,中国工农红军一军团及三军团、九军团一部从叙永石河入境兴文,在此地历经5天4夜。在建武,红军大小队伍来了又走,后队又来,共有3日。龚家大院成了红军主要宿营地。北门的碉楼作为一军团司令部,张家桅杆大院、城隍庙、关帝庙、万寿寺及一些民居和商铺,也曾是红军宿营之地。在建武,红军纪律严明,不扰民,宿营大都是打地铺,也有在街檐露宿的,走时还打扫卫生,帮老百姓把水缸挑满水,还留下"林彪理发给银毫""聂政委送军毯"等动人故事。

在中国共产党成立100周年之际,龚家大院作为长征文化公园主要陈列馆,已由政府拨款翻修一新,并将布展,待长征文化公园开园之际,红军长征过兴文这一重大历史事件将以文字、图片、实物等一一展现。这里将成为爱国主义教育基地,红色传承和红色血脉延续地,定会掀起红色旅游的热潮。

玉屏墩

玉屏墩亦名玉屏山，清光绪版《兴文县志》载："玉屏山，县西南一百二十里。耸拔入云，登顶一望，众山朝拱，俯视一切，烟火万家，为建武胜览，上有亭，今废，碑碣亦多磨灭也。"清朝时，被列为"兴文八景"之一，县令余炳虎所制八景诗之《玉屏晚钟》云："玉屏萧寺倚山城，日暮疏钟映晚晴。犬吠芳林秋意静，樵僧归去月初明。"

玉屏墩为建武制高点，筑建武城倚山而建，只有3道城门——东门（富庶门）、南门（奇胜门）、北门（承恩门），西面倚靠玉屏山，故无西门。玉屏山以名列"兴文八景"而有名，正如旧县志所记，山上之亭、碑、碣多废，登高观景者渐次稀少，而今，使之更出名的，是发生在1935年中国工农红军川南游击纵队于玉屏墩发生的一场战斗。

1935年3月下旬，红军川南游击纵队以在大石盘受挫，特委委员、纵队组织部部长戴元怀掩护主力突围，率通信班浴血奋战，英勇牺牲。参加大石盘之战的就有南六县民团司令李品三。憋了一口气想报仇的川南游击纵队，得知李品三率部驻在建武，即从周家翻瓢匠岩长途奔袭建武，欲打掉李品三部，为戴元怀报仇。谁知情报有误，建武已由穆瀛州部驻防。纵队快马加鞭赶到建武，天未大亮，参谋长刘干臣命令一部抢占玉屏墩制高点，一部攻入建武城，一部在外机动出击。部队刚攻击到玉屏墩半山腰，敌人的机枪、步枪火力全开，偷袭变成了强攻。进攻建武城的部队也遭到强力抵抗，对抗之中，敌方似有组织力量进行反击企图。身经百战的刘干臣，从枪炮声中感受到了这不是民团，从火力的配置和军事素养、战斗力上看，肯定是川军正规军，再打下去，不仅不能打掉李品三，待驻石碑、乡界沟的敌军增援到了，纵队将再受重创。他与徐策、余泽鸿商量后，及时下达了撤退的命令。纵队10余名红军战士牺牲在了这里。

今天，玉屏墩已旧貌换新颜，玉屏山麓，烈士纪念碑巍然耸立，烈士陵园苍松翠柏掩映，新的碑、亭、碣再现玉屏山。

刘元旧居

刘元是兴文县最早的中国共产党人之一，是中共兴珙支部和建武、石碑农民暴动的重要领导人，原名刘永元，后改名刘元，化名扶一。

刘元出生于兴文县建武一个有忠义之风的家庭，出生地为"公馆头"，据说曾为刘显总兵府。刘显，为明朝万历元年（1573）发生在兴文那场有名的征剿僰人的"九丝之战"一名总兵，在该项战事中，战功显赫。说是曾经的总兵府，也就是木结构的一溜平房，右侧为丁字形的厢房，但在曾经作为县城的建武城，也算不错的了，加之门前还有八节石阶，更显官衙之风。刘元在此出生时，已历经300多年的风雨，总兵府早已风光不在，房屋陈旧。新中国成立后，作为建武区粮站。但作为曾经的总兵府，又是刘元家居住地，又都姓刘，习惯性称之为"公馆头"或"刘公馆"。

即原建武粮站那一片。公馆头据说曾为刘显总兵府。其父刘绍模，生于清光绪十二年（1886），5岁入建武育才私塾，12岁入叙联中学就读。时逢维新变法，受实业救国影响，放弃科举，先后入叙永蚕业中学和广汉农业学堂求学。17岁投笔从戎，参加四川保路运动，任国民革命军第二师第八团书记官。次年参加"护国讨袁"战斗，任陈礼门团书记官，参加过棉花坡战役。袁世凯倒台后，无意参与军阀混战，解甲归田。1922年，应邓锡侯之邀，任四川省行政公署委员，次年任资（中）内（江）警备司令部秘书，目睹官场腐败，再次

刘元

弃官回家，从事教育，提倡科学。他教育学生："要能作正直的人，才能爱国家；只有爱国家，才能是好人。"受其熏陶者，如其子刘元，其侄刘永吉，学生李国钊、李国元、李耀超等，均成为共产党员或进步人士。他还培养了一批奋发有为的青年，成为附近各县的教育骨干，兴文、建武及邻近珙县一带，称刘绍模为当地"大儒"。这样的父亲和家庭，对刘元的影响极大。

刘元天资聪颖，幼时就能背诵不少诗文。1914年，入建武高等小学堂，1917年，考入宜宾叙联中学，1919年夏天毕业后，陪同父亲相继到叙永、新津、成都、重庆等地从事短期教育工作。

1921年，刘元考入川南师范学堂（以下简称川南师范），就读于14班。他口语表达能力很强，是班上的"演说家"，学校的"讲演精英"，被师生誉为"辞令家"和"雄辩大师"。是年秋，中共早期革命家、青年运动领导人恽代英到泸州任川南师范教务主任兼副校长。由恽代英发起建立"学行励进会"，刘元、余泽鸿、曾润伯、穆世济、张洵卓是五人小组骨干成员，后来都加入了中国共产党，为革命事业献出了宝贵的生命。1922年1月，恽代英利用寒假组建巡回演讲团，由6名教师和24名学生组成，先后到隆昌、内江、自贡、富顺、南溪、宜宾、江安、纳溪等地，宣传反帝反封建的爱国主义思想，传播新文化。刘元是这个演讲团的秘书长。

1922年5月，恽代英先后发展了余泽鸿、曾润伯、刘元为S.Y.（社会主义青年团）成员，川南师范团支部成立，余泽鸿任书记，刘元任宣传委员。5月下旬，团支部在校内办起了"平民夜校"，刘元出任校长。此时，刘元当选为学生会主席，又在泸州市区创办工人夜校任校长，宣传反剥削、反压迫和初期党的宗旨、主张，为后来泸州起义和川南地区的革命斗争培养了大批人才。

1924年初夏，成立泸县团的地方委员会，刘元任书记。同年转为中共党员，成立川南师范支部，曾润伯任书记，刘元任宣传委员。

1925年12月20日，刘元以川南学生联合会名义，带领300多名学生到长江码头，组织了城内各学校、社会团体2万多人的群众大会，宣讲弘扬爱国主义、保护民族工业，将英商煤油船扣留，22日在澄溪口河坝，将扣留的2400桶煤油烧毁。

1925年，刘元从川南师范毕业，受组织安排留在泸州，次年在母校附小任教。

1926年6月，刘元任泸县特委书记。7月，重庆地委根据中央指示和北伐战争的捷报频传，选择具有革命基础的泸州和顺庆（今南充）发动顺泸起义。11月中旬，重庆佛图关刘伯承家，由杨闇公主持，部分国民党左派将领参加的会议，杨闇公、朱德、刘伯承组成中共重庆地委军事委员会，杨闇公任军委书记，提出了"响应北伐，会师武汉"的号召，推举刘伯承任总指挥，黄慕颜任副总指挥。确定顺庆（南充）、合川的黄幕颜、秦汉三、杜伯乾3部和泸州的袁德文、陈兰亭、皮光泽3个旅首先起义。

当时参加顺泸起义的中共党员有30多人，泸州方面13人，刘元作为泸州起义中共地下党联络员，与将参加起义的3个旅制定了"联陈攻李"策略，并想法接近另一旅长李章甫，在起义当天将其生擒，保证了泸州起义顺利进行。战事爆发，刘元作为中共泸县特委书记、起义军袁德文部的政治教官和泸州学联主席等，具有多重身份。他一是组织政工人员在守城部队中开展宣传鼓动工作；二是组织和带领各学校的爱国师生到战场上演出节目，鼓舞士气；三是组织群众，为守城义军送食物、茶水，帮助运送弹药等军需物资，救治伤病员，等等。

泸州起义前后历时半年。1927年5月26日，泸州起义失败后的第5天，年仅24岁的刘元按组织安排，回到老家继续从事革命斗争。回到建武，他的公开身份是财神庙小学教师，暗中联络发展革命力量。他的党员身份没有暴露，革命活动从未停止。在建武、石碑一带办农民夜校；与刘永吉、李国钊等建立农民协会，发展会员；筹建中共兴珙支部，不任职，但他是实际的领导者；组织建武、石碑农民暴动，建立农民自卫队……这些，都有刘元付出的心血。

1936年，刘元以小学校长、优秀教育志士身份，参加兴文县政府文教科科长的竞选，以高票当选。任文教科科长期间，他常深入基层学校，调查研究解决困难。全面抗战爆发后，在刘元领导下，兴文教育界的抗日救亡活动开展得轰轰烈烈，街头乡村教唱抗日歌曲，组织排演抗战剧目在城乡义演。刘元以其出色的组织能力和工作能力，将各项工作干得有声有色，但却遭人嫉妒，被人暗中设计陷害，身染重病，于1944年农历三月十四日离开人世，终年41岁。

元怀门

1982年,建武人民集资在建武东门(已拆,当年悬挂戴元怀首级示众的地方)修建了"元怀门"。"元怀门"3字由戴元怀生前战友、部下,时为吉林省军区副政委的陈彪将军题写,以纪念这位在大石盘战斗中牺牲的中国工农红军川南游击纵队组织部部长、中共川南特委组织委员。

戴元怀,江西万载县人,1929年参加中国工农红军,加入中国共产党。1930年任青年工作部部长,1931年到中央党校学习,毕业后任粤赣省委宣传部部长、省委执行委员。1934年任粤赣省战地委员会主席,继调任八军团民运部部长。

元怀门

在长征途中，戴元怀所在的八军团对敌作战英勇顽强，特别是在突破湘江封锁线的恶战中，浴血奋战，掩护党中央机关全部安全渡江。因此役损失惨重，在贵州黎平会议上，八军团建制被撤销，但戴元怀仍然充满革命信心，相信革命一定会胜利。

1935年2月，扎西会议期间，组建川南游击纵队，戴元怀任特委组织委员，与徐策、余泽鸿一起率队战斗在川滇黔边区。1935年3月26日，川军黄锦章团纠集江安、长宁、兴文、古宋4县团防在兴文石碑（1983年区划调整划归珙县）大石盘形成包围圈，向红军游击纵队发起进攻。危急关头，戴元怀挺身而出，"掩护纵队主力突围，戴元怀和红军通信班十名战士在激战中壮烈牺牲。敌人竟残暴地剥光烈士们的衣服，砍下头颅，邀功请赏"（摘自《中国革命老区》，中国老区建设促进会编，中共党史出版社1997年6月版）。牺牲时，年仅26岁。

1938年9月至11月，在延安召开了扩大的六届六中全会，开幕式上，张闻天宣读了开幕词，接着又宣读了一份多达90位牺牲者的名单，并带领全体与会者起立默哀。这份名单上有瞿秋白（中央委员）、方志敏（第十军军长）、顾作霖（少共中央书记）、董振堂（第五军军团团长）、刘志丹（第二十八军军长）、毛泽覃（中央政府委员）、余泽鸿（游击队政委）、徐策（川南游击队司令）、戴元怀等。

如今，戴元怀的陵墓已被移往青松翠柏掩映的白塔山烈士陵园，但元怀门依旧存在，戴元怀——这位在兴文英年早逝的将军，永远活在兴文人民心中。

官田坝

官田坝今属九丝村，正处九丝山脚下。我询问了许多当地人，都说不出"官田坝"名字的出处，仅知"刘将祠"在此处。据民国版《兴文县志》载："将军祠，祀刘显，后其像移立崇报祠，因于此别立刘诞生祠以报。"塑有刘将军像，且附有诗："勋名仅有两楹地，积岁曾无一线杯。惆怅平酋功早没，空余丹烛照苍苔。"今已毁，只存碑座。更为有趣的是，从九丝城上弄下来一个石头打的"坛神"，放在刘将祠侧，谁都不敢摸，据说谁摸了谁就会疯，因此，"坛神"得以保存完好，在杂树林中早已泥封草裹。

红军标语也在官田坝，即今九丝村2组村民刘启贵家，共有18幅，还有红军漫画，是迄今所知兴文县红军标语最集中之处。标语内容有"共产党是无产阶级政党""不交租，不还债""捉杀收租逼债的豪绅地主""共产党是无产阶

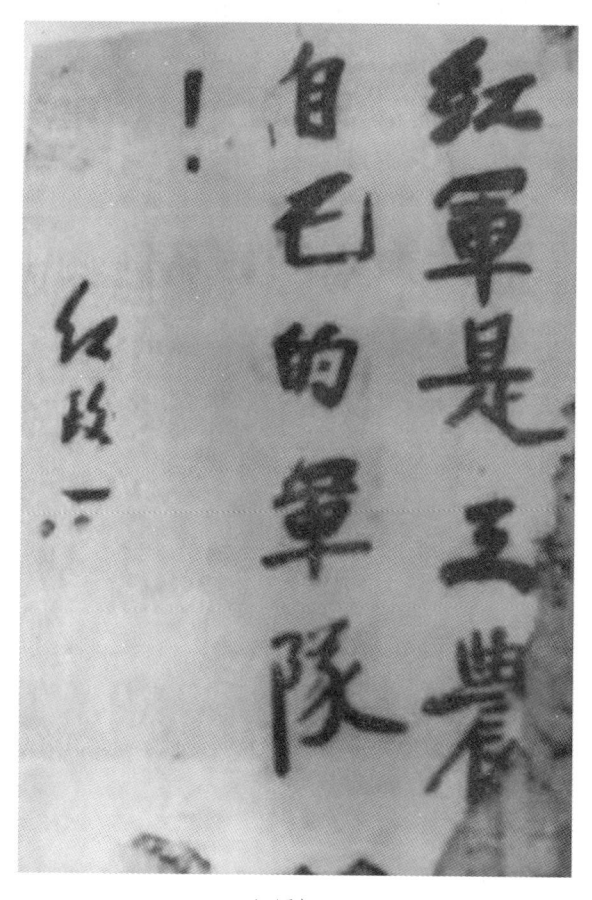

红军标语

级的领导者""拥护中国共产党""没收地主阶级的土地、财物，分给贫苦农民""勇敢的工农红军""打倒扣发军饷的军阀杨森""拥护中国共产党十大纲领"等。据称，其中红军漫画和4幅标语由县党史办交由宜宾市赵一曼展览馆连同墙壁一起移走。

这些标语用墨竖写于墙上和门板上，署名为"川南／红。"当年，川南游击队所书标语大都出自甘棠之手。甘棠，别名阚世颖，南溪人，曾为上海中央机关交通员，并随周恩来、邓颖超一起撤到中央苏区，长征时，是一方面军参加长征的30个女红军之一。扎西会议后，她和李桂红留在了川南游击队，是游击队大名鼎鼎的两个女红军之一。新中国成立后，曾任四川省高级人民法院副院长，"文化大革命"中被迫害致死。

官田坝的红军标语，因房主于附近另建新房，老屋多年无人居住，房屋凋零，墙壁颓毁，有的已不复存在。保护好红军标语，值得重视。

印把山

从县城出发前往九丝，刚过簸峡，突见左前方山上一石突兀而起，十分奇特，在蓝天白云下分外瞩目，这就是印把山。清光绪版《兴文县志》载："印把山，轿顶山下，奇峰突兀，类似印把。"九丝之战后，四川巡抚都御史曾省吾忌讳印把涉及政权，改名为文印山。清嘉庆年间，兴文县令余炳虎兴文八景诗中的《文印石书》云："文印高悬北斗低，石书积卷耀金泥。淋漓雨后分云篆，掩映风前落雁余。"

关于印把山，有一个凄美的民间传说。明朝万历元年（1573），僰王阿大（哈大王）与官府对抗，僭王号，于九丝山上建王城，曾省吾奉旨率14万兵马前来征讨。三月破凌霄，六月拔都都，九月攻克九丝。攻破九丝之日，哈大王奋起神威，英勇杀敌，刀光闪处，敌军倒下一片，奈何官军人多，蜂拥而至，哈大王且战且退，退到了悬崖边上。明军大呼，要哈大王投降并交出大印。哈大王见已无退路，怒眼圆睁，大喝道："要我投降交出王印，贼子休想！"喝毕，掏出怀中大印向空中一抛，自己纵身跳下悬崖。只见大印在空中划出一道光影，直向对面山头飞去，轰然巨响后，深深地陷了进去，只露出一截印把，即今日之印把山。

印把山为当地一景，多年传奇，位于今新丰村2组。山石高近20米，印把之巅十分平坦，面积20多平方米。为供游人攀爬，凿有小道往上。近年，为安全计，又拉上几条铁链，公路已修到山脚，印把山，触手可及。

清凉寺

清光绪版《兴文县志》载:"清凉寺,在居杭莲花山,疏竹围绕,寺最清凉。"居杭乡,兴文县原上六乡,即九丝城镇今属之原簸峡乡。说到簸峡,它还有个难以忘掉的名字——簸箕峡。传说哈大王驾簸箕云降落此处,故而得名。簸峡乡政府或公社所在地,原都与清凉寺紧邻,半山而建,逶迤起伏,横亘山腰,数百米小街,形成场口,倒是别有一番风味。如今,所有单位和商铺,悉数迁往下边公路两旁,也算繁华,但提到"簸峡",脑海里出现的还是山腰的小街。

簸箕峡,以哈大王而闻名;清凉寺,则以一段不凡的经历被载入史料。1929年,王泽嘉、袁敦厚领导的川南工农革命军独立团(四川红军第四路游击队)成立后,转战长宁、兴文。川南特委派袁敦厚返回独立团,加强党的领导,同时,派刘光远为特派员,负责联络农民武装与地方党的合作。1929年6月,袁敦厚从泸州经长宁、兴文,在富安场找到刘光远,两人一齐赶赴建武(此时,王泽嘉正率部于建武一带)。到了建武,珙县党组织代表张超也赶到了。6月11日,在簸峡清凉寺召开长宁、兴文、珙县农民武装联席会。袁敦厚传达省委、川南特委指示。会议决定,将部队番号更名为"四川第四路红军游击队",编为4个支队,王泽嘉、袁敦厚、郭洪发等率主力留川南创建根据地;王学勤率1个支队到贵州边区活动,筹集武器和军费;刘永吉、李国钊率1个支队在兴文与云南边界活动,争取和改造被招安的滇军部的绿林武装。

清凉寺会议后,党领导下的农民革命武装在川、滇、黔开展了轰轰烈烈的农民武装斗争。

写字岩

区划调整并入九丝城镇的毓秀乡，原属兴文上六乡。明万历年间，九丝平定，曾省吾命之为"平蛮乡"，清朝时改为毓秀乡。清光绪版《兴文县志》载："乾隆元年裁建武通判又附六乡……曰平蛮乡（今改毓秀乡）。""毓秀乡，县西一百一十里，黄家沟、毓龙场等处，管五甲。"毓秀境内最有名的古迹当属"写字岩"，流传甚久，清县志中也有记载："写字岩，在毓秀乡龙井沟，又名镇江岩，昔人供杨泗将军于此。今废。岩不甚高，顶石方平，书有'山高水长'四字，又刻有'保老乡'三字，人不能解。今考，曾公征蛮檄有'通道老媒保'语，疑为当时通事传语之人所居也。"由此可见，杨泗将军被当地人供奉，属何朝何代，尚未确证，但肯定与万历元年（1573）平定九丝战事无关。"山高水长"石刻题字，应与杨泗将军有关联。

写字岩，属九丝城镇鲵源村。同为龙井一地的，还有一古代遗迹，即清县志所载："罗仲文废楼，在毓秀乡龙井西岸，地名楼房嘴。相传为平酋时，同知罗仲文督粮建武，建楼于此，后遂家焉。其地高，可望远，楼皆柏木，今记。"

东风村

东风村是九丝城镇最远、最偏僻的一个村，与云南接壤，面积10.5平方千米，有耕地1491亩，林地1.4万余亩，森林覆盖率90%。全村近300户人，苗族约占42%。一条叫魔芋河的小河从穿云山流出贯穿全村，流入文印河。

东风村所处区域，原属文印乡、双河公社、双河乡，后并入九丝城镇。1958年"大跃进"和人民公社化运动时，因"文印"二字系曾省吾所赐，属封建糟粕，故更名为双河公社。同时，也为7个大队（后来的村）冠上了具有时代特色和强烈政治色彩的名字：红旗、东风、政治、兴无、跃进、胜利、高产。记得20世纪70年代初，重庆知青在兴文落户甚多，重庆九龙坡区一中学校长率知青慰问团来到双河公社，知晓7个大队的名字时，大为赞赏，趁酒酣面热，文思泉涌之际，具体而形象地将之串联起来：举"红旗"舞"东风"，突出"政治"；"灭资"兴无，跟党齐"跃进"，争取"胜利"夺"高产"。一时间，这段串联句被作为美文传遍全县。直到习近平总书记带领全党全国人民，发起脱贫攻坚战，东风村才于2018年摘掉"贫困村"帽子，步入小康。

其实，原双河公社（乡）7个大队（村）之前也有地名，不少还具有历史文化内涵，或与地方风物有关，或与僰人文化相关联。如红旗，原来叫小龙潭，政治叫陈家湾，兴无叫磨槽沟，跃进叫母猪顶，高产叫百锁寺，胜利叫前五营。东风呢？以前都被叫作靼子沟。靼子沟是语音之讹，应叫"大姐沟"。曾经，一女子嫁入靼子沟，与家人多年未联系，有一年，其兄弟寻亲来了，一路问，一路找，他记不清姐姐嫁入地的具体地名，只记得是一条沟，是"我大姐往的那条沟"，这样，就传成了"大姐沟"，再因九丝人口音之故，慢慢地，大姐沟变成了靼子沟，就像建武脚下的"善人沟"变成了"杀人沟"一样。

说起靼子沟，不得不提到"苗团"首领、"陶千户长"陶洪兴。生于清道光二十二年（1842）的鞑子沟苗民陶洪兴，自幼习武，练得一身的本领。光绪年间，川南一带匪患严重，鞑子沟地势偏僻，山高林密，又处川滇边界，一拨又一拨的土匪常来骚扰，或抢钱粮、衣物，或"牵肥猪"做人质强要赎金，让本来就不富庶的山村深受其害。这时，陶洪兴站出来了，他组织苗家儿女，兴办苗团。有一年腊月三十，一帮土匪来鞑子沟，打死苗族村民陶丙然，将其母抓去当"毛子"（人质）勒索钱财。陶洪兴闻讯带领苗团追去，土匪丢下10多具尸体仓皇逃窜。人质被解救了，陶洪兴的名声也打出来了。光绪十四年（1888），陶洪兴当上了团总，尽职尽责，认真训练苗团，哪里有土匪出现就带队追杀，使方圆两三百里内的土匪闻风丧胆。四川总督奎俊于光绪二十八年七月十一日（1902年8月14日）颁发给陶洪兴"六品功牌"（功牌现存县博物馆），功牌全文如下：

钦命头品顶戴兵部尚书兼都察右都御史，总督四川等处地方，提督军务兼理粮饷。管巡抚事兼理成都将军奎俊，为给发功牌，以示鼓励事。照得本都堂节制全川，有功必录，自应随时嘉奖，用昭激劝。兹查有团总陶洪兴办团出力，合行赏给六品功牌，为此，牌给该军功收执，嗣后务须益加勤奋，及时自效，再邀后奖，毋得持符滋事，至于撤笞，切切！须至功牌者右牌给六品军功陶洪兴收执。

光绪十八年七月十一日总督堂部

土匪对陶洪兴又怕又恨，多次伏击暗杀皆未成功。光绪三十年（1904）三月，赵尔丰署道督察捕务，进驻枨溪（今古蔺县金星乡）设署行辕，派兵进入苗区镇压"平会"（又称"龙会"）。土匪则派人去行辕诬告陶洪兴乱杀乡民等诸多"大罪"。赵尔丰便传陶洪兴去枨溪问罪，也派人做调查。陶洪兴去的第一天，行辕只开偏门让他进去接受官员问责，他一一据实作答。第二天行辕正门大开，官员引领陶洪兴接受赵尔丰的召见，他再次将自己的作为一一陈述。加之所作调查明显是土匪对陶洪兴的诬陷，因此，赵尔丰不但不问罪，还送他一丈三尺红绸，并委任其为"千户长"，负责管理兴文、高县、珙县、庆符、长宁、筠连6县的苗团武装，赐20套服装，2支过山号，2杆红旗，1张委任状和1张自由宰杀的"诛单"。鞑子沟被抹上了神奇的色彩，因之更加有名。

正是：陶千户长续传奇，春风又绿鞑子沟。

五谷仓

据清光绪版《兴文县志》载:"五谷仓山,县西南一百二十五里,建北五里。即金鸡山绝顶石山,屹立高约十丈,围约三十丈,其形如仓,有石猫踞颠,前有两石,状如人。相传诸蛮以其形如盗仓,常锁其颈。今石人已毁其一。"而另存之一石人,被视为护仓的仓丁。五谷仓位于原新建村,现为建武村。

五谷仓不仅形状奇特,"其形如仓",载于县志,更有一个十分优美的民间传说,在九丝及整个兴文,流传了好几百年。

相传,在很多很多年以前,五谷仓真的能打开仓门,流出金灿灿的黄谷,仓里究竟储存有多少黄谷,谁也不知道,总之,只要人们去求,总是有求必

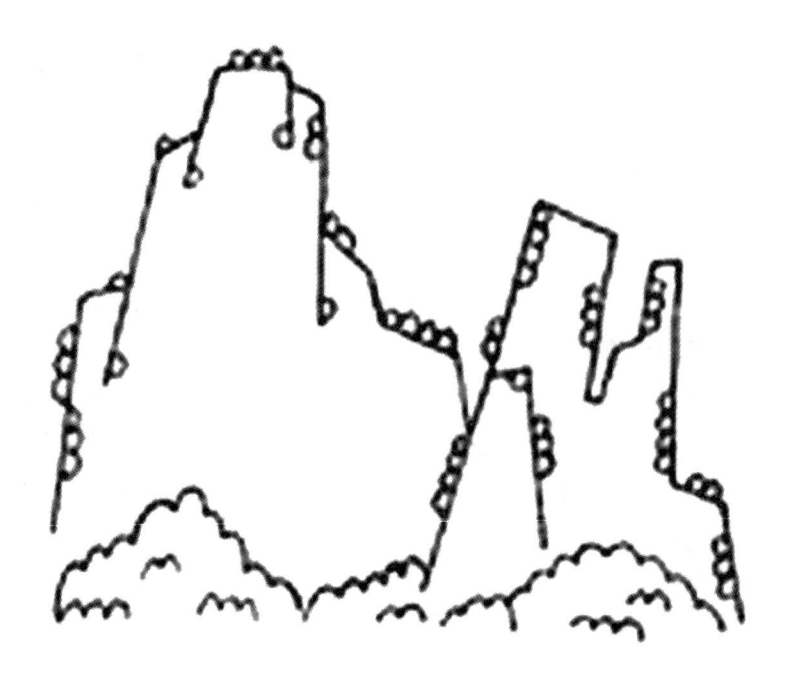

应,"哗哗哗"流出黄谷来,没有断绝过。每当灾年,或逢春荒,青黄不接之时,当地百姓就来到五谷仓,祈求借粮度荒,只要说出借粮的数量,仓门便会打开,黄谷从门内流出,达到数量,仓门则自动关闭。而到秋收时,借粮之人挑着同等数量的黄谷,将箩筐放在五谷仓前就离开了,第二天再来取回自己的空箩筐。就这样,五谷仓成了老百姓的福音,方圆数百里有困难的百姓尽皆闻讯而来,有求必应,有借有还,周而复始,不知延续了多少年。

有一年,一个心术不正的人,春天借了一挑黄谷,秋收时则挑去一挑糠壳放在五谷仓前。第二天,箩筐被甩在山岩下,五谷仓前满地糠壳,风一吹,漫天飞扬。这就是"借了谷子还了糠"。这事被百姓们知道了,对那个人好一顿诅咒。没多久,五谷仓再也没有打开过仓门。

故事是美好的,在警醒人们要讲诚信,不然会受到惩罚,而诚信,是中华民族的传统美德。

2018年,兴文县宣布全县脱贫的那一年,五谷仓前剩下的那个唯一仓丁,却在一夜之间轰然倒塌。它似乎知道自己已完成使命,因为,中国人民不再贫困,已走上小康之路。

手爬岩

手爬岩，是悬棺在兴文县最密集处。据清光绪版《兴文县志》载："古僰人墓，建武一带凡悬崖峭壁，凿崖为穴，置棺其中，重叠相望，今其棺尚有存者。"

僰人，实行悬棺葬。葬式多种多样，有"凿崖为穴，置棺其中"；有横放者，棺没入穴内，只露一侧面；有竖放者，棺没入穴内2/3，外露1/3；有崖壁打上孔，木桩入孔伸出，棺木悬放于上。放置悬棺，大都选在上依绝壁，下临溪流之处，低者数十米，高者近百米。悬棺，大都"瓠木为棺"。如此之重的棺材是怎样葬上去的，多年来，一直是难解之谜，有多种猜测。

悬棺遗迹遍布兴文许多乡镇，唯建武最多。其中，"三大司令悬棺""老鹰岩悬棺"沿德胜河至上建武分路处。下边，德胜河奔腾流淌，上边岩壁，密布棺穴，木桩孔穴密密麻麻难以细数，除老鹰岩尚存一具悬棺外，其余悬棺俱毁，只存遗迹。

手爬岩位于毓秀河边，是悬棺遗迹最集中之地，也是修复悬棺最多的地方。悬崖峭壁上，竹林树丛掩映间，高处低处，密布悬棺；重叠相望，悬棺下的毓秀河，咿呀吟唱，似在向人们讲述着数百年前的传奇故事。

如今，建武悬棺遗迹，特别是手爬岩，已成为旅游景区和研究僰文化的胜地。

龙君三圣庙

九丝山上"大王金殿"遗址东百米处,有一依岩而凿的神龛,高约2米,宽1米,原有3尊石神已毁,龛旁石刻对联及横额犹在,联曰:"赫耀昭千载,威灵服一山。"横额为"永镇九丝"。当地人呼为"龙君三圣庙",可能为明清时代山民所建以祀僰人首领阿大(哈大王)、阿二、方三的。民间传说,此3人于万历元年(1573)的九丝之战中被俘杀后,阴魂不散,常于明神宗朱翊钧这个10岁小皇帝梦中索命,小皇帝怕了,才封他们为"龙君三圣",且准塑像为神。

原本以为是荒诞无稽之谈,朝廷岂允许叛逆者为神享受祭祀?但兴文原3个区及临近的珙县、长宁部分地方,皆有此传说及神像。如建武真武山的木刻"龙君三圣",一骑虎执刀,一骑象执矛,一骑豹执长斧,面目狰狞。民间有疮疾,常许愿,病愈则献"大耳朵"(猪耳)。后来虽用药痊愈,仍献"大耳朵",谓之"神药两解"。

原建武区退休干部张德元曾著文曰:"神宗皇帝将哈大王兄弟三人封为神,立名龙君三圣。九丝城哈大王宫殿左侧有龙君庙遗址,德行村七组有龙君庙,官田村五组有龙君三圣庙。"

乡贤石昭辉先生有文:"在长江以南的川南范围内,随处都有'龙君庙'。在敝乡博泸乡,就有两座龙君庙,一座在博望山,一座在水泸坝。而在长江以北的川南地区,就绝无此庙,更不用说外地外省了。不知这些地区的百姓是出于对哈氏三兄弟的怀念呢,还是慑于他们的威力,怕他们作祟降灾,所以立庙祭祀。反正,从三圣同祀的相貌推测,是与哈氏三个有内在联系的。只因为他们是被朝廷剿灭的,不敢公开以他们的名。"

在石海镇平寨村也有个龙君庙,1935年,红军长征过兴文,与尾追的川军在此发生过一场混战,死伤无数,百姓仍有言"龙君显圣"。

龙君三圣庙,看来是具有兴文特色的庙。

上龙门民族学校

清光绪版《兴文县志》载："上龙门，双岩对峙，宛若门关。其上为会龙山，故名。"

上龙门民族学校，属今日之迎春村，地处半山腰，苗汉杂居而苗族居多。

1950年，党的光辉照进了苗家，毓秀乡办起了开天辟地第一所少数民族学校——上龙门小学，曾经也叫"川南民族小学"。该校所在是当时的玉龙村，既穷困也落后，全村找不到一个初小毕业生。

上龙门民族学校成立之初，村小规模小，仅稀稀拉拉20来个学生。1952年土地改革完成，人民政府决定将这所学校办成一所正确执行党的民族政策的示范校，不仅在规模上要扩大，教学人员要调整补充，而且招生范围也不限于玉龙村附近，连丁心、周家、仙峰、簸峡各乡的苗家子弟都要吸收到这所学校来，帮助这些世代受压迫的苗族同胞培养人才，提高文化，提高觉悟。兴文县委和县政府通过各种会议和多种形式宣传党的民族政策，建武、仙峰两区号召苗族同胞送子女入学。9月初，各路苗族青少年便纷纷入学，由原来的20余人，陆续上升到近200人，年龄参差不齐，从七八岁到十六七岁的都有。

教师队伍，抽调有教学经验、工作认真负责的人员组成，有的是团员，有的参加过土地改革，还有南溪参加革命工作到兴文的几个男女青年，没有一个结过婚的，充满着蓬勃朝气。

学校创办之初，是在玉龙村的何家祠，到处篱穿壁漏，设备简单到只有几张条桌，其余便是学生家长们提供的方桌和长板凳。但教师们一个个精神抖擞，根本不知道什么叫困难。

这所学校的苗族学生，普遍享受优厚待遇，按年龄和贫困程度有不同标准，最高的每月享有7元的伙食费，7元一个月的伙食费，是当时大城市干部的伙食标准。按人头还有0.5元的医药费和1元的文具费，每人还发一套棉衣棉裤。在生活上让学生们吃饱吃好，每周打一次"小牙祭"（半斤肉），一个月打一次"大牙祭"，剩下的"伙食尾子"，就添置铺盖供学生使用，几年下来，添置了二三十床，加上政府每年给的10床，学生的铺盖基本够用了。

刚入学的学生，普遍都长虱子，头上有，身上也有。全校7个教师，既像哥哥姐姐，又像爸爸妈妈，给学生们讲卫生知识，给他们洗头，用药水消杀虱子，烧开水给他们烫衣服灭虱子。少数学生回家一趟又带来虱子，教师们继续不厌其烦帮他们灭虱。晚上，教师们还帮学生盖铺盖。青春期到来的女学生，女教师教她们生理卫生知识，学会怎样自理。教师们还经常集体出动家访，不畏爬坡上坎，山高路陡，有时打着火把回校，师生关系十分融洽。

上龙门民族学校的教师们一边教学，一边创业。1952年，县政府转发中央拨款500万元（旧币，等同于今500元）用于扩建校舍，经与乡政府和学生家长们商量后，不到一年，一幢四列九柱、楼上楼下6间的办公楼就完成了。按当时物价，500元仅够买瓦、石灰和开支泥木石工工钱，其余竹木和杂工全部由学生家长捐助。他们慷慨献工献料，自己砍树自己扛，自带苞谷饭到工地上吃。

1955年，政府拨款30元做维修费改善伙房条件，学生家长们将附近一所破庙拆除，将木料、青瓦运到学校，大家义务做工，不到两个月，新厨房就建成了，那30元全部用作夹泥粉糊的材料费。

建校之初，该校只有一个苗族教师，仍然坚持双语（苗语、汉语）教学，突出民族学校特色。其他教师主动向学生和学生家长学习苗语，基本上掌握了日常用语，和学生及其家长有了更好的沟通。

上龙门民族学校坚持党的民族政策，坚持正确的办学方向，为兴文培养了一批又一批的苗族干部，有的还考上了大学。

今天，上龙门民族学校的原址上，已是迎春村的村委会办公楼，原学校已并迁到毓秀民族学校，这是一所有400多名学生，九年制义务教育的学校，依然保持着上龙门民族学校的办学方针，为兴文苗族文化的传承发展和兴文社会经济的发展发挥作用。

白鹤林

鹤与松常并列一起，寓意长寿；鹤与仙和祥瑞有牵挂，称为仙鹤；与富贵同款，清朝一品官员补服之图案即为鹤。鹤与文化之牵扯就更多了，仅《全唐诗》写鹤的就有100多首。现试举几首："白鹤不来云亦孤，青山长在树荣枯。""白鹤何年去，青松尽日闲。""仙人白日上青冥，鹤去台空唤不应。""闲暇光景不蹉跎，云淡风轻踏岭坡。野望平畴山外远，鹤鸣江岸胜仙歌。"

白鹤林

以前，在兴文县的农村，常能在田间沟旁见到白鹤翩飞，自20世纪50年代末的大炼钢铁后，山林被毁坏，生态失衡，白鹤成了稀罕之物。

1998年，九丝城镇新丰村2组，印把山脚下的一片青冈林，数百只白鹤归来，引得人们一片惊叹。退耕还林，生态修复，山清水秀，失踪多年的白鹤又找到了"家"。栖息在此的白鹤，多时上千只，白天飞翔在这片区域的山林、田间、溪旁觅食，晚上归来栖息在青冈树上。白茫茫一片，蔚为奇观，此地逐渐被人叫作"白鹤林"。当地百姓心善，自觉地保护白鹤，不仅不准猎杀，还自觉不时向青冈林中抛撒食物。"不准进青冈林惊吓白鹤，不准去捡白鹤蛋……"形成了不成文的乡规民约。人与白鹤，和谐相处，白鹤林也成了九丝城镇新的景观。

随着生态环境越来越好，白鹤的群体也在增多，部分白鹤已从"白鹤林"分家迁徙，来到德胜河边一片竹林里。在"绿水青山就是金山银山"的理念下，"白鹤林"也会遍地开花，越来越多。

SHI HAI
ZHEN

石海镇

　　石海镇，兴文县辖镇，在县境西南方，面积81平方千米，人口1.8万人。镇人民政府驻石林村。唐高宗仪凤二年（677）置晏州时，石海镇为晏州所辖新宾县地。元至元二十一年（1284），元世祖升大坝军民府为戎州，辖水都4乡和山都6乡，石海镇为水都4乡之卜昏乡地，马湖路飞领。至明代，一直是僰人聚居地。清代，卜昏乡隶四川省叙州府兴文县。光绪年间改名芸灵乡，辖5村等4甲。民国二十九年（1940）为兴晏乡。1951年建立翻身乡。1956年撤销翻身乡并入兴晏乡，1958年建为兴晏公社，1984年改称兴晏乡。1992年9月撤区并乡建镇，兴晏、石林两乡合并建置为石林镇。2006年7月，在原石林镇基础上划入原大坝镇、和桐子两村组建为石海镇，因境内有著名风景区石海而命名。境内有兴文石海，有张爱萍题写的"红军岩"，胡耀邦1983年视察后题下的"天下奇观"。当地以旅游业等服务行业为主要产业。有通县、通乡、通村公路。

五 村

据清光绪版《兴文县志》载："考兴文旧编户田里，后改四乡，一曰上半乡（今改让畔乡），一曰下半乡（后改水泸乡，今改跃龙乡），一曰扫洞乡（今改六合乡），一曰卜昏乡（今改荟灵乡）为下四乡。"又载："荟灵乡，县东南六十里，五村等处，管四甲。"另据1994年新编《兴文县志》载："兴晏乡，原系明代卜昏乡，后改荟灵乡。民国二十四年编为五村。洛柏联保，民国二十九年合并联保建为兴晏乡。1951年划出部分保给仙峰乡，同时划出部分

五村全貌

保,改保为村,建立翻身乡。1956年撤销翻身乡并入兴晏乡。1958年建为兴晏公社。1984年改兴晏乡,治所兴晏场。"1992年,撤并为石海镇。

五村之名,史上早有,是何来历?五村的街镇在半山腰的山坡上,背后是银方顶、马鞍山,往下俯视,尽收眼底的是兴文石海核心景区,奇峰起伏,怪石林立,令人心醉神迷。传说,五村是由五根巨大石柱撑起,故而得名。当年,川南游击纵队侦察参谋金燧在一次战斗中被敌人围攻,不得已跳入"猪槽井",得以脱险。据说,猪槽井也是有着五根石柱地宫的入口,但如迷宫般,危险重重。20世纪90年代,中英联合探险队深入其中,也没发现传说中的五根石柱。不知金燧在哪里躲藏,走了多远,有无奇遇?

1935年2月5日,正月初二,红军长征经过兴文到了五村,在丁玲主编的《红军长征记》附录的"红军第一军团长征中经过地点及里程一览表"里,以及赖传珠(时为红一师政委,1955年授上将衔)、彭绍辉(时为红十五师师长,1955年授上将衔)、林伟(时为九军团作战参谋,1955年授少将衔)3人所写日记中,都标注着"五村"。童小鹏的长征日记更是形象地记载:"二月五日,下午(大坝)出发到五村(二十里),只是一座山而已。"可见,当时的五村确实很小,没有多少房舍。那么,如此多的红军,小小的五村能住下吗?邻近的平寨、顺河也就成了红军的宿营地。不过,在五村,却有着一段杨泽久星夜找红军的故事。中共宋兴特支负责人刘复初组织了一支游击队在银矿坪一带活动,听说有红军来,即派手下杨泽久星夜赶往五村,见到了红军总政治部代主任李富春。李富春听了汇报后,鼓励他们坚持在当地开展革命斗争。五村,在兴文红色文化中自然就有了重要的地位。

石海景区

兴文县石海景区属四川盆地南部山地与云贵高原的过渡地带。距县南20千米，距宜宾市126千米，距泸州市120千米，距成都和重庆分别为370千米和310千米。中心景区为14平方千米。清光绪版《兴文县志》载："千石岩，县南六十里。崖石林立，若屋宇，若虬龙、若虎豹，或起或伏，或群或散，千态万状，望之奇绝。"这里的千石岩，即为今石海中心景区，而同样载于斯的"小岩湾洞……亦洞中之最奇者"。此处所指的洞，即当今之天泉洞。

兴文石海地处云南、贵州、四川3省交界地风景资源富集区，在中国南方重要的喀斯特地貌系统中，其属发育中程区，它"不但是中国，而且也是世界上最重要的石灰岩喀斯特与洞穴发育区之一，因此引起了国内外学者的重视和

石海涌浪

兴趣"。兴文石海以"石文化"独树一帜,成为川南风景名胜体系的核心之一。中心景区内集世界级规模的大漏斗、全国最大的地下溶洞群和全国罕见的地表石海、石林、峰林"三绝同在一画中"。由于地表石芽密布,奇峰林立,如石之茫茫大海,地下溶洞纵横,如洞之故乡,故有"石海洞乡"之称。这里有僰人遗迹,是苗族生息之地,红军长征经过地,多种历史文化交错其间,丰富了景区内涵。1983年12月,中共中央原总书记胡耀邦视察兴文石海后欣然挥笔题下"天下奇观"4字。

兴文石海景区于1979年11月开始开发,1980年5月1日正式对外开放。1986年被列为四川省第一批省级风景名胜区;2002年被列为第四批国家风景名胜区;2004年被宣布为第三批国家地质公园;2005年被评定为全国第二批四川省首家世界地质公园,国家AAAA级旅游区。除此之外,该景区还是全国科普教育基地,中国最美的十大地质公园之一。

厅　房

厅房位于石海镇红鱼村。厅房主人金显模曾为兴晏乡团正，其建筑是典型的川南穿斗式木结构瓦房，占地面积2000多平方米，有3个大的天井套以2个小天井，并建有2个碉楼，还有碾米房、榨油房、染房等。如今，厅房的原址近2/3划归红鱼学校被拆除，余者仅石梯、大门和破败的房屋及残垣断壁。虽然厅房基本不存在了，但在厅房出生的革命烈士金燧留在了人民心中，他的英雄事迹广为流传。

金燧，名克伦，1916年出生于兴文县五村乡（今石海镇）厅房。家有田租400余石。母亲陈碧馨贤淑宽厚，常以《左传》《史记》和岳飞的故事教育子女。

金燧曾就读于古宋县中。1930年，文功元等在古宋城开展反帝反封建斗争，时相过从，颇受启迪。金燧的表兄陈龙池是黄埔军校学生，参加过北伐战争和南昌起义，回兴文时，一度住在他家。陈龙池带回一些革命书刊，几经交谈和阅读进步书籍，金燧萌发了革命思想。1933年，二姐金琪、三姐金珊和侄儿金泽华都在成都读书，接受进步思想，有的还入了党，回家时自然对金燧灌输、熏陶。

其实，金燧是一个革命者，在兴文，更是一个传奇人物，在广大城乡，流传着许多关于他的有趣的故事。对于金燧，有人说他身上有"三气"——侠气、匪气、义气，笔者基本赞同这种观点。许多传说中，就已经将他定为"侠"，轻财重情，行侠仗义；"匪气"，则是指他行事不羁，常剑走偏锋，出人意料；义气，他的轻财、行侠，都是"义"字当头，甚至利用袍哥（"哥老会"）组织"永义长"来开展革命活动，发展革命组织。他的"三气"集于一身，形成了独特的人格魅力，许多人尊敬他，听之号令，聚于周围，无论是贩夫走卒、农民、学生，还是社会贤达，可以说，工农兵学商，朋友遍各界。

金燧自小就是个闲不住的人，用他长辈的话说，"生性顽劣"。他好习武，练就一身拳脚功夫。读书时喜爱运动，体操、篮球玩得风生水起，成年后每到县城，都要到球场上摸两把。他枪法特别好，自然跟他的勤学苦练和悟性有关。

1934年冬，刘复初领导的地方游击队在银矿坪、洛柏林一带活动，早已接受革命思想的金燧要求参加游击队。刘复初对他提出了考验的条件——协助"借枪"，金燧满口应承。一天晚上，金燧让家丁们在厢房喝酒，并不断地劝酒，待与之约定好的刘复初率领游击队员们进入厅房时，他们一个个都醉得人事不省，游击队很轻易地取得了枪支弹药。当游击队员们冲进上房时，他父亲金显模听到响动，从枕头下掏出手枪反抗，才发现撞针早已被金燧偷偷取掉。金显模自认倒霉，大骂"养了个逆子"。金燧嬉皮笑脸劝慰父亲，又有两个姐姐从旁相助，这件事不了了之。19岁的金燧，从此脱离了家庭，毅然投身革命。正如后来他的三姐金珊的诗句所言："少小初知主义真，毁家输弹壮红军。一呼乡里健儿应，奔向三支杀敌人。"

参加游击队后，英雄有了用武之地，金燧胆大心细，作战勇敢。兴文团练局局长率兵"进剿"，与游击队相逢于五村德广寨。金燧请战，带领一个分队，待敌人靠近时，猛烈出击，与刘复初带领的队伍分兵合击，当场打死敌分队长周洪发，缴枪10余支，子弹1000余发。

1935年8月初，游击队在五村与从建武换防下来的江安李品山保安大队遭遇，金燧挺身而出，掩护游击队撤离。他冲出五村，向大岩湾方向突围，敌人围上来，前后受阻，情急之下跳下"猪槽井"，追兵不敢下去，向洞中放一排乱枪，投下手榴弹。待敌人撤走后，他爬了上来。

博望山合队后，金燧担任了红军纵队的侦察参谋。1935年秋冬之交，游击纵队在余泽鸿、刘干臣、刘复初率领下，闪击兰田坝，震慑泸州。随即转战贵州，过习水经"一碗水"时，与黔军遭遇，敌众我寡。金燧带队断后，掩护主力转移，利用山岩、树丛掩护，绕到敌后，夺取机枪，一个排的敌军死伤过半。回到游击队驻地后，余泽鸿政委大加赞赏，称他为"孤胆英雄"。

1936年初，在敌人第二次"三省会剿"中，游击纵队遭受严重损失。金燧四处联络失散人员，安排在家乡一带隐蔽。不久，刘复初带领连天山幸存下来的人员和陆续归队的指战员来到洛柏林，召开特委扩大会议，重整旗鼓。在此期间，金燧被批准入党，委任为川南游击支队队长，独立活动，开创新局面。

1936年夏，金燧不幸被捕，因早已离开游击纵队独立活动，敌人找不到证据，经亲友保释出狱。出狱后，纵队已基本失败，刘复初被关押在泸县监狱，他冒险前去探望。刘复初鼓励他继续发动群众，发展武装，伺机行动。

1938年春，刘复初出狱到延安，在没有直接上级领导的情况下，金燧变卖田产，利用办团防的名义，暗中购买枪支弹药。1940年春，因私下购买枪支弹药的事情泄露，他第二次被捕，被押送宜宾，经亲友竭力营救，关押半年后被联名保释。

出狱后的金燧，利用社会上盛行的"哥老会"形式，在长宁县城（今双河镇）简易师范校内成立"永义长"，很快发展到200多人。

1941年，听说八路军派人到泸州，金燧即同友人赴泸州，欲取得联系，好组织抗日武装上前线。到泸州后，即被宪兵抓捕，辗转关押泸州、重庆和贵州息烽等地监狱，1943年经亲友多方营救方出狱。他武艺高强，文采也不弱，曾化名在双河中学教书，在狱中以诗言志：

> 举国纷争荡寇尘，操戈执戟慰生平。
> 阽危宗社如巢垒，涂炭苍生胜釜薪。
> 恻恻凄风吹梦远，凌凌刁斗动心惊。
> 孤灯对影悲如织，翘首云天啸一声。

金燧第三次出狱后，继续借"永义长"开展活动，计划在条件成熟时，进行武装活动。

到了1945年，金燧带队突袭江安底蓬乡公所，突袭叙永马岭乡公所，会同绿林武装，两次袭击国民党军车。此后，他一直坚持武装革命斗争。

1945年6月，金燧拟攻打古宋，事机泄露未成。7月，国民党军警袭击厅房欲抓捕金燧，他突围冲出，怀孕的妻子却被打死。10月，他被叛徒出卖遭逮捕，并于10月30日晚被杀害于古宋三官楼。

1984年，金燧被追认为革命烈士。

红军岩

红军岩，在兴文石海景区的大漏斗景点内。大漏斗，在石海未开发前，叫作"小岩湾""锅圈岩"。清光绪版《兴文县志》载："小岩湾洞，在大岩湾之旁，四围光峰，中藏深壑，形势狭窄，亦洞之最奇者。"此处的洞，乃指今日的天泉洞。

大漏斗亦叫"塌陷坑"，溶蚀洼地。很久以前，这里也是溶洞，并同周围的溶洞互相连接，只不过顶上覆盖的一层比其他地方更薄。距今100多万年

大漏斗

前,由于强烈的地壳运动,这层薄薄的顶轰然塌落,形成了现今的大漏斗。就在大漏斗的小道上,还能看见一层层的砾石、卵石,正是当年溶洞和暗河的明证。在岩溶地区,差不多都有漏斗,但像这样规整而巨大的,还十分少见。世界闻名的原南斯拉夫维利卡落水洞,直径500米,深100米;著名的美国阿里西波大漏斗号称世界第一,直径也才370米,深度70米。而兴文大漏斗,直径达650米,宽490米,深208米,真可谓世所罕见。

大漏斗的西北角,陡岩高耸,巍峨壮丽。当年红军长征经过此地,一个掉队的红军战士同敌人浴血拼搏后,跳下了悬崖,于是当地老百姓把这儿叫作"红军岩"。烈士的鲜血染红了大漏斗的岩壁,每当红日高照,衬得岩缝里顽强生长的藤萝、小树格外娇艳。

红军岩的名称始于石海开发时的1980年,最早见于报刊是1983年11月10日的《成都晚报》,刊载了笔者写的一篇文章。1986年,当时的石林管理处多方寻访获知烈士遗骸,迁葬于红军岩脚下并立碑记。

红军岩碑记

公元一九三五年二月五日,中国工农红军第一方面军一军团,在长征中路过兴文县五村(今兴晏乡)宿营。翌日凌晨大雾,遭国民党二十一军两个团的袭击,激战中有两名小红军与主力部队失去联系,同敌人周旋在高山峻岭、石林丛中,悬岩(崖)峭壁。最后,一名小红军在战斗中壮烈牺牲,另一名小红军跳岩(崖)英勇献身。人民群众在此安埋了他们的遗体,并将锅圈岩更名为红军岩。

一九八二年五月二十三日,老红军张爱萍将军重返故地时,回顾当年长征情况,缅怀牺牲的战友,激情挥毫书写了"红军岩"三个大字。事后,四川省民政厅、宜宾地区民政局拨出专款修碑纪念。

红军革命烈士永垂不朽!

四川省兴文县人民政府　立
一九八六年十月

《红军岩碑记》其文是时任兴文县副县长周德康撰写的。

红军小学

红军小学在离石海景区和红军岩不远的红鱼村，原名红鱼学校，是一所九年制小学。

为"感恩革命老区人民的历史贡献，改善革命老区的教育条件，培养根正苗红的接班人"而成立的全国红军小学工程理事会，经过调查筛选，于2011年12月7日，将离红军岩不远的红鱼学校命名为"红军岩红军小学"。全国红色旅游工作协调小组办公室负责人、中国人民解放军海军原副司令员赵兴发中将来授牌授旗，红军精神得到弘扬、有了传承。校名由全国人大常委会原委员长吴邦国题写。红军小学以"红军闪闪放光彩"为办学理念，把"看红星闪闪，做闪闪红星"作为校训，依托当地红色文化资源优势，广泛开展红色教育实践活动。

红军小学

校园内，道路两旁分列兴文党史人物介绍，有秦青川、刘元、刘筱圃、罗髻渔、王斌、刘干臣、刘复初、文功元、蓝次先、金燧等。上学、放学、课间休息时，歌曲《红军闪闪放光彩》响彻校园，课间操及举行活动时，学生们统一着红军服装，营造出浓浓的红色氛围。该校创编的音乐剧《红军岩》于2012年12月被选送至北京，为党的十八大胜利召开献礼，赢得"最佳原创奖""最佳表演奖"2项殊荣。先后有3名学生被全国红军小学建设工程理事会评为"全国红军小学优秀学生"，有2名教师被评为"全国红军小学优秀教师"。红军小学受到社会的广泛关注，2015年9月，周恩来的侄女周秉德女士、朱德的孙子朱和平将军、张爱萍的儿子张翔将军等亲临学校指导，捐资100万元修建红军小学博物馆；2019年5月，开国上将傅钟的儿子等开国将领后代也亲临学校指导；2020年6月，中国民营企业家、收藏家樊建川也到校指导红色文化建设工作，并捐赠实物。2012年被命名为"兴文县爱国主义教育基地"；2018年被确定为"宜宾市爱国主义教育基地""宜宾市践行社会主义核心价值观示范校""四川省国防教育基地"；2020年被确定为"四川省文明校园"。

红军坟

顺河村，一条小河躺卧在沟底，穿越全村。红军长征时，一部分就是经大坝、五村、顺河再上仙峰（当年的炭厂）。从那以后，顺河村就流传着许许多多有关红军的故事。

2018年，顺河村委会支部书记带我们到村委会下面一点的"红军坟"。走小道，上田坎路，穿过几块小水田，来到河边上，指着一块大石头旁的土石堆说："这就是红军坟了。"那块大石头，可能是怕年代久了不好辨认而存下的最好标识。隆起的土堆杂草丛生，隐约看出是荒坟，唯有坟头上插着一支竹竿及上面残留的纸片还能依稀看出是祭奠时的旗幡之类。村书记讲："几十年来，这里都不准人们践踏，连放牛娃都知道。村里已经给有关部门写了报告，得到确认后就会拨资金重新培修。但这些年，每到清明，村小师生和老体协会员都要来此祭奠、献花圈。"80年了，红军烈士的英名早就该镌刻在共和国的丰碑上，但却寂然无闻地躺卧在顺河边，享受这一方水土的香火。不过，也有一些了然——烈士本无名，参加红军是为了理想和追求，万里征战，魂落异乡，有这青山绿水相伴，有众多乡民代代相传的守候，成了人们心中永远的"红军坟"，也可慰藉英灵了。

在年过古稀的老支书黄志远家里，他如数家珍地讲起当年的故事："甲戌（1934年）、乙亥（1935年）过红军，在顺河沟里过了两天三夜，顺沟往上过黑洞沟翻擦耳岩上仙峰。过顺河时，人数众多，但从不扰民，宿营就在屋檐下，敞坝头。在过去一点的茶盘田（一块大干田）也有红军露营。红军在经过黑洞沟时遭受民团的袭击，有7个小红军被抓住了，准备带往五村的乡公所，路经顺河时，一个重伤的红军死了，被乡丁们弃尸路旁，其余6个送乡里后，听说被押解去了兴文。纯朴的村民们将死了的红军埋在了小河边，就有了今天的红军坟。"他还讲，土地改革时他还小，老一辈有个叫"雷树云"的人给他打招呼，那是红军坟，不准放牛去踩。因此若干年来，放牛娃们都知道这一规矩，就连那几块小水田，也从未将近在咫尺的红军坟圈进去。红军坟，也就成了兴文人民心中永远的圣地。

天梁洞

天梁洞位于石海镇，石海风景区范围，大岩湾侧。据清光绪版《兴文县志》载："天梁洞，在县南40里荟灵乡，洞口向天，深广可容万人。成化时，破都蛮，余党窜伏洞中，俱饿死。官军谣曰：'洞无关，有臭蛮。'明季兵燹，民多避乱与此。"

洞体面积约2万平方米。入洞约100米处有"天窗"，天窗约80平方米，天窗下花树点缀，野草萋萋，也算是洞中一景。中前段有因人居住烟熏火燎而

天梁洞

老化了的钟乳石。后段为一空旷地,面积大约7000平方米,后人因史上曾剿都蛮,余党匿于此洞,想象出"练兵场""点将台"等,洞中尚有大量动物化石和人类生活遗迹。据民国版《兴文县志》载,明成化年间,朝廷命四川巡抚汪浩等,克期会剿山都掌:"焚一千四百五十七寨,米仓九百八十一所,斩首三千十七级,生擒九百五十三人,获铜鼓六十三面,牛猪马羊盔甲、镖弩、牌刀、箭无数,余贼遁山箐者,皆搜剿无剩,愿降者听。有匿天梁、水磨诸洞者,下令编塞诸洞门而还。以兵月余死洞中,臭达十里,官军为谣曰:'洞无关,有臭蛮。'即此。"

天梁洞对研究"九丝之战"前朝廷与僰人的对峙、冲突、征讨等很有史料价值。20世纪80年代初,时任兴文县委书记的彭文聪,为探寻旅游资源,曾带人探究天梁洞,带上火把和电筒,早出晚归,见到能走通的路都走了个遍,仅在一些小支洞十分低矮,人需爬行方能入的地方,发现有一片片雪白晶莹的钟乳石、石笋,只好作罢。对清县志中"大岩湾洞,县南五十里,四围绝壁,曲折而下,湾有深洞,与天梁洞相通,昔人避兵于此",则始终未找到相通处。

石菊古地

石菊古地是国家AAAA级旅游景区、国家森林康养基地、宜宾市社科普及基地、爱国主义教育基地，位于四川省兴文县石海镇，与兴文石海景区毗邻，核心景区占地600余亩。这里曾经是明代苗族栖息地，也是红军长征途经地。古道漫漫，繁花似锦，风景优美。独特的古苗文化、红色文化、乡土文化在这里交融生辉，浑然天成，铸就了今天的乡村人文胜景。

石菊古地分为古苗村落、乡土田园、石菊花海、乾坤潭和苗药基地五大功能区。其中，核心景区古苗村落占地30亩，由原址恢复的16栋石木构筑的苗家吊脚楼，复原了古苗族的生产生活场景。徜徉其间，可领略古苗风情，可满足游人体验、购物、食宿和养生等需求；其他四大辅助功能区，依次为石菊花海

石菊古地

农业观光区、乾坤潭休闲区、乡土田园体验区、苗药养生区，它们集"浓厚本土文化、闲适浪漫情调、雅致乡村景观"为一体，将自然山水与乡土文化有机结合，形成了极具张扬个性的乡村旅游景观。

在创建国家AAAA级旅游景区的申报中，从体现苗族文化、乡土文化重点转移到红色文化，因为这里是红军长征经过地。1935年2月5日，红一军团分两路从大坝出发，第一路经二季山—腊鹅寨—五村，第二路经新寨—燕子岩—没浪沟—官田坝—五村。第二路正是经过石菊古地核心景区，在景区附近发生过龙君庙混战，有红军战士舍生跳下悬崖的惊人壮举，留下传名千古的"红军岩"，还有永远留在人民心中的顺河沟里的红军坟，杨泽久星夜找红军见到李富春的故事。这里是稍后成立的中国工农红军川南游击纵队核心征战地，在五村、红鱼、厅房、文家沟、顺河、洛柏林发生过无数次战斗和召开的重要特委会。这里还是"四川省红色教育研学实践基地"，兴文县委、县政府的"爱国主义教育基地""干部人才培训基地"，也是四川省文学艺术界联合会文艺创作"培训基地"。景区内，几组红军雕塑营造出浓浓氛围，重走长征路，讲红军故事，唱红军歌谣，吃红军饭……各种活动如火如荼。

塘　上

　　石海镇与大坝苗族乡和麒麟苗族乡交界处，俗称"塘上"，乃处于交界的交通要道，曾设塘铺，驻有少量兵丁，明朝时亦叫"鱼笓堡"。

　　据今兴文县石海镇塘上牟氏《平阳族谱》（始修于明隆庆间，重修于天启元年，再修于清乾隆三十九年（1774），抄于光绪十年，现藏于塘上牟儒恒处，1993年，麒麟六望村牟华美再抄藏于家，县师训中心牟宗明藏影印本）载，兴文牟氏传至今为27代，第六世祖为牟志夒（南溪人），明万历、天启年间都御史、山西巡抚。第九世祖牟志行入籍宜宾县，"是夒祖嫡孙"。"道行祖于大明万历二十七年（1600）八月（叙荫）补授兴文县鱼笓堡城令，祖妣毛氏无子，再娶土民阿荣长女为妾。此地维（唯）土民，无姓氏，俱名阿某。吾与彼更姓为罗，取其名，叙其字，劝夷为汉，吾与彼讲论婚丧之礼，移风易俗，汉序化导而成也。"牟道行并买业于鱼笓堡（今塘上），其后代娶罗姓女颇多。今塘上大横岩脚牟道行墓有其子孙于清道光十年（1830）重立墓碑一道，上刻"祖妣毛氏、罗氏"。牟道行后于万历四十三年中举，天启五年

（1626）中进士，授吏部文选司员外郎（中书舍人），崇祯五年（1633）转稽勋司郎中，不久告假归里，受戒佛门。崇祯十七年起为监军道，由高县人乌蒙募集少数民族军队参与明军恢复被张献忠农民军占领的叙州的军事行动，又劝阻叙南县明军驻军互相残杀，招民垦田，聚徒评学。今塘上牟氏公开承认有僰人血统。塘上一带明代为水都4乡之洞扫乡（今麒麟乡）和卜昏乡（今石海镇）交界地带，向为都长僰人居住此。今麒麟乡和塘上罗姓人居多，其中哪些为僰人后代尚待进一步研究。

塘上，对鱼笶堡古城和僰人后裔研究具有重要价值。

ZHOU JIA
ZHEN

周家镇

周家镇，兴文县辖镇，在县境西方，面积62平方千米，人口1.1万人。镇人民政府驻云龙社区。周家镇在明代初属叙州府戎县山都6乡之落卜乡，为僰人所居。万历元年（1573）征剿僰人后，对山都6乡重新划分、命名。落卜乡地割属叙州府珙县水路乡。清乾隆十年（1745），水路乡改为知乐乡（治底洞铺），今镇地属知乐乡第三、第四甲地。民国二十六年（1937），珙县设立周家乡（治周家场）。民国三十一年（1942）8月1日，周家乡从珙县划归兴文县第二区。1951年分为周家、天星两个乡。1956年并周家、天星，改丁心乡（仙峰乡划出）为周家乡。1958年建为周家公社。1984年改公社为乡。1992年撤区并乡建镇时，以周家乡改建周家镇。因当地周姓百姓居多，地形为两山夹一沟，故名"周家沟"。当地以种植业、养殖业为主要产业。有通县、通乡、通村公路。

周家沟

周家沟位于仙峰山南麓，洛浦河上游。两条溪涧分别自仙峰境内黄家沟和毓秀边境的楠木坪西侧瓢匠岩流过来交汇于此，形成一条山溪，绕着山脚向珙县底洞范围内流去，注入洛浦河。

明末清初，长期的战乱造成四川人口锐减，田地荒芜。清朝平定四川以后，大批移民从两湖（湖南、湖北）迁徙而来。其中有一支周姓移民率先到达洛浦河上游这一带，居住在这两条溪涧之间，并就地开垦土地耕种。到了清朝中期，周姓人口不断繁衍，因为这一带是周姓族人自耕自足的土地，当地人便将这条沟称为"周家沟"。之后，口口相传，此名便普及开了。后来，此地发展成为集镇。

周家沟矿产丰富，特别是煤和硫。小煤窑遍地开花，据说当地人家随便在后阳沟山壁下挖一个坑，进去就能见到煤炭。硫铁矿储量丰富，从清朝到民国，硫黄（旧也作硫磺）已成为周家沟特产，经历了罐罐磺、窑沟、高炉不同的炼磺工艺。1956年，有地方国营周家硫黄厂和公私合营桂家岩磺厂，1962年撤厂后，20世纪70年代又建省属周家硫铁矿，工艺由炼磺变成了生产硫精沙。1978年改革开放后，经历20余年煤、硫矿山开采的高峰期，虽因环境整治，再无昔日的辉煌，但周家沟却出了许许多多的矿山开采和管理人才。

斓 池

斓池位于周家镇石屏村四组境内，北与长宁双河镇、富兴乡2个乡镇接壤。海拔1400多米，是周家镇范围内海拔最高的地域。这是一个天然形成的、方圆2000多平方米的沼泽。因其地处深山之中，以前周围尽是原始森林。茂密的森林中盛产做染料的蓝草。由于长期无人采摘，蓝草腐烂后沉入沼泽中，经年累月形成蓝靛。因此，池水五彩斑斓，人们便称其为"斓池"。由于沼泽深不见底，单凭人工根本无法去打捞这些染料，当地人又讹传为"烂池"。

20世纪50年代大炼钢铁，原始森林被毁，后来四周长满了水竹和灌木林。近年来，随着乡村旅游的兴起，周家镇和长宁县双河镇正在对这一区域进行康养旅游打造，水泥步道纵横于郁郁葱葱的竹林间。在天气晴朗时，登上斓池顶的最高峰梳背山（因形似梳背而得名），可以远眺宜宾的白塔。

斓池周围因山峦起伏，历来被堪舆界称为风水宝地。当地有这样一首民谣："斓池顶，梳背山，一把伞罩过梁家湾，狮子穿山朝石笋，龙门挂榜会八仙，谁人葬得真龙地，代代儿孙做大官。"夏日暴雨过后，斓池更有一道奇观——阳光折射在天空的水蒸气上，形成彩虹。

传说清朝乾隆年间，云南武举人赛屿任珙县县令，因听说斓池风水好，会出大人物，便派遣差役到今石屏村1组（原小村2组）龙塘口掘断了龙脉，那个地方便塌陷为一个沼泽，当地人称为"杏村龙塘"。自此以后，龙气泄漏，人们把赛县长掘断龙脉的地方称为"断颈山"。

烂窖子

烂窖子位于周家镇家兴村3组境内,海拔近1300米,北与长宁县梅硐镇接壤。此地是从仙峰山发脉经鏊子坳而来的横向山脉南端的一处低洼地。明清时期,由于地处深山之中,也是一处沼泽地。

清朝乾隆年间,珙县教谕罗峤(珙县知乐乡罗通坝人)携带嫡兄罗岣的遗孀戴氏到达这一带尚未开发的荒山野岭上。叔嫂二人把整个村子的地盘都据为己有,将其更名为"罗会村"。其中,戴氏携带子女在塘子湾开基创业,由于劳力有限,只耕种了家园周围较近的土地;罗峤则携带子女在烂窖子开基创业,由于家境殷实,加上又是县上的官吏,手下佣人众多,不仅耕种了整个村3/4以上的土地,还在铜矿溪占有一片土地。因此,后来罗峤的子孙比较发达,也比较富庶;而罗岣的子孙因为人多地少,渐渐变得贫穷。今周家镇家兴村、铜矿村、红岩村、新塘村的罗姓多半是罗峤的后裔。罗峤是一个义士,清光绪版《珙县志·义行》有他的传记。传说当年铜矿溪的李家先祖还没有发达,便托人介绍,投拜到罗峤门下为义子。当时送的礼物是一只9斤半重的大公鸡。罗峤就把铜矿溪这一片土地作为打发干儿子的礼物回赠李家,自此,李家先祖渐渐发达起来,后来出了文秀才和武秀才。

李家人也不忘罗峤恩典,一次,罗峤骑马到县城教学,路经铜矿溪的一条小河,马失前蹄摔倒了。李家人便集资在小河上修了一道石桥,一开始取名为"落鞍桥",后因嫌这个名字恶俗,又取其谐音更名为"乐安桥"。此桥至今尚存,在铜矿村2组境内,有碑记。

1935年11月,中国工农红军川南游击纵队转战贵州以后,由于面临敌人"三省会剿",部队大量减员,处境十分恶劣。在政委余泽鸿带领下,部队重新回到川南,隐蔽活动于烂窖子一带。

落 坳

落坳古称"罗坳"（据光绪版《珙县志·地名》），在周家镇石屏村3组境内，海拔800米左右。因其地处挂榜岩与河上岩之间的开阔地段，川南一带把两山之间突起的平坝称为"坳"，把四周都是山的低洼地带称为"沱"。落坳的得名，与当时"僰僰人"居住于此地有关。据《珙县志·异闻》记载，元朝时期，洛浦河有5条恶龙作祟，导致洛浦河上游龙洞一带以及穿山洞以内红岩河时常河水暴涨，严重影响周围居民的生产生活，甚至随时有夺走民众生命、财产的悲剧发生。当时，落坳"僰僰人"土官3兄弟为了保护辖区内民众的生命财产安全，毅然决定带上弓刀下水屠龙。他们与恶龙搏斗数月，终于将

落坳遗址

5条恶龙擒获，捆缚后囚锁于红岩河流入天星村交界处的"马颈子"地段山洞内，并用符咒封印。当地人称这个囚锁恶龙的地方为"五龙洞"。土官兄弟因勇斗恶龙的过程中体力消耗过大，不久尽皆虚脱而死。地方官将这一事迹上报朝廷，元朝皇帝降旨敕封土官兄弟为"普惠侯"，并敕命建祠祭祀。后来，人们为了感念土官造福地方的恩典，索性将祭祀土官的祠堂修建为"龙君庙"，因此，明清两朝，洛浦河沿岸人们多处建立龙君庙祭祀。今周家镇石屏村和珙县底洞镇得埂坝仍有龙君庙遗址。传说每年农历六月上旬、中旬即由龙君管事20天，这段时间往往风雨大作，正是龙君在与恶龙缠斗。落坳一带系古时"僰人"聚居之处的另一有力佐证是，整个石屏村范围内多处有古代石墓。这种石墓与汉族葬法不同，它不是显露在地表，而是埋藏于地底，墓门往往在地坎壁上，墓穴全部用石板砌成。由于深埋在土内，当地人称这种墓穴为"深基"。到20世纪六七十年代农业生产合作社时期，由于大力发展生产，这些墓穴均遭到人为破坏，现在只剩下"深基田""深基塝"一类的小地名留存。上了年纪的当地农民当时参加过大集体生产劳动，仍然能清晰地记得当时"深基"的构造情况。

板栗树

板栗树位于周家镇石屏村3组境内，海拔800米左右，系黄姓苗族祖居地。地名是由他们祖先一开始的定居地仙峰苗族乡境内丁心一带带过来的。据当地黄姓族长介绍，这支黄姓苗胞祖籍本是江西，祖上是汉族。相传是五代末期，北宋初年，江西黄姓始祖黄峭3妻21子中的黄井一脉之后。到了明朝万历时期以后，川黔一带多次发生战乱（大型的如九丝山平僰、杨应龙叛乱、奢安之乱、张献忠之乱等），朝廷多次派兵征剿。当时，黄姓先祖是押运粮草的一个小官，在一次执行任务中丢失了粮草，无法交差，只好隐姓埋名，藏到苗族聚居地区娶妻生子，后来就融入了苗族。其后裔经过多次迁徙，迁到了仙峰丁心一处叫板栗树的地方定居下来。到了清朝嘉庆、道光年间，这一支黄姓苗胞又从丁心迁到周家镇石屏村落坳一带，开辟地基居住下来。为了不忘根本，也就把之前居住的板栗树屋基带入新环境，沿用至今。这一支黄姓苗胞在清朝道光、咸丰、同治年间出过一个管理地方事务的"乡约"——黄载明（当地人至今称其为"黄乡约"）。其管辖范围相当于今周家镇石屏村全境，掌管着境内的人口、财粮、赋税等，权力极大，可以直接向县令汇报工作。黄载明在今石屏村1组自己修建有住房和碉楼，地方上的不法分子作奸犯科，他可以直接将其拘捕关押。由于权势极大，黄家难免引起他人嫉妒，加上当时特殊环境下存在的民族歧视现象，因此，家境也就渐渐衰落了。板栗树这一家，系黄载明胞兄的后裔。迄今为止，仍然人丁兴旺。

1950年7月下旬至8月上旬，解放军144团剿匪部队从长宁双河、梅硐一带追歼土匪，到达周家镇范围内，解放军两个连分别在朱连长和侯连长带领下，驻扎在板栗树开展了10多天的征粮剿匪工作。这一时期，板栗树黄姓子弟黄俊明等人参加了革命工作。20世纪80年代，兴文县政协成立，黄俊明当选为第一届政协副主席。

洛浦大庙

洛浦大庙位于周家镇洛浦村3组境内，在自穿山洞横亘过来的山脉与珙县、兴文县交界处的纵向山脉交会点上的一个山包顶上。西面紧邻风烟寨东麓山脚的马家坝，南面是洛浦河北安的棺木岩，北面是从长宁县与兴文县交界处纵向蔓延下来的山脉在此形成的一道深沟，东面紧邻自河上岩横亘穿山洞蔓延过来的"风岩"，孤峰兀立，海拔大约500米。峰顶方圆面积大约10万平方米。

清末民初，此处修建有大型庙宇，供奉十二殿阎君、关圣帝君、东皇大帝等菩萨神像。十二殿内人物形象栩栩如生，步入其间，仿佛置身于地府，叫人心惊胆寒。寺外更有七层宝塔，每夜燃灯，灯光照遍洛浦河两岸。庙宇规模宏阔，仅次于兴文县毓秀乡的新场大庙。

民国初期，袍哥会盛兴，当地"哥老会"组织属于清水袍哥"义"字堂口，由周家境内天星村小湾子大地主李家主宰，核心成员多是当地保长、甲

长,也有不少贫苦百姓参加。每年农历五月十三日,袍哥会准时在大庙开香堂祭祀关二爷、举行新成员入会仪式等。

1934年,毕业于上罗师范学校的小湾子李姓地主家次子李伯司利用闲置的庙堂殿宇在此兴办公立小学,将其命名为"洛浦国民公立小学",自任校长,主要招收周边乡村的地主、富农子弟入学就读。

兴文县解放后,人民政府以庙宇的房舍和地基作为学校的办学资源,扩大办学规模,建立"周家公社两岸完全小学校",开设小学六年制完全教学。20世纪八九十年代相当长一段时期,这所学校由于师资力量雄厚,加上附近矿山企业支持,教学质量一直是周家镇范围内首屈一指的。1998年升级为"周家镇第二小学校",实行九年一贯制教学,学生人数一度超过500人。

2003年以后,由于校点布局调整,该校裁撤初中班,降级为"周家镇洛浦村小"。学生人数不断减少,2007年并村以后,洛浦村村"两委"在此利用闲置校地修建村办室。此后,学校逐步裁撤小学高段班级,到2019年,不再办学。随着洛浦村新的党群服务中心修建成功并搬迁,此处不再有任何公用办事机构。

烽烟寨

烽烟寨位于兴文县周家镇洛浦村与珙县底洞镇周家村、文化村交界处,南靠洛浦河,西邻珙县周家村,北部紧靠洛浦村砂仁坳,东面是洛浦大庙,是一座伫立于珙县、兴文县交界处的山峰,海拔大约1300米。山顶平旷,方圆约2平方千米。

这个寨子具体的名称颇具争议:一说由于山势较高,每到阴雨天气,山顶云雾缭绕,因此,疑似又叫作"风烟寨";一说由于北面岩石突兀尖翘,形状似老鹰嘴,当地人又称这个地方为"飞鹰寨";还有一种说法是,此处在明朝时期是僰人的防线,但防守疏松,当地又有人称为"敷衍寨"。

农村新居

传说，1573年僰汉战争时，僰人首领哈大王曾经在寨顶屯兵数千，由于明朝大军攻势猛烈，山寨失守，哈大王只好驾簸箕云飞往九丝山坚守王城去了。

此山东面由于盛产可以打造碓磨的红砂石（当地称为"红稗石"），每到朝阳升起，照耀在东面裸露的红砂岩上，发出绛紫色的光亮，故当地人又把寨子东面的峭岩称为"火烧岩"。寨子西南侧由于山形状似箩筐，当地人又把那一段称为"箩筲山"。山顶属于底洞镇文化村。

新中国成立初期，珙县境内地方土匪曾盘踞于这个寨子与人民政权顽抗，最终在解放军的强大攻势下覆灭。

由于这个寨子地下矿产资源丰富，从20世纪八九十年代起，寨子周围林立着10余个煤矿。过度开采，导致山体疏松，每到夏季暴雨季节，山岩就会出现塌方。山体滑坡造成了凌乱的巨石覆盖了土地，无法开展农作物种植，不但给山下的居民生产造成严重的干扰，同时还严重威胁居民的生命财产安全。从2000年起，寨子周围的居民在政府的组织下，逐步进行了危岩搬迁，紧邻山脚的洛浦村4组村民大多搬迁安置到了川南硫铁矿老矿部一带。近年来，随着煤矿的不断关闭，这种现象逐渐得到了缓解。

天生桥

　　天生桥位于周家镇天星村与龙洞村交界处，系喀斯特地貌结构天然形成的沟壑顶部生成的岩石桥梁。宽10多米，长100余米，厚度在50米以上。因其天然形成，故被当地人称为"天生桥"；又因其西部属于天星村，也被当地人讹传为"天星桥"。

　　此处北邻铜矿村，南面洛浦河。从仙峰山錾子坳发源的横向山脉在抵达梅洞与周家交界的烂柴沟地段和小垭口地段时，分出两支纵向行走的余脉：一支从铜矿与家兴边境一直往下延伸到洛浦河沿岸的龙洞口；另一支从铜矿北部的小垭口向下，也一直延伸到龙洞口。这两段山脉东西对峙，中间形成了很高的悬崖和很深的沟壑，铜矿河自梅洞边境发源，顺着这个峡谷往下流，到达天生桥处，峡谷高达数十丈。两山之间的距离也相隔较近，从龙洞口沿着峡谷往天生桥行走，仰头只能看见一线天空，因此，当地人将这条峡谷最南端称为"一线天"。由于峡谷幽深狭长，一年四季凉风习习，是夏季纳凉的好地方。每到盛夏酷暑，附近的人们总会三五成群邀约到"一线天"纳凉游览。

　　天生桥是周家镇西部村落连接镇东部村落的重要通道。以前交通不便，此处是天星、小村、红岩等地以及珙县、长宁县毗邻周家镇的部分乡镇的居民们赶场的必经要道。一条石板小路蜿蜒于两山之间，从天生桥顶部掠过。虽然沟深崖高，但是由于灌木丛生，树林荫蔽，天生桥并不显得险峻。多年来，并没有发生过意外灾害事件。近年来，随着交通环境的改善，从周家镇通往长宁县双河镇的周双公路横贯天生桥，路基宽8米。

大龙院

大龙院位于周家镇铜矿村3组境内。此处原系铜矿溪李姓地主祖屋。传说，铜矿溪李家先祖在清朝乾隆年间不知从何处迁来铜矿溪，靠为当地财主帮长工为业。当时，东家为人严苛，对待下人刻薄。有一外地风水先生也在财主门下务工，见李姓长工为人踏实肯干，便心生怜悯，暗暗指点说："冬瓜田有一处风水宝地，正好是东家的，你父亲死后，可向东家讨要。那里是一个'海子'（沼泽田），想来东家也会舍得的。"李姓长工默记于心，后来其父死后，他果然向东家讨要这个荒芜的"海子"作为葬地。此后，李家渐渐人丁兴旺，原来的财主家却逐渐衰落。李家逐渐购置了铜矿溪的田地产业，家境殷实起来，就在大龙院开辟地基安家；又拜珙县教谕罗峤为义父，文化知识也渐渐充实起来。到了道光年间，李家后人两兄弟先后中了文秀才和武秀才，文秀才继续继承铜矿溪的产业，武秀才另外在天星村小湾子购置地产，安家立业。兄弟俩还在铜矿村与天星村交界处的"滚牛坡"山顶上修建了"二圣宫"祭祀孔子和关圣人（关羽），以彰显其对科甲功名的崇拜。

民国年间，李家达到最高光的

小红军写标语

时期，是当时主政周家乡的三大家族之一（其余两家分别是罗家和夏家）。此时，大龙院是李家文秀才后代李元伸、李伸阶两兄弟的产业，四合天井的立柱房子，家中佣人四五十人。兄弟俩又曾先后担任过国民政府周家乡正、副乡长（新中国成立初期被镇压）。

1935年6月下旬，红军川南游击纵队自筠连一带转战到周家镇，准备去攻打长宁县富兴乡观音堂和梅硐场期间，纵队在宣传部部长余泽鸿带领下，屯驻在大龙院休整了5天，书写了红军宣传标语于石灰墙上。攻打富兴和梅硐战斗结束后，纵队即撤离铜矿村，到黄家沟处置富兴乡乡长余海舟，并奔袭珙县回龙场。这是当年川南游击纵队在周家活动时留下的踪迹之一。由于岁月的流逝和风雨侵蚀，虽然标语中许多字迹模糊不清，但还能依稀可见"抗捐抗税""川南红军"等字样。

兴文县解放后，在土地改革时期，这处房产被当地贫下中农分得。1975年，人民公社在此处设立铜矿大队医疗卫生站。

随着乡村振兴工程的实施，该处房屋由于破旧失修，已经屋主同意进行了拆除。

鱼 孔

鱼孔位于周家镇天星村2组境内，穿山洞北部1500米，西北部紧邻洛浦村狮子头，东北部紧接石屏村红岩河与小村河交汇处，河水流经天星境内，绕过从周家与长宁交界处的赵家沟分支下来的挂榜岩山脉南端，在此地呈现一孔泉眼。涓涓细流自石洞中流出，洞口是10多个米筛眼大小的孔道，井底铺满细沙，水质极为甘醇，终年不枯竭。据传，清朝年间，洛浦村一带缺水，村民们经常荷担跋涉10多里路到此取水饮用，当地人视为"圣泉"。更为奇特的是，每到冬季，即便大河上已经结冰，而这孔泉眼受到地热的作用，筛眼大小的水孔中常有小鱼出没，快活游弋。每到夏季，泉水冰凉，鱼儿一般栖息在洞内不会自动游出来。泉水石壁之上有一个海螺形状的石孔，过往行人半道口渴，躬身饮水之时，常常以嘴去吹这个"石海螺"，石孔中发出的清脆乐声，如同庙宇里鸣钟击磬，即使是夏天，也会将洞内的鱼儿引出来。这些鱼儿身材细小，能在石孔之间穿梭出没，来去自如。因此，这里被列为一道奇观。据清光绪版《珙县志》记载，此处是被称为"珙县八景"之一的"鱼孔磬音"，文人墨客多有诗词咏颂。后来不知何年，天气干旱，有贪心者嫌弃泉水过小，凿开石洞外的筛眼，自此以后，鱼孔泉水枯竭，鱼儿不再复出，发出"鱼孔磬音"的"石海螺"也无法再被吹响。

由于地质结构变化，鱼孔旧址已淹没于泥土之中不复存在。目前，河边居住的杨姓汉族居民和黄姓苗族居民有10来家。由于这一带从河滨一直延伸到洛浦村境内的地形属于坡地，当地人一直将这里称为"鱼孔坡"。

飞龙山

飞龙山位于天星村与洛浦村交界处,海拔500米左右,是从珙县、兴文县交界处的风烟寨北麓砂仁坳纵向延伸下来的一道山梁在抵达洛浦河北岸时凸起的一座山包,形状犹如一个寨子,山顶平旷,面积0.07平方千米左右。西面隔着沟壑与洛浦大庙对峙,北面1000米左右是从穿山洞背后横亘过来的风岩,南面2000米左右紧邻洛浦河,东面2000米左右是小穿山洞地震带。

此处地名的形成,有着两个神秘的传说。一是古代这座山顶有庙,建庙时间要比洛浦大庙早得多。庙宇的建筑规模和构造与洛浦大庙不相上下,梁柱、椽子、檩子全部取材于两人合抱的马桑树。这些马桑树也是就地取材。今天星、洛浦范围内仍有地名叫"马桑湾"和"马桑嘴",疑似当时盛产马桑。据说这马桑树原本是参天乔木,只因得罪了罗英秀才,遭到诅咒,才长成小灌木。据说罗英秀才本来有皇帝命,生来就是"金口玉牙",只因幼年之时母亲得罪了灶神,灶神向上天奏本,只赐给他金口玉牙而收回了九五之尊,因此他穷困潦倒,但是说的话都会应验。一次,罗英秀才拴马于马桑树上,马不幸被树干缠住缰绳吊死,因此,他诅咒马桑树"从此驼背弓腰,只长一人多高,不是栋梁之材,只合当作柴烧"。此后,马桑树长到1米来高就开始弯曲,而整棵树顶多只长到2米来高,就再也长不大,沦落为小灌木,再也无人把它作为修房造屋的材料,只砍回家当作煮饭和取暖的柴火。这个传说证明这座庙宇比较古老。二是此庙中住持(道长或长老)多年修行有成,一夜之间乘龙飞升仙界。自此庙宇无人管理,庙内铜钟没有了主人,在一个月黑风高之夜,竟然自动飞到西面一沟之隔的洛浦大庙大梁之上稳稳地挂着。从此以后,洛浦大庙渐渐香火鼎盛,而飞龙山的庙宇逐渐萧条破败,无人问津,直到不复存在。

目前,此处是当地村民的责任地和山林,乔木阴阴笼罩着石灰岩层,留下的只有这个古老的传说。

挂榜岩

挂榜岩位于洛浦村6组境内，是长宁县双河镇与兴文县周家镇交界处的赵家沟地界纵向往洛浦河延伸的山梁中段凸起的一座屏风状的石灰岩悬崖，海拔1200米左右。西邻珙县底洞镇利民村落水孔，西南紧接利民村八仙地，南面经狮子头过鱼孔坡延伸到穿山洞背后，北靠长宁边境赵家沟，东面崖下系石屏村1组地界，地图上称这一段山梁为"官山坡"。山顶灌木丛生，山崖壁立，隔着石屏村与东边的河上岩对峙。

关于挂榜岩的得名，有三种说法。一是古时僰人叛服不常，朝廷屡次派出大员安抚或是征讨，此处恰是僰人统治区域与流官管辖的长宁军交界处的制高点。朝廷大员每次携带诏书前来招抚或是带着军队前来征讨，必定要登上此山宣读诏书或是发布征伐檄文，以彰显天威，震慑僰人。二是古时川南一带迷信之风盛行，有钱人家多延请道士做斋醮，但凡做上9天以上的大道场，法师必要选择一处地势高峻又比较干净的地方悬挂黄幡，祈请天意，等到斋醮结束，就在悬幡的地方揭榜，获得天书谶语，预测主人未来的吉凶（据说当年小湾子李家做斋醮，就曾在穿山洞石笋悬幡揭榜，因谶语不吉，新中国成立初期果然受到冲击），此处恰是山势高峻而又没有污秽之物的荒山野岭，自然是道士、法师悬幡挂榜的最佳选择场所，久而久之，人们便称这里为"挂榜岩"。三是明清以来，整个周家镇范围内，由于地理位置偏僻，当地人文化水平落后，自明朝平定僰人到清朝晚期近300年间，不曾出现过举人一类的科举功名，即使廪生一类的低级功名甲第也是寥寥无几。到了清朝道光、咸丰年间，这一带仿佛突然风水贯气，先是铜矿溪李家相继中了文秀才和武秀才，后来梁家湾车家又出了一名文秀才，到了清朝末期，砂仁坳罗家也通过捐功名取得山东考籍，成为国子监生（有1908年四川总督赵尔丰赠"盛朝俊杰"匾为证，此匾现存石屏村1组罗氏古屋）。这些获得功名的人家，自然希望通过宣传提高自己在当地的名望，为今后求富贵打基础，因此，不免邀约共同进入科甲的人士登高饮酒赋诗，这里自然是游览的好去处。这些人都是榜上有名的人士，当地人认为此处风水好，便称之为"挂榜岩"。

棺木崖

棺木崖位于洛浦村3组境内，距洛浦大庙1000米，系由洛浦大庙山包垂下来的一道埂子形成的一座低矮山崖，处在洛浦河与大庙之间，左侧有一条石板小路从洛浦河蜿蜒而上直达大庙，以前是洛浦河两岸学生到大庙读书的必经之路。此地东北面与飞龙山隔沟对峙，东面是一道埂子直达洛浦河沿岸，西面与火烧岩（风烟寨山脚）相距1000余米，北面是洛浦大庙，南面紧邻洛浦河岸边的周底公路。山崖海拔300多米，因悬崖上有古代僰人留下的一具悬棺而得名。此处是僰人在周家镇境内生存过的唯一历史痕迹。

据当地传说，关于悬棺的由来，与诸葛亮"七擒孟获"有关，也与罗英秀才有关。据说当年诸葛亮平定南中叛乱以后，为了防止僰人势力壮大，便设计诓骗他们，说是南中一带土地低洼，容易发生洪水灾害，如果僰人把死者遗骸装殓起来悬挂于白岩之上，不仅可以避免尸骨被洪水淹没和冲走，还可以达到子孙发达、世代做官的效果。僰人部落既已臣服于蜀汉，自然对丞相诸葛亮言听计从。部落中一部分贵族阶层便率先准备棺木和陪葬品，将先人遗骸从土里起出来装殓好，准备悬挂在石岩之上。苦于没有起重设施，又再次求教于诸葛亮。诸葛亮又教给他们制作绞车的方法，并教给他们凿石打桩的技巧。就这样，一具具僰人悬棺便挂在了悬崖之上。由于风吹日晒，承载棺木的木桩仍然容易腐朽，僰人的棺木仍然会掉下来接到地气，诸葛亮这一计策并没有达到目的。到了明朝年间，僰人又开始叛服不常，据《珙县志》记载："成化中，有秀才罗英者，乃教僰人凿壁为穴，置棺木于其中……自此，僰人部落人丁不再大规模繁衍。"也就是说，是罗英秀才教僰人在岩壁上凿穴安葬之法，彻底限制了僰人的繁衍，自此以后，僰人逐渐衰落。到万历平蛮之战，僰人已经是强弩之末了。

这个传说，可能是基于石匠这门行业的技术工具的不断进步而产生的。棺

悬棺

木岩仅存的一处凿穴悬棺,其基本构造与建武手扒岩凿穴悬棺和曹营苏麻湾凿穴悬棺类似,足以证明,在明朝万历以前,这一带生存的僰人与九丝、洛表一带的僰人属于同一支系。据说在民国年间尚有棺木存在,不知是何原因,至今只剩下一座空穴了。悬崖之上乔木阴阴,掩映着僰人留下的遗迹。由于交通环境改善,这条石板路也少有人行走了。

龙　潭

在兴文县周家镇与珙县陈胜乡交界处，正好属于兴文境的有一水潭，面积有100多平方米，它是仙峰山水系地下水的出口处，也算是洛浦河的源头，这就是龙潭，当地方言将其叫作"龙塘"。在周家原属珙县管辖时，龙潭被列入"珙县八景"，在《珙县志》的八景诗中，写龙潭的为《洛浦涌泉》一诗，诗曰："清江曲曲浩无穷，策杖寻源悟化工。银汉倒翻清风尽，远洲回绕山河堪。"

当年的龙潭，四围树木翁郁，潭水清澈，临近时清风扑面，如入画境，潭中常有娃娃鱼（大鲵）出没。1962年的某日，雨后初晴，近处的何姓人家闻大

龙潭一角

鲵鸣啼之声，即循声观看，一只大鲵因贪晒太阳，水退后涎水干涸，被"留"在了潭中石头上。

龙潭以上至干龙洞，是十分平坦的河道，属两岸村，叫作"干河坝"。雨天，干龙洞、神龙洞的水与山上涌下的水形成河，水大时水流湍急，若逆水而行，人有被冲走的危险，这"河水"也流入了龙潭，汇入了洛浦河。晴天水去，这片河道只露出细沙和不大的鹅卵石，形成干河坝。干河坝平坦宽阔，不仅供人行走，还是磺厂的运输通道，因为可行"鸡公车"和"牛儿车"。

龙潭以下为洛浦河，1963年为运出原周家磺厂放置多年的数万吨硫磺，组织了宜宾、泸州和兴文本地数百人挑硫磺到珙县底硐，并且清理河中乱石，打通河道，几十只竹筏加入了运输大军，起点就在龙潭。竹筏悠悠，荡行在青山绿水间。

前些年，龙潭被多个煤矿、硫铁矿包围，潭边树木不见踪影，水质污染严重，龙潭几乎像一口大大的"牛滚凼"。现在好了，环境治理，生态恢复，河晏水清，龙潭，还会成为新的风景。

神龙洞

神龙洞地处两岸村，亦叫"穿山洞"。因其前后相通，洞内部分，岩壁高大，阳光透入，也就成了当地百姓的通道，为穿山而过的捷径。据说在很久以前，这一带山区大旱，明代鸿儒周洪谟在此设塾课读，请来了龙王布雨，行至神龙洞口，土地神指路不明，上上下下地说不清楚，龙王一怒，穿山而过，腾空而起。雨没下成，可水随龙行，凡是龙王穿过的地方，都留下了洞，留下了小溪和暗河。龙王穿过的第一个洞就是神龙洞，而洞中的景物又同龙宫十分相似。

神龙洞

离公路右侧一河谷地段前行100米，有一座山巍峨苍郁，山的正中露出拱形的门，有七八十米高，这就是传说中神龙穿越而过留下的"龙门"。越过草坪，步入洞中，一条小溪由北向南穿越而过，有一鼓形巨石，石上写着"三滴水"3字，据说这"三滴水"是由洞顶滴下的，每日根据时辰不同而变换着方位。以"三滴水"为界，分为东、西两个大厅，东厅乱石太多，无路可循，只有西厅经过修整，有几个小支洞，可借助电筒火把照明。1980年四川电视台来兴文拍摄专题片时，是抬着发电机在洞内发电拍摄的。在几个支洞内，钟乳石、石笋、石柱各呈异态，熠熠生辉。10余根石柱上下交错，中余几隙，这是琅玡怪柱；一壁钟乳如飞瀑直下，气势磅礴，被叫作龙宫瀑布；穿越水晶长廊，进入龙宫大殿，顶上处处密布垂钟乳石，像张挂着的排排宫灯；殿门左侧，有一"丰收台"，状如玉黍谷堆，还有瓜果鱼菜；大殿中央巍然矗立巨大"镇神神塔"，高20多米，七八人合抱仅围一半，色泽如象牙，呈灰、绿、紫、红诸色，若裁其一部分，又是一幅绝妙的山水画；神塔四周，有惟妙惟肖的虾兵蟹将、巡海夜叉，还有龙子求婚、龙女吹笙……直显瑰丽、神奇。

20世纪80年代初，曾稍加清理，专人看护，大约兴文溶洞太多，顾不上这里的开发了。

WU XING
ZHEN

五星镇

　　五星镇，兴文县辖镇，在县境西北方，面积48平方千米，人口3.5万人。镇人民政府驻三河口社区。唐高宗仪凤二年（677）置晏州，今五星镇地为晏州所属柯阴县地。宋元丰四年（1081），在柯阴县境内筑乐共城（今五星镇营盘山小龟山），是时镇境分属柯阴县和乐共城。南宋，柯阴县废，地入泸州江安生南耆30都，乐共城于江安生南耆30都之境，仍为军城。清雍正七年（1729），改水心里、白土里为共乐乡。光绪三十四年（1908）置古宋县时，共乐乡大半从江安县划归古宋县，分之为共乐、鹤盘2乡，鹤盘乡即今五星镇一带。1956年，龙门乡并入五星乡。1958年五星乡并入东阳公社。1984年改公社为乡。1992年9月撤区并乡建镇时，五星乡与同乐乡合并建为新五星乡。2006年7月，原共乐镇所属长椿、盖山2村划归五星乡。2012年12月25日，更名为五星镇。境内连天山为红军川滇黔游击纵队主要活动纪念地。当地以种植业、畜牧业、商业为主要产业。成贵高铁穿越境内，有通乡、通村公路。

乐共城

乐共城为古时之军城，早在北宋时期有之。地处今五星镇金钟村7组，合村前为营盘村5组。城周约1500米，今仅存遗址。

乐共城小地名叫大营盘，山丘之间，居高而险，曾有寨门寨墙，至今尚存有一古井，深3米余，直径约1.5米，一年四季，即使久晴不雨，也从不干涸，完全可以保证驻军用水。还存有洗马池，为洗刷军马之用。

唐仪凤二年（677），在此设置晏州柯阴县。北宋熙宁七年（1074）废县，改置羁縻归来州。元丰四年（1081），宋王朝命黄贵筑城，时为军制，属于泸州。下领4堡1寨：镇溪堡（今莲花镇营盘山）、梅岭堡（今江安、兴文之红桥）、大州堡（今纳溪大州驿）、席帽溪堡（今同乐营盘山）、江门寨（今叙永江门镇），作为泸州南面的屏障。北宋时，兴文这一片土地，皆为僰人生息之地，扼叙府、泸州进入夷蛮之区，外则连汉人居住区域，如江安、长宁、纳溪等。地位重要，故筑乐共城，屯置军队，起到监督和弹压作用。政和五年

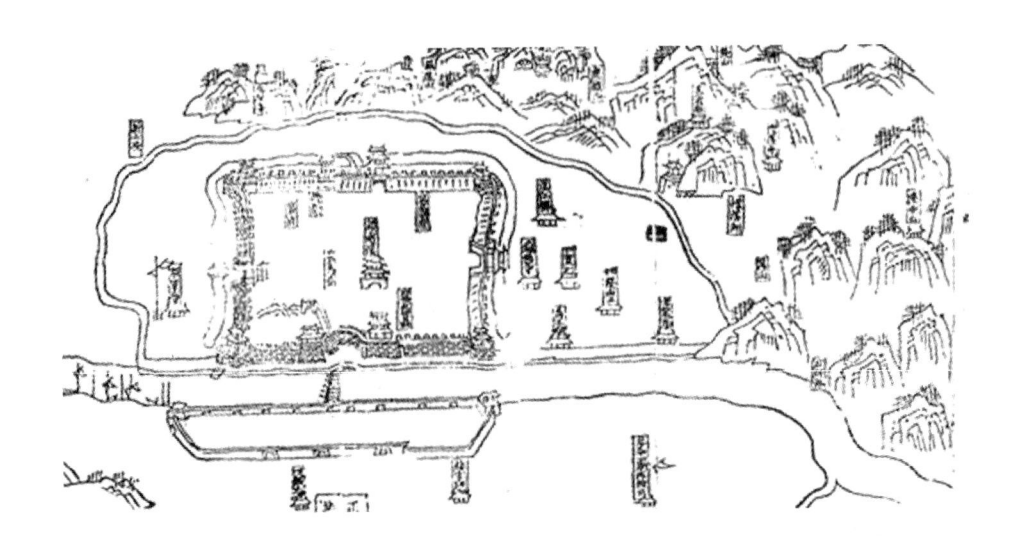

（1115），驻乐共城泸州军使贾宗谅为楠竹事，横征暴敛，引起僰人不满，奋起反抗。贾宗谅动兵镇压，捕杀僰人部落首领，引起僰人各部落抗争。梓州转运使赵遹奉旨平夷，来到乐共城，杀贾宗谅，以平民愤，继而展示军威，迫使僰人各部落在乐共城与宋军歃血为盟。剿抚并举，收到成效。

后因僰人继续袭扰抢劫商队马帮，最大部落首领卜漏攻陷梅岭堡（今玉屏、红桥），惊走堡主高公老，掳走其夫人赵氏族姬（皇室宗亲），朝野震动，赵遹率4万精兵，从乐共城出发，攻下仙崽洞（今五矿仙峨洞），再克晏阳（今僰王山镇，原兴文县治所），继而围攻卜漏巢穴——轮缚大寨（今僰王山景区），围攻数月，终以火猴计破之。这才有了宋徽宗御赐"南寿山"（今僰王山）之事。

乐共城，以其历史上重要的军城地位，为五星镇的历史文化涂抹上了重重的一笔。

连天山

连天山在五星镇境内，海拔980.3米，与江安县大井镇相连，三面悬崖，奇峰巍然屹立于山林之间。民间长期流传"连天山，隔天尺三，人过要低头，马过要卸鞍"的民谣。为丹霞地貌台状山峰，属晚白垩世纪红色砂岩，山势绵延数十里，林木丰盛，面积25平方千米。

连天山属连天山村，之前曾名凤凰村、高石坎村、安宁村、龙凤村，2021年为开展红色旅游和红色血脉传承，更名为连天山村。

1935年11月末，中国工农红军川滇黔边区游击纵队孤军深入敌后，因长期战斗，伤亡人数增多，人力后勤得不到补充，由1000多人逐渐减到不足200人。因此，在长宁贾家湾召开的特委会上，决定将纵队化整为零，编为两个支队。一支队随余泽鸿、刘干臣、刘复初坚持在川南一带活动，二支队随特派员龙厚生大队长黄虎山到云南一带活动。分队后，二支队刚到炭厂（仙峰），即遭敌人伏击，龙厚生、黄虎山拼命突围，率余部前往云南。一支队在敌军围攻中，政委余泽鸿不幸牺牲，司令员刘干臣负伤留在踏水桥老乡家中养伤（后被围捕牺牲），参谋长刘复初率领剩余17人上连天山，利用山高林密的有利地理条件，不惧天寒地冻，与敌周旋，躲过其一次又一次的搜捕。一个多月后，敌人只好宣布"共匪消灭，匪首阵亡"，草草收兵。1936年1月，刘复初率队离开连天山，2月，在兴文洛柏林，重招旧部，与云南归来的龙厚生、黄虎山部，从梅硐余泽鸿老家生孩子归来的李桂洪和甘棠等，召开了特委会，由刘复初继任中国工农红军川南游击纵队政委、中川南特委书记，高举红旗，继续战斗在川滇黔边区。

连天山至今保留有凤凰寺遗迹（宋代）以及与红军游击队有关的"红军洞"。

踏水桥

人们习惯将踏水桥村叫作"踏水桥",多年来一直这么叫,就因为这里确确实实有一座"踏水桥",10余块人工修凿过的青石礅稳稳地立在溪沟中将两岸相连。水小时,溪水清澈见底,在每个石礅没有接拢的空隙中欢唱而过;水大时,那些孔隙成为"泄洪孔",水,则从石礅面上漫过。人们拄着木棍,仍从石礅面上踏水而过,天长日久,这桥就被叫作了"踏水桥"。而今,踏水桥因一位红军将领在此牺牲更加有名。

1935年2月,红军长征过兴文后,在云南扎西进行整编,传达遵义会议精神,召开了扎西会议,并建立了中国工农红军川南游击纵队,由原红军新编师师长刘干臣担任参谋长。4月初,原司令员王逸涛叛变投敌后,刘干臣继任司令员。

虽然刘干臣在战争中失去了右臂,但他有着极高的军事素养。在红军川南游击纵队,无论是作为参谋长还是作为司令员,他协助政委徐策、余泽鸿,带兵打仗,谋篇布局,尽显其军事才能。1935年2月下旬,在木厂梁子击溃川军一个团,有效牵制了敌人,为中央红军回师黔北重占遵义创造了条件。3月14日,纵队神不知鬼不觉地进入余泽鸿同志老家——长宁梅硐,第二天离开梅硐奔袭长宁县城(今双河镇)时,一路鸣枪放炮,大造声势,却在离城2500米的罗家崖驻扎,布下疑兵,在县城城墙上即依稀可见红军身影。敌方官军惊恐万状,紧闭城门,飞速向上司告急求援。此举使敌人误以为红军有经长宁、江安北渡长江之意,致使其急令川军11军黄锦章团,21军教导师及7县民团向长宁合围,达到了调动吸引敌人的目的。3天后,纵队却向兴文转移,长宁县政府在向上司的报告中称红军纵队"往来灵活,巧于避战"。

4月初,红军川南游击纵队打下扎西县城,击溃滇军两个营。

5月,纵队在叙永分水岭击溃川军教导师一支主力部队,打下朱家山,继

又在来龙火石坡袭击川军顾晓帆部,歼敌无数,缴获颇丰。

6月25日,纵队奇袭与梅硐相邻的富兴乡,活捉乡长余海舟,又出敌不意,急行军15千米,攻下梅硐场,缴获20余支枪,子弹1000多发,将从富豪家收缴的盐巴、粮食、布匹、铜钱等分给劳苦民众,并在街上贴满红军标语。红军一日克两镇,至今还被人们津津乐道。

8月,纵队突袭筠连县城,继又长途奔袭,挥师贵州,攻下赫章县城。

9月,刘干臣率队攻下梅桥(今江安、兴文交界的红桥),时任江安县县长李挹清11日致函第六专区专署报告红

刘干臣墓碑

军攻占梅桥情形:"品三所部,合江、长保安队仅二百余人,至此(古佛台)后面之匪约二百余断其后路,前面五角老一带大瓦房及蔗林内,亦发现数百伏兵,而大炮山上亦有数十人向我俯射,同时大叫缴枪,声震岩谷。""揣其布置,是欲完全消灭我江(安)长(宁)团队而赤化南六(指长江以南宜宾六县)也。因品三屡与匪敌,以遭忌恨,故阳(佯)袭梅桥以诱我以救,而故设井以待之。""匪于七日午后占领梅桥,随派女子宣传,并张贴标话,麻醉人民。""匪占据梅桥时,大肆宣传麻醉贫民。并所掠之财物分给贫民以示意,而无知识者竟有'红军好,政府不好'之语。参加红军者唯其贫民最多,故此次匪来临时响应者亦复不少,匪去相从者为数亦在二百以上。""乃至匪退却时,尚有许多贫妇哭泣挽留者,人民之向背如此,前途危险,令人不寒而栗。"

然后,纵队又巧袭叙蓬溪(今纳溪护国镇),奇袭兰田,逼近泸州。

10月上旬，纵队一枪未发就占领了长宁重镇安宁桥（今长宁县城）；中旬，攻占川黔交界的一碗水，奔袭毕节燕子口。纵队予敌重创，震慑了川滇黔边敌人实施的"三省会剿"。

10月下旬至11月底，纵队转战仁怀、赤水、古蔺、长宁、兴文等县，屡遭强敌围追堵截，部队连连失利，牺牲重大。

贾家湾特委会后，分兵的第一支队在江安碗厂坡遭敌人攻击，余泽鸿牺牲。刘干臣、刘复初率队转移踏水桥，又遭江安、古宋、兴文3县民团堵截。此战中，刘干臣腿部受伤，暂居杉树湾一户人家。

12月7日，闻讯而来的李品三民团到杉树湾搜捕，刘干臣怕连累房主，拖着伤腿突围，刚走到屋角，被敌人发现将其包围，号叫着逼其投降。刘干臣怒眼圆睁，用左臂挥动左轮枪，射杀敌人，当剩下最后一粒子弹时，留给了自己。敌民团将刘干臣的头割下，挂在东阳乡政府门前的黄桷树上示众，赶来的江安保安团，竟连无头尸首也搬去向上司邀功请赏。

20世纪80年代，当政府找到刘干臣遗骨后，由县民政局出资，在踏水桥立碑择地安葬。前些年，由军事科学院军史研究所研究员翟清华撰写的《长征中红军牺牲的35名高级将领》一文中，拟出师以上35人名单，刘干臣名列其中。一个不知出生年月和籍贯的红军将领，长眠在了踏水桥。

九五二台

九五二台，说是地名，不太像，倒像是单位名称，无论怎样，在五星镇，在兴文县，已经成为一个永远不能抹去的地名。

那是在一个特殊的年代，在"备战、备荒、为人民"的最高指示下，在大三线建设遵循"山、散、洞"的原则下，面临国内外形势，中央做出了"建立战备电台"的决策。1968年9月5日，毛泽东主席在中央的文件上做出了"同意"的批示，因此，就将拟建中的战备电台以毛主席批示的这一天作为其代号，将其命名为"6895"，并以建于不同区位的战备电台排列不同序号，这就有了九五二台。

建台之初，当地党委、政府的高度重视，给予了土地、物资、人力全方位的支持，因为这是当时兴文唯一的中央级单位。

在建设过程中，由13军一个工兵营负责施工，宜宾独立二团一个连队负责警卫。1969年，在施工中，工兵营牺牲了5名战士，他们在战备建设中献出了年轻的生命，将青春的热血洒在了兴文和五星这片土地上。当年，《解放军画报》专门报道了他们的英勇事迹，13军文工团将其英雄事迹编成歌舞剧在全军宣传演出。

九五二台地处五星镇金钟村2组，上百米的发射天线铁塔傲然耸立，直刺天穹，成了五星镇耀眼的地标。20多年过去了，虽然中国进入了高速发展经济的和平年代，九五二台依然存在，保持着在战略中应有的地位和作用。

长春坝

长春坝，原属东阳乡，后归并共乐镇，现属五星镇长兴村。

1949年12月，人民解放军挺进重庆，因军运工作被反动派关押在重庆陆军监狱的共产党人方开先在被敌人转移的过程中趁机脱逃，找到了解放军重庆军管会，并随即在重庆为党工作。在重庆工作不久，他就因病回家，回到刚刚解放的古宋，边治病边开展地方工作。

饱经沧桑的古宋，百废待兴。由于刚刚解放，地方政务人员严重不足。一些留用的旧政权干部没有来得及进行彻底的改造，他们表面上维持地方秩序，实则持观望态度。旧政权遗留下来的残余势力和封建地主武装等反革命势力仍然很大，他们妄图颠覆新兴的人民政权，这些因素成了匪乱隐患。部分反动分子蠢蠢欲动，以反对征收公粮为由，发动了袭击解放军和当地新政府、杀害征粮工作队队员、阻断水陆运输等一系列的反革命暴乱活动，甚至还建立了土匪游击区。

1950年1月，方开先被任命为共乐区区长，他年富力强，工作积极负责，经常独自深入乡村，宣传党的政策，动员群众积极向人民政府交纳余粮，为新生国家做贡献。

同年2月，解放军第18军与第10军换防，国民党退伍回乡的团长熊定都和惯匪头目蒋福田趁着这个间隙，兴风作浪，抢占原兴文县（今僰王山镇），疯狂攻击附近区乡，企图拿下川南小粮仓——共乐片区。

时至3月，很多被解除武装的土匪受到熊定都、蒋福田两匪的鼓舞，又蜂拥而起，并于18日攻击同乐赶场坝的征粮工作队，使赶场坝的征粮工作受到严重破坏。武装土匪又在19日马不停蹄围攻长春坝。

情况十分紧急，方开先闻讯后，把区上工作作了部署，就带领共乐区中队的一部分战士，经五星新场子从滩子口绕道到长春坝后山，直插敌人后背。刚翻过山坳，在杉树湾就与一股土匪短兵相接，进行了一场激战。在方开先的指挥下，此战获得了胜利。

方开先及随行继续行进，准备到长春坝与征粮工作队会合。其他土匪得知消息，叫嚣着："干掉共产党征粮队，夺取共乐坝治权！"几股土匪从四面合围，将方开先及其部分战士围困在长春坝高耀堂的碉楼里，双方僵持不下。

高耀堂是旧政府的县参议员。匪首方晋扬言要火烧碉楼，高耀堂害怕殃及自己的房屋、财产，又怕烧死了解放军，得罪共产党，自己担当不起，于是从中调和，召集匪首与方开先座谈。

方晋佯装答应，说只要方开先出来说好条件，他就会归顺新政府。方开先想到换防部队未到，目前敌强我弱，若能说服土匪归附人民政权，减少伤亡，也是好事。于是给碉楼里的战友吩咐了一番，只身前往与高耀堂、匪大队长李天明到匪首方晋驻地新瓦房进行谈判。

李天明与方开先是少时同学，他知道方开先曾参拜体育老师赵子虬为师学武术，所以一路小心翼翼。途中遇到一个石坎，方开先一个弹跳，轻轻跃了上去。李天明暗暗捏了把冷汗，心里嘀咕："这小子功夫真是了得！"

李天明试探性地对方开先说："方熙（方开先小名），跟我们干吧，成功后高官厚禄，金钱、美女少不了你的！"方开先斩钉截铁地说："不！换防部队马上就到，形势已经很明了，你们应该看清。我要去说服你们的头目，与人民为敌是没有好处的！"

一行人边走边谈，来到直线距离1000米不到的新瓦房正是掌灯时分。高耀堂简单介绍后就坐在方桌左边。匪首方晋坐在上方，先从族人的角度与位于桌子右边的方开先拉起了家常："老弟，你这么年轻何必跟共军受苦？！世道这么乱，还是现实一些为好。你不逼我们，我们自会对你有很多好处。"说完吐了几个烟圈，用烟斗敲了敲桌沿，像是在抖烟灰，更像是在强调自己刚才说的话。

方开先镇定地说："老兄，全国大部分地方已经解放！政权已经牢牢掌握在人民群众手里。共产党的政府是开明的、有纪律的、有希望的新兴政府，换防的大部队马上就到位。希望你等弟兄看清当下形势，放下武器，不再与人民为敌。只有维护新生的人民政府，才是唯一的、光明的出路！"

方晋见方开先不吃他那一套，气急败坏地拍桌大叫："方开先！你背叛党国，你是方家的不肖子孙！你不要随我姓方……"

方开先见他们没有诚意,久拖不决也不是办法,就想赶回去与同志们一起并肩战斗。于是,他匆忙告辞,疾步转身走出屋外。

匪徒高树民躲在屋外草垛里望风,听见一番激烈争辩后,看到一个影子从堂屋冲出,他抬起枪,梭出几发冷弹,方开先当场牺牲,时年仅29岁。

1950年,古宋县人民政府批准方开先为革命烈士。1955年,政府将方开先遗骨迁葬于县烈士陵园。

七十二山

《九姓司志》载:"七十二山,在司西北三十里。"

关于七十二山,有一个优美的传说。

明宪宗朱见深于天顺八年(1464)登基,登基之日,忽见天昏地暗,"嗖"的一声,一支苇箭射在离他的龙椅只有几尺远的龙柱上,吓得他大惊失色。

国师上奏说,他夜观天象,天狼星出没于西南,古蜀之地,山高路远,乌蒙一脉,山水险恶。又说乌蒙叙州府之江安乐共城有七十二山。七十二山,七十二局,山山掩映,局局为棋。迁都乐共,可保安宁。

西南都掌蛮多次叛乱,扰得西南区域鸡犬不宁,宪宗皇帝为了稳定局势,听从国师建议,思忖再三,考虑迁都,以镇蛮夷,福及大明。

宪宗皇帝遂令明太子少保、礼部尚书周洪谟到四川叙州府乐共城,一来可顺道回乡探亲,二来考察迁都事宜。周洪谟谙熟八卦,深于经术,考察迁都选址非他莫属。

叙州知府吴愈在叙州城合江门为周洪谟设宴洗尘。酒过三巡，周洪谟想到朝廷迁都事重，谢过吴愈，家也顾不上回，就坐船顺江而下，来到江安（今属兴文）乐共城。

饮过蒟酱酒，微醺的周洪谟爬上七十二连珠山的戊己土山，开始点数京城选址所需风水的七十二布局。

"东方甲乙木，西方庚辛金，南方丙丁火，北方壬癸水，中央戊己土。一、二、三、四、五……七十二布局，唯缺大连珠！"周洪谟一边念念有词，一边点山头，数来数去，始终只有七十一座，一时疑惑不解。

又数了几遍后，他认真地摇了摇头："罢罢罢，少了戊己土，江山不稳固，使不得，使不得，京城不可迁！"殊不知，他自己脚下的戊己土山忘了数了！

一个农夫看到这情况，打趣道："七十二布局，尚书把己欺。东南西北地，少了一戊己。戊己不上算，只有七十一！哈哈哈！"

七十二山的故事就此流传开了。

七十二山现属兴文县五星镇长兴村。

大坝苗族乡

大坝苗族乡，兴文县辖苗族乡，在县境西南方，面积128平方千米，人口3.2万人。有汉族和苗族，其中苗族0.7万人，占全乡总人口的22%。乡人民政府驻建国村。唐高宗仪凤二年（677）设置晏州，所领7县中的罗阳县在其境内。元世祖至元十五年（1278）置大坝都掌蛮长官司。至元二十二年（1285），元世祖升大坝军民府为戎州，辖水都4乡和山都6乡，戎州州治初在箐前（今仙峰苗族乡）后移至水泸坝。咸化四年（1468），改大坝为太平川。崇祯五年（1632），设大坝营。宣统二年（1910）改西二屯为大坝镇。1953年，大坝乡改大坝镇。1958年，恢复大坝镇。2006年7月划入沙坝苗族乡，更名为大坝苗族乡。因大鱼洞、小鱼洞包围宽阔的大坝而得名。大坝苗族乡2011年被文化部命名为"中国民间文化艺术之乡"，"大坝高装"为国家级非物质文化遗产。主要名胜古迹有红军长征纪念碑和红军烈士纪念碑。当地以种植业、服务业为主要产业，有特色小吃"大坝裹脚肉"。有通县、通乡公路。

大坝红军长征纪念碑

红军长征纪念碑

　　大坝红军长征纪念碑位于古镇大坝鲲河西北郊500米之神仙坡（今官田村2组）处。

　　1935年2月3日，红一军团红二师在"一渡赤水"攻打叙永后撤离，红一军团主力途经金鹅池，西进大坝。

　　2月4日晨，红一军团由金鹅池向大坝进发，于李子关遭遇刘怀玉民团阻击。在红军的猛烈攻击下，刘怀玉部溃败而逃，红军乘胜挺进大坝。中午，红一军团主力开进大坝，并驻扎宿营大坝，林彪的军团司令部驻扎大坝关岳庙（今大坝第一小学）；是日夜，红一军团三团夜宿九子山密林深山中，有3名红军与大部队失联，不幸被民团杀害于山中。

　　2月5日晨，红一军团主力分3支离开大坝向建武挺进。是日，红军后续部队于柏杨坡遭遇黄树猷黔军一个连及反动民团阻击，在崩土坎、柏杨坡等地，牺牲30余人。

2月7日，彭德怀领导的红三军团一部由叙永两河莽田插入黄草坪，经大坝芭茅湾村尚武坪遭遇川军潘文华部范子英旅阻击，一场激战后，敌人溃退，红军南去云南长官司，向扎西（今云南威信县）集结。

为纪念红军长征过大坝，原兴文县大坝区委、区公所于1990年3月修建了"红军长征纪念碑"。纪念碑建于一突兀的小山包上（小地名"神仙坡"），占地面积约400平方米，四周皆为丘陵山地。整座纪念碑呈正方形，坐北向南。基座为正方形，边长6米，高1.5米，正面刻碑文。碑身呈梯形，高18米。碑的正面用朱红色油漆题写的大字是"红军长征纪念碑"，为原国防部部长张爱萍将军的题词；背面用朱红色油漆题写的大字为老红军、原中央卫生部副部长、中国共产党中央顾问委员会委员王斌的硕大榜书题词——"红军烈士永垂不朽"；碑的基座上三方皆为碑文——《红军长征纪念碑序言》，序言记述了红军长征过大坝、红军川滇黔边游击纵队转战兴文这一段历史，碑文由原红军川滇黔边游击纵队司令员、政委刘复初撰写；基座背面镌拓了毛泽东诗词《七律·长征》手稿墨迹。

大坝红军长征纪念碑现为兴文县革命教育基地，每逢清明节，全县各地的人民群众和中小学生都前往参观祭奠，以缅怀革命先烈的光辉业绩，继承革命光荣传统精神，以只争朝夕，努力奋发，加快新时代建设步伐，共圆中国梦，告慰青松下长眠的红军英烈。

柏杨坡

从沙坝往平寨方向，沿小路往上行走，就到了柏杨坡，现属大坝苗族乡平寨村2组。柏杨坡属喀斯特地貌，乱石林立，其中稍平缓之地都种上玉米、洋芋，并无奇特之处。因红军长征经过这里发生的那一场战斗，柏杨坡被定格在那段难忘的历史中。

1935年2月5日，部分红军从大坝经沙坝、柏杨坡、海椒湾、簸峡上建武。大坝招安团团长黄树猷带着黔军手枪排及4个民团大队，妄图抵挡红军。大队红军精神抖擞，沿着弯曲的小道向目的地进发，如钢铁洪流，势不可当。黄树猷见状，知道鸡蛋不能往石头上碰，只好按兵不动，等待时机。

中午过后，一支53人的红军后卫部队循着大部队的行军路线赶向建武城。眼见伏击的机会来了，当红军来到五十二梯步时，黄树猷下达了伏击的命令，密集的枪声响起。领队的排长见此地地势险要，正要招呼大家警惕，见枪声中倒下几名战士，只好立即组织还击。

五十二梯步枪弹横飞，硝烟四起，不时溅起朵朵血花。民团占据有利地势，又熟悉地形，人数又多，隐身密林中，他们能看到红军，红军却看不见他们，只能对着枪响的地方还击。有团丁大着胆子喊道："你们被包围了，投降吧！"但回答的是红军小分队愤怒的枪声。战斗进行了1个多小时，红军牺牲了16人，被俘13人，仍有24人冲出包围圈，追寻大部队的脚步前往建武方向。此役牺牲的红军具体情况：五十二梯步下面50—80米处，牺牲1名排长和2名战士；沟口右侧的无名沟口，小地名朱家湾，牺牲2名战士，在此负伤的另3名战士，冲出伏击圈后，因伤势过重，3天以后，被老百姓发现死在燕子岩半山腰上；从狗儿湾冲上去后，在现平寨小学（黄树猷老家）门口牺牲了3名战士；2名战士负伤后奋力突围，因不熟悉地形，顺小路往西跑，跑到大竹林，被团丁追到后杀害。被俘的13名红军，押送到大坝乡公所，关押3天后，全部解押到叙永县城，后被杀害。

20世纪80年代，当地人民捐款在柏杨坡建起了一座红军烈士纪念碑；2013年，兴文县人民政府在柏杨坡重修了红军烈士纪念碑。

关岳庙

大坝关岳庙在古镇石城（古城）南街（南门上）背后，坐南向北。明崇祯五年（1632）建关庙（祭祀三国蜀国名将关羽的庙宇），民国十四年（1925）从文昌宫迁出岳庙（祭祀北宋爱国名将岳飞的庙宇）至关庙合并，更名为"关岳庙"。庙内供奉关羽、岳飞神像，作为文武官员楷模。此庙清同治二年（1863）作为都司衙署，民国初年作为团练训练办公处，民国十八年设国立大坝模范小学，民国三十五年增设晏州中学（现为大坝中心小学校址）。

1935年2月4日至7日，红军长征过大坝。4日，红一军团主力开进大坝，并驻扎宿营大坝，红一军团司令部设在大坝关岳庙桂花厅（今大坝第一小学）。

时值春节，军团长林彪听到大坝街上爆竹声不断，入乡随俗，让警卫员买来两串鞭炮，挂在厅前的桂花树上燃放，与大坝百姓一起过春节。据说那棵桂花树以后每年开的桂花特别多，也特别香。

古佛台

古佛台，因大坝风景名胜的"佛台晴雪"（大坝八景之一）而著称。

古佛台位于兴文县大坝苗族乡东南部，海拔约1700米，屹立于乌蒙山脉的群山万壑之中，山顶因貌似坐佛而得名，自古称之"古佛台"，昔为仙山圣境，云遮雾绕，白雪皑皑；筇竹漫山遍野，接天连地，郁郁葱葱；山峰险绝峻峭，危峰兀立，怪石嶙峋，令人心旷神怡。古佛台虽没有华山的险绝峻峭，但其山势巍峨，景色壮丽、神奇，吸引了许多文人墨客登临览胜。

清乾嘉时，这里建有庙宇。相传，明代有一位叫王宝的方丈，去雪山古佛台修真坐道，后得道升仙。王宝道人在此修道时，曾与一位仙人终日在古佛台顶峰一巨大磐石上下棋，棋盘长约丈余，宽约5米，至今尚存。

民国三十二年（1943）夏，大坝开明绅士、晏山山人王德孚登临古佛台时，在迎仙岩书写了硕大的行楷"迎仙岩"3字。民国三十五年春，王德孚再度登临古佛台时，又于古佛台半山腰的绝壁上以硕大的行书挥写了"川南第一峰"5字，字高1.5米，宽1米，字体沉雄厚重，古朴苍劲，挺拔有力。故而古佛台有"川南第一峰"之称。若惠风和畅，天朗气清时，登临绝顶，可以俯瞰泸州之浩荡长江之滨。

古佛台风景优美，尤其在冬天，白雪皑皑，银装素裹，素有"大坝八景"之"佛台晴雪"美称，其景蔚为壮观。漫山遍野的原生态林"罗汉竹"（筇竹）十分茂密，郁郁葱葱，有上万亩。这里还有珍贵的植物活化石——桫椤树，清气扑鼻的野生猕猴桃，以及各种野生的茶树、八角树等。

罗少源（原兴文县县长）写有《登雪山古佛台》诗一首：

佛台耸势入云中，史称南国第一峰。
关高天险人叫绝，王宝修仙去无踪。

张爷庙

张爷庙始建于清康熙年间，为大坝营守备、怀远将军康国柱主持修建而成。内供奉张飞神像，象征忠义。清同治元年（1862）五月，石达开率部攻打长宁、兴文，由叙永途经古镇大坝，曾两度驻军大坝，夜宿于张爷庙，写有"大义千古"大匾一块。据亲眼见过此匾的书法家袁耀祖所述："翼王石达开在匾上写的榜书（行书字体）很漂亮，苍劲古朴，厚重沉雄，豪放潇洒，气韵生动，可惜在1951年以后遗失了。"民国时期，庙内还搭建了戏楼，为大坝川剧玩友会和观看川剧的文化活动场所。

1935年2月4日，红一军团主力开进大坝，当晚有部分红军夜宿张爷庙。驻扎下来后，红军各部抓紧机会开展宣传活动，贴布告，写标语，还将从土豪那里没收来的粮食、衣物、过年食品等，在校场坝分给穷苦老百姓。红军严守纪律，不强占民房，甚至露宿街头。住进房屋后的红军帮助老百姓挑水、打扫卫生，民众非常感动，不少人把家里准备过年的腊肉、黄粑、糖豆送到红军手中。红军的一言一行，深深地烙印在大坝人民心中。

1978年改革开放后，张爷庙被改为大坝电影院。1989年之后，随着闭路电视普及，电影院也就闲置至今。

朝阳洞

朝阳洞，即久负盛名的"大坝八景"之"朝阳夏静"，为大坝著名风景区和避暑胜地。朝阳洞位于大坝镇西郊，过新寨桥沿鲲河、鱼井溯流而上，约里许，登九节龙灯山坳口上，朝阳洞即到。洞前有寺庙，内供菩萨、罗汉，其左右石壁连长廊，曲折以达洞厅，宽阔无比，可容数百人。洞内有石雕青狮、白象、犀牛、卧虎……洞中有洞，人称"地下迷宫"，其可溶性岩石、边石坝、石钟乳、石琴、藏书卷等，让人应接不暇。民国时，叙永县县长岑炯昌曾在此题词，手书"朝阳仙境"4字。洞内螺峰高耸，断碣残碑尚存。相传，明代著名道家张三丰曾在此蛰伏多年，面壁修炼，坐化升仙，故此地有"朝阳仙境"之称，闻名遐迩。其洞深不可测，沉穆幽静，清风徐来，使人神清气爽，流连忘返。但另有资料称，此"张三疯"非彼张三丰。大坝之"张三疯"，乃于一饭馆帮厨，行为疯疯癫癫，故人们叫他"张三疯"。

自清朝乾嘉以来，数百年于此设帐教学。大坝举人黄金绥，拔贡任宪章及诸俊彦后生就此研读成名。内有兴文拔贡罗世纪题诗曰：

> 石磴盘纡路几重，天开灵境碧螺封。
> 崖间翠滴千年雨，门外青回万点峰。
> 采药何人曾到此，观山有约幸相逢。
> 尘襟涤尽思禅味，卧听鸡园动晓钟。

大鱼洞

大鱼洞是大坝著名的风景名胜地，位于古镇西外。出大坝沿沙（坝）九（丝城）公路西行约500米，有一自云南威信而来的天然地下水伏洞流出，即大鱼洞也，又名鲵源，为"大坝八景"之"鱼洞潜狮"，乃宋江河主要发源地。洞内泉水冬暖夏凉，主产大鲵、细鲢鱼。此洞水时有间歇性，或涨或退，或清或浊，变化无常。传说，朝阳洞原有雌雄犀牛一对，因性不和，雄性犀牛跑去大鱼洞内蛰居。由于犀牛的喜怒无常，在洞内的一静一动，而造成洞水的丰盈、干涸、清澈、浑浊不定。大鱼洞周围茂林修竹，鸟语花香，昔洞顶旁有一休憩凉亭，环境优美，游人如织。

清末著名剑泉诗人、秀才李訾春写有《大坝八景》诗，其《鱼洞潜狮》赞曰：

探奇偶到潜龙窟，忽睹文狮隐水滨。
宁假爪牙矜持噬，隐留头角露精神。
陆沉大地心难转，高卧空山气已驯。
太息豺狼当孔道，劝君休恋洞中春。

现大鱼洞出水处，为防洪和防止流水冲毁路面，已改筑为一口大水塘，不复当年"洞"之形态。今大鱼洞之侧，建有"农家乐"，仍是人们游玩之所。

小鱼洞

小鱼洞为著名的"大坝八景"之一——"鲵源晚眺",是大坝著名的风景名胜地,位于大坝古城晏州社区鲵源巷南。洞中泉水自远伏出,绕市缠流,与大鱼洞之鲲源交汇于税关桥而流入景江河段。小鱼洞盛产鲵鱼、细鲢鱼。洞内泉水清澈洁净,晶莹剔透,冬暖夏凉。沿途柳暗花明,芳草鲜美,落英缤纷。

大坝著名诗人黄季冈有诗《鲵源晚眺》赞曰:

小鱼洞一角

烟波渺无声,恍入桃源境。
策杖过招堤,明霞弄金影。

如今,小鱼洞沿岸树绿花红,水车咿呀,小桥卧波,风光绮丽。夏天,小鱼洞洞口,游泳和纳凉之人众多。几座桥下,少女、少妇们仍如历代之俗,洗衣洗菜,与清澈见底的溪水和随波浮动的水草保持着亲近。

新　寨

　　新寨位于古镇大坝西郊鲲江河畔，"九节龙灯"龙头交会处。在新寨街上居住有10余户农户。明万历五年（1577）三月，钦授威远将军营都司井见龙将军带兵平兴文九丝夷乱，崇祯五年（1632）设大坝营，井见龙将军因功升任大坝营守备，修守备署，建石城（大坝古城），"周围二里七分"（清光绪版《续修叙永永宁厅县合志》）。

　　明崇祯年间，井见龙建"井氏府第"于新寨，占地面积2000多平方米。兴文县解放后，曾为大坝四中老校舍。老宅深院，传出琅琅读书声；风水宝地，为国育众多英才。

　　1936年至1947年，井宅曾是红军川滇黔游击纵队大坝交通站，井见龙将军后裔井相如（刘复初姐夫）是交通站地下交通员，故新寨井宅亦是红军川滇黔游击纵队大坝交通站。多年来，井家尚保存着当初与刘复初的往来通信。新中国成立后，刘复初从内蒙古返乡亦曾前往探望。

洪逐客

洪逐客位于今大坝苗族乡四龙村5组（今四龙三级电站处），乃南明唐王朱聿键隆武元年（1645）钦授大坝营守备、靖国将军洪承绪下"逐客令"之地。

洪承绪，祖籍安徽凤阳人氏，与明崇祯重臣、降清叛将洪承畴（清摄政王多尔衮宠臣）乃同宗远房，但关系十分疏远。明万历年间，其父洪友伦偕伯父洪尔秀举家迁四川永宁道，后举家又迁永邑太平里（古镇大坝）小木墩，入籍大坝。及长投军南明抗清，因军功于南明隆武元年钦授拔擢洪承绪任大坝营守备之职。南明永历元年（1647）升游击，永历二年为副将，永历四年特授大坝营总兵，守备大坝。

清顺治五年（1648），洪承畴秉承摄政王多尔衮旨意，派亲随前往四川大坝营游说洪承绪，劝其投降。说客遭洪承绪严厉训斥，劝降不果，见逐于今四龙三级电站处，乡人景仰其德，遂将此地命名为"洪逐客"。

洪承绪于永历四年即清顺治七年九月亡故，临终时嘱咐家人，其墓碑署年必用大明永历年号。清顺治十三年，家人为其立碑，遵嘱碑文书"大明永历十年"。可惜此碑在"文化大革命"中被毁。

叙永名士曾介民有诗赞曰：

剩水残山六诏西，孤臣落泪杜鹃啼。
沧桑几度遗碑在，永历依稀任墓题。

陶达纲旧居

陶达纲，抗战将领，字文徽，号正平。1908年出生于兴文县大坝南门上（今三居委），母亲井氏是明朝拓边镇守大坝游击将军井见龙的后人。在想象中，一个大名鼎鼎的抗战将领，因腾冲保卫战立下奇功被嘉奖黄金数百两，其旧居肯定是庭院深深，红灯高挂，富丽堂皇。10多年前，笔者曾去探望，其旧居仅一排平房，简陋之极，据说房前曾有一影壁，不知何年作为"罪孽"早已被拆除，唯屋后那片曾经的"花园"还保留着，但已变为菜园，除栽有几棵果树外，一厢厢的地上，尽是栽种的小葱蒜苗和一些时令小菜，绿草如茵，尽显农家气息。

1926年，自小立下志向要从军报国、为国安民的陶达纲，18岁即投笔从戎，加入川军24军刘文辉部，1927年升为排长，后入南京步兵专科军事学校深造。从军校毕业后，调任18军11师33旅3营任连长，后参与18军教导总队的军官培训工作，因其出色的表现，升任33旅66团3营营长，并随部队参加了淞沪抗战。随66团参加了防守新泾桥和收复罗店的两场战斗，率3营在朱家坟、朱家塝英勇阻击日寇，坚守阵地，激战10多天。在"三进罗店"战斗中，陶达纲抱着机枪冲入敌阵，在洛阳桥与敌短兵相接，展开惨烈的肉搏战，刺杀多名日军后，身负重伤，幸而被部下救起，撤下战场，转送至武汉野战医院治疗。伤愈出院后，任中校团附主持军官队教学培训工作。

1944年，时为远征军第198师第592团团长的陶达纲参加了攻克高黎贡山和收复腾冲的战斗。在进攻松山的战斗中，日军凭借坚固工事顽抗，陶达纲率领大都是从大坝带出的子弟兵发起一次次冲锋，死伤250余人，几日激战后，伤亡官兵600余人，以军人铁血之勇，毫不退缩。攻击松山主峰多次受挫后，陶达纲率部采用挖地道的方式通到日军地堡下面，埋放炸药。一切就绪后，按下按钮，松山主峰浓烟升起，大地颤动，日军地堡连同守军灰飞烟灭。松山大捷的消息传到统帅部，蒋介石慰勉有加，称"陶团长为青年军官之楷模"。松山之役，大坝抗日健儿倒下了100多人，陶达纲率伤亡惨重的593团立即又向腾冲进军。

腾冲位于怒江以西的高黎贡山西侧，是滇西边陲种地，易守难攻，自古是兵家必争之地，日军将城内百姓驱赶出城，布3道铁丝网和3道外壕，城周高处建有永久性工事，地堡密布，火力强大，层层设防。远征军在美国"飞虎队"配合下，发动强攻，收效甚微，每前进一步，都以血肉之躯付出惨重的代价。激战数月，几成僵局。陶达纲以自身丰富作战经验，结合腾冲城地形地物，斗胆上书，请示上级改变作战部署，提出各兵种协同作战。他的意见被采纳后，参谋部迅速制订了陆空协同、步炮协同的作战计划。经过激烈战斗，至9月14日，腾冲城内已找不到一个活着的日本兵，远征军也阵亡近万人。

《大公报》记者报道说："腾冲战役是艰苦辉煌的战役。整个怒江战役中，腾冲攻城是最协调，在战术上是最成功的。"陶达纲在率部参加滇西反攻的4个多月中，屡立战功，奉命赴重庆授勋，被授予少将军衔，赐中正剑，奖励金条若干，晋升为旅长。后升为205师师长，50军参谋长，1949年去中国台湾，后移居美国，2004年逝世。

腾冲之役后，陶达纲携大坝阵亡官兵遗骸回乡安葬，并将获奖黄金捐赠给家乡办学，走时留下了如夫人王位贤陪伴照顾原配。谁知经此一别，竟再也未得回归故土。

1978年改革开放后，陶达纲抗日将领之名得到承认，其如夫人王位贤也进入县政协任常委，享受政府津贴。当年随他出去抗战的子弟兵，有的又随他去了台湾，这些人得以陆续返乡探亲，大坝成了全县台胞最多之地。

豹尾寨

豹尾寨亦称"平寨",位于大坝古镇正西面,沙九(沙坝—九丝城)公路南侧,距古镇约5000米。平寨,山高路陡,地形险要,危峰兀立,三面环山,是一座孤峰。豹尾寨南、北、西3面悬崖峭壁,高三四十米,历来为兵家必争之地。

"豹尾"的出处,据《大明宪宗纯皇帝实录卷之四十五》记载:"成化四年(1468)十二月,兵部尚书程信率师十八万征剿大坝山都掌,至二十八日,各路兵进攻龙背(青龙背)、豹尾(平寨)等百余寨一一皆克。"豹尾,由是成了大坝军事重要寨堡。这里是"成化大坝之战"古战场遗址,也是大坝风景名胜地。

平寨是大坝黄家的发祥地。在清咸丰年间,平寨黄钧武举入仕,官至正六品骑都尉。清同治年间,黄钧三子皆入仕,一门三秀,声势显赫,长子黄钟亮官至都司,次子黄钟元任千总,三子黄钟魁入仕监生。清光绪十七年(1891),黄钟元长子黄金绶(名仕楷)中举人,任甘肃敦煌知县、临羌道台。从此,平寨黄家便成为大坝豪门望族。

1930年2月至1931年9月,在平寨还发生了两起大的"兵事",即国民党川军24军刘文辉部驻叙永3师3旅第3团的团长余卫儒两次率兵攻打平寨黄树猷民团。前后两次战争,均未攻克,余卫儒急令驻防叙永2营陈营长联系滇黔国民党军队增兵会战平寨,黄树猷民团不敌,只好溃逃至贵州赤水,投靠黔军侯之担。

由是,平寨留下许多传奇故事。

青龙寨

青龙寨即青龙背，史称"龙背"，位于大坝镇西面，为明代大坝山都掌抗击明军征剿的古战场遗迹。青龙寨古堡始建于元至元十七年（1280），为大坝山都掌（僰人，彝族先祖）土司都首领、大坝军民府安抚使得兰纽修建。

青龙背四面环山，背面悬崖绝壁，雄奇险峻，山前环伺着9个小山包，俗称"九节龙灯"。寨子石拱前门上额镌刻着"俯瞰滇黔"4个苍劲古朴、端庄严整的大字，登高极视，大坝广袤平畴尽收眼底；纵目远眺，云贵群山起伏，莽莽苍苍。青龙背不独地势雄胜险要，循寨脚溶洞而下，便可到猫儿硐，硐厅1000多平方米，里面怪石嶙峋。

据《大明宪宗纯皇帝实录卷之四十五》记载："成化四年（1468）十二月，提督四川军务兵部尚书程信奉命率师十八万征剿大坝山都掌，自二十三日

至二十八日,共焚毁山都掌寨七百五十六处,禾仓三千八百一十一所,斩首一千五百九十余级,生擒三百四十余人,俘获都掌蛮属九百余口,马牛羊豕三千,钲鼓镖弩等军器五千余件。纵火焚其屋庐,畜聚殆尽,其各路兵进攻龙背(青龙背)、豹尾(平寨)等百余寨一一皆克。"大坝山都掌人从此消失。

  清康熙十九年(1680),大坝守备、怀远将军康国柱重建青龙寨古堡。清同治元年(1862)五月,石达开率部两度大坝,古堡又遭兵燹。清同治三年,大坝营守备刘总兵再度重建青龙寨,以御贵州苗民起义军陶新春。同年初,陶三春攻陷大坝,青龙寨又遭毁坏。现古战场遗址尚存,距大坝"朝阳仙境"仅500余米。这是大坝古镇迄今唯一保存比较完整的古寨堡。

落凰沟

落凰沟位于大坝南面城郊，距镇约1500米，今大坝苗族乡柏坳林村境内。

200多年前，这里曾葬有一位声名显赫的镇边武官——一品荣禄大夫刘福昌。墓碑正文以楷书镌刻着"清乾隆敕封一品荣禄大夫刘福昌墓"。

据《古镇大坝》载："刘福昌，生卒年不详，大坝人。清乾隆年间武将，膂力过人，骁勇善战，镇边有功，清乾隆敕封一品荣禄大夫。殁后葬于大坝苗族乡六合村，墓地一通四米多高墓碑至今尚存，为大坝名人古墓遗迹。其孙刘奉承袭授爵任大坝千总，因军功调任松潘总兵，卒于任所，归葬大坝，名入祀于四川成都昭忠祠。"

芭茅湾

芭茅湾属大坝苗族乡，最高海拔1300米，为苗汉杂居区，面积9.42平方千米。现有人口256户1128人，6个村民小组，耕地面积1149亩，林地1.2万亩，平地少，山地多，以传统种植业为主。"芭茅"，百度百科解释为"中药名，禾本科植物，分布于长江以南等地。茎可以入药，性平，味甘淡，具有利水通淋，祛风除湿之功效。生长于低海拔撂荒地与丘陵潮湿谷地和山坡或草地"。芭茅生长在如此恶劣的环境中，以它命名的芭茅湾村多年来也处于贫穷的尴尬境地。

不过，芭茅湾村虽然地处偏僻和曾经贫困，却是一个有故事的地方。村里有一个2亩左右的水塘叫"龙塘"。龙塘里有一根乌木，直径约20厘米，有人

芭茅湾

想捞起这根乌木卖钱，用2台起重机和20吨的电动葫芦都拉不动，最终被村民和村干部制止了。据老人们讲，乌木是动不得的，若是动了它，山神动怒，山顶垮塌，全村会有灭顶之灾。老人们还说，龙塘的水能通大坝的大鱼洞，事关兴文风水，只要龙塘水变色，兴文就有大事发生：明万历元年（1573）开春，龙塘水变黑，兴文就发生了"九丝之战"，明朝官军出动14万人马征剿九丝城和哈大王，僰人消亡，悬棺葬没再延续下来；1935年初，龙塘水变蓝，红军长征过兴文，一支部队经芭茅湾上尚武坪苗寨、猪圈门再到云南长官司、扎西，播下革命的火种；还有一年，塘水变色，仙峰发生地质灾害，建武发生冰雹……在龙塘，偶尔在雨过天晴后，还会出现彩虹，一头在天上，一头在龙塘中央，被叫作"龙吸水"，一旦出现龙吸水，定是祥瑞之气，不是五谷丰登，就是喜事连连。

还有一处田有1亩多，叫"犀牛田"，传说曾有犀牛在此出现。

在山下村口与石家沟村交界处，叫"马颈子"，有僰人悬棺遗迹，这里曾是僰人生息之地。

2017年，芭茅湾村整体脱贫。当年，一条彩虹尾在天上头伸入龙潭中，"龙吸水"又出现了，全村的山更青了，龙潭的水更绿了，梯田和山林、山峰，被彩虹镀上了七彩之光，看去就像一座"金山银山"。

DA HE MIAO ZU
XIANG

大河苗族乡

　　大河苗族乡，兴文县辖苗族乡，在县境东南方，因境内四面环山，中间有宽广的大河坝而得名。面积128平方千米，人口4.3万人。有汉族和苗族，其中苗族0.7万人，占全乡总人口的17%。乡人民政府驻金鹅池社区。康熙二十四年（1685）废泸州卫，并入九姓长官司，司地编为6里，今乡境大部分属金鹅里，回龙一带属保用里。古宋县设8乡。今回龙一带属保用乡，回龙以南设为金鹅乡。1958年建设乡和金鹅乡分别改为公社。1983年10月，金鹅、高滩、大河3个公社随古宋区划归兴文县。1984年改公社为乡，其中大河公社改为苗族乡，1992年9月撤区并乡建镇，金鹅乡、大河苗族乡合并组建为大河苗族乡。名胜古迹有川主鹤龙寺、红军烈士纪念碑等。当地以种植业、畜牧业、商业业、采矿业为主要产业。有通县、通乡公路。

阮俊臣旧居

阮俊臣，名迪智，出生于兴文县大河苗族乡回龙村5组，小地名"流沙岩"。在家中排行老四，自小立下扶弱惩恶的志向。

民国之初，军阀混战，土匪横行，兵祸匪患作恶，百姓苦不堪言。年轻的阮俊臣一举卖掉家中的80石田产用以购买枪弹，组织武装，以图保境安民，奈何孤掌难鸣，终因寡不敌众屡遭失败而被迫解散。

1921年，阮俊臣欲从军救国入黔军当兵，几年中，从士兵升到军官，在黔军中种下了人脉。1928年，在滇黔军阀混战中，阮俊臣身负重伤，幸得百姓发现抢救，送回老家治疗。几年军旅生活，社会无多改变，人民仍处于水深火热之中。彷徨中的阮俊臣心存幻想，在古宋接受天主教洗礼。但上帝也无法拯救苦难深重的社会和民众，他又去投军，继续寻求救国救民的真理。

1930年，阮俊臣随旷继勋部参加遂（宁）蓬（溪）起义，第一次参加了共产党领导的军事行动。起义失败后，他回到古宋，与筹建党组织的刘斯真、任晋侯结识、交往，并在叙永关帝庙喝血酒结为兄弟。从此，阮俊臣接受革命思想，立志干革命。

1932年春，刘斯真等人到黔军郑少尧旅搞军运，阮俊臣负责联络。军运失败后，阮俊臣回到古宋，公开身份是征收局卡员，暗中组织一支绿林武装，在叙永、兴文之间山区活动。他将收取的税收偷偷挪出，用于购买枪支。一次，他购买的一批枪弹在江安泥溪槽被保安队查获，事情败露后，只好带着这支绿林武装潜往贵州活动。

啸聚山林，打富济贫。这期间，阮俊臣频频与党组织取得联系，于1935年4月加入中国共产党，但仍然以绿林武装做掩护，实际上是共产党领导的游击队。这可以从邓止戈（曾任贵州省工委第二书记，中华人民共和国成立后任铁道部成都第二设计院院长）在1982年6月4日写的材料中得到证实："1935年冬季,我到贵州毕节布置川滇黔武装工作时,曾和当时川滇黔边区红军游击纵队余泽鸿同志联系,在互通情报中,余泽鸿曾将川滇黔边和他有联系的线索告知我,其中就有阮俊臣同志的情况,因此,我才和阮俊臣有联系……"

阮俊臣和红二方面军先期派到毕节开展工作的邓止戈(时任红六军团参谋、新兵团参谋长)取得联系后,待红二、红六军团1936年2月到达毕节即带队与红军会合,按红二、红六军团领导指示,将席大明、周质夫(周漱园,知名人士,曾任贵州省副省长)、阮俊臣三支地方武装合编为"贵州抗日救国军",由周质夫任司令员,邓止戈任政委,下辖三个支队,阮俊臣任第三支队司令。红六军团政治部派来的欧阳崇庭任第三支队政委,还派出一些红军指战员充实到这三个支队。据2005年7月18日的《毕节日报》上《邓止戈四次到毕节》一文载:"红军到达毕节后,邓止戈向萧克汇报他同红军游击纵队联系的情况,并将余泽鸿政委写来的信给萧克看,萧克说:'我认识余泽鸿,叫他的队伍来毕节会师……'于是邓止戈派第三支队阮俊臣部到川滇黔边区找余泽鸿部。"阮俊臣奉命与余泽鸿的红军游击纵队联络。因沿途敌人严密封锁,他只好将支队暂时带到镇雄县境内的黄塘整训。2月27日,红二、红六军团撤离毕节,继续长征,国民党99师尾随红军进行追击。到达八寨坪一带后,阮俊臣决定主动出击,拖住敌人,使红军主力赢得时间。他率领第三支队在金银山山岭上下设立埋伏,当敌99师一部进入伏击圈时,立即遭到迎头痛击。此役毙敌80余人,缴获50余支枪。他领导第三支队以"抗日救国军"的名义,在黔滇川边区开展游击战争。

在游击活动期间,阮俊臣、欧阳崇庭与驻毕节城内的国民党暂编五旅柳际民部的二团三营排长陶树清多次接触,宣传抗日救国主张。陶树清于5月10日举行起义,拖着队伍到杨家湾与第三支队会合。

此举自然遭到了柳际民旅的疯狂报复。几经转移,他们甩掉追兵,决定寻找川滇黔边游击纵队。6月8日,阮俊臣、欧阳崇庭带领的抗日救国军在云南威信的花郎坝与刘复初带领的游击纵队会合,之后,响应党中央"停止内战,共同抗日"的主张,把队伍更名为"中国工农红军川滇黔边抗日先遣队",阮俊臣任司令员,刘复初任政委,下编为三个支队。有了阮俊臣第三支队的加入,特别是陶树清带来的黔军一个营,武器精良,战斗力强,使红军川滇黔边游击纵队的战斗力大大提升,也使纵队士气大振,队员再次扩大到上千人。敌人阵营十分恐慌,匆忙调兵遣将进行"围剿"。

但是，这样的大好局面并没有维持多久，在纵队特委个别领导"左"倾思想指导下，于7月5日甩掉阮俊臣、陶树清部队，恢复原红军川滇黔边游击纵队番号。遭此突变，阮俊臣支队独力难支，虽坚持顽强战斗，但在敌人强大兵力包围下，活动范围越来越小，有时与敌一天交火五六次。8月30日，在镇雄县雨洒河，又遭袭击，部队伤亡很大，陶树清等支队领导牺牲。10月，阮俊臣率支队到兴文县大石盘，向特委汇报被甩掉后的情况，并痛陈特委领导的决定对支队造成的危害和损失。特委领导人接受了批评，派阮俊臣到贵州同赵文海组建贵州游击队，由他为政委，利用他在黔军多年的关系，分化瓦解敌人。

阮俊臣率队到了镇雄，再遭包围，奋力突围后到威信水田寨，招回打散的旧部，打出"贵州游击队"战旗，很快又发展到600多人。以黔军为首的敌人大兵压向水田寨。阮俊臣利用与黔军中的各种关系，形成相持不下的局面。柳际明设下圈套，派属下团长雷大同和阮俊臣旧识、泸县参议员胡恒普与之接触，表示愿意合编，共同抗日。

经过反复研究，双方达成了协议，阮俊臣率部300人以抗日名义编入柳际明部。为防止敌人阴谋，阮俊臣秘密地将队中最好的武器交给二大队的黄于龙。黄华先以及四大队的叶绍堂，将主力红军留下的骨干派到四大队，保持住

六烈士墓

贵州游击队的实力。果然，行至桐梓，300人的队伍即被缴械，人员被遣散，鉴于阮俊臣在黔军内部和社会上的影响，未加伤害，将其留在贵阳挂了一个闲职，实为软禁。

贵州游击队二大队、四大队以隐蔽状态，坚持武装斗争。1938年初，四大队遭受重创。赵文海在贵州找到阮俊臣，阮将搞到的一批武器交给他，充实给游击队。转运过程中，被敌人发现，阮俊臣再遭逮捕，9月方被营救出狱。

阮俊臣回到毕节后，与赵文海一起重招旧部，再树"贵州游击队"红旗，很快发展到上千人，有枪600余支，阮俊臣为政委，赵文海任司令员，下辖三个大队，分散在黔滇边界活动，创造条件建立根据地。阮俊臣公开社会人士身份，将毕节的"天明诊所"作为联络点，指挥活动。

斗争坚持到1941年4月，贵州游击队终因寡不敌众，弹尽粮绝而失败，阮俊臣被逮捕，敌人诱以高官厚禄，严刑拷打，要他声明反共，他大义凛然，以死拒之。1941年农历7月24日，阮俊臣就义于毕节大校场，时年41岁。

中共贵州省委组织部于1985年3月8日对毕节地委组织部《关于承认阮俊臣同志为中共党员和追认为革命烈士的请求报告》作了批复。

在气势恢宏、庄严肃穆的国家级烈士陵园——毕节烈士陵园，安葬着许多老红军和无数革命先烈，并为其中级别最高、影响最大的六人建了"六烈士墓"，阮俊臣姓名即镌刻于上。黔北人民纪念他，兴文人民更不会忘记他。

杨家大院

杨家大院是辛亥革命老人杨维故居,位于关口村3组,大院为清朝末年时建造,当地人叫它"新房子"。

杨家大院的规模并不大,不过当年在这穷乡僻壤算是很不错的了。房屋是典型的川南民居风格,三合院木结构穿斗房。主房是两进5间,左右两侧偏房各3间,堂屋门前一个大敞坝,敞坝下乃石梯级连接下面的马路(指能过马帮的驿道),偏房到堡坎间留有通道,各有一排柱子撑起伸出的房檐遮风雨,堡坎外两方都是吊脚楼。主房共有4个小天井,天井上方露光处瓦檐为圆形,非常别致,透过去能看见翠竹绿树,左边还有一列配房,约有七八间,除石梯、吊脚楼及少数配房已不存在,整个大院基本保存完好,雕花木门窗还有几扇,略显凋零破败。

杨维,字莘野,亦字辛友,别号"丹岩僧",叙永县人,生于清光绪十三年(1887)。杨维出身富庶之家,自幼好学,善为诗文,胆识过人,尤喜谈兵,不拘小节。其先祖居云南镇雄长官司(少数民族地区),至祖父始移居叙永金鹅池,以其族属不明,他备受县中权贵歧视,遂愤而东渡日本。

1905年,杨维抵东京,入警视学校,旁及军事。在横滨,他结识了孙中山,相谈甚欢,"得闻天下事,由是奋发,遂效驱驰"。1906年6月3日,经黄树中(黄复生)主盟,杨维加入中国同盟会,从事革命活动。年底,他奉命回国,参加萍乡起义,"事败,逃汉口,走芜湖,乞食至南京,大病几死;复由上海转香港,经天津,至宛平窥清廷虚实,再绕道回川,艰苦备尝,而志弥坚"(《四川省志·人物志》,四川省地方志编纂委员会编,四川人民出版社2001年12月版,以下同)。

杨维回川后,曾与黄树中、熊克武、杨兆蓉、佘英、黄方、赵铁桥等策划永宁起义和江安起义,皆告失败。1907年夏,他与黄方、熊克武潜回成都,会

杨维旧居

同革命党人密议泸州、叙府、成都三处同时起义。不料，11月成都起义前夕，事机不密，被叛徒出卖，杨维与黄方、张治祥、王树槐、黎靖瀛、江永成同时被捕，世称"六君子"。在被成都知县王棪审讯时，杨维侃侃而谈，义正辞严，历数清政府罪恶，毫无惧色，并索纸告诀家人，有"途穷天地窄，世乱死生轻"之句。在狱中，他每日给同囚难友讲解古今义烈故事，暗中传播革命真理；并同狱外同志联络，撰文发表于报刊，宣传革命，无一日忘记革命事业。武昌起义爆发后不久，四川总督赵尔丰见清政府大势已去，于是释放杨维等人出狱。

1911年11月27日，大汉四川军政府在成都成立，蒲殿俊、朱庆澜分任正、副都督。当时，赵尔丰虽交出政权，仍阴谋复辟，巡防军与新军、同志军时有冲突，而成都街市，帮会公口林立，"哥老会"飞扬跋扈，社会秩序大乱，致使人心惶惶。在这种动荡形势下，蒲殿俊等束乎无策，反而异想天开地下令各军休假，并定于12月8日阅兵。杨维"初出狱，洗沐不暇，囚首罪服，急谒当道，慷慨激昂，献陈六议：一、遣赵氏，绝隐患；二、抚藏番，弥边衅；三、散民兵，去要挟；四、协陆防，肃军纪；五、护外侨，避干涉；六、尤要者，请收回检阅之命，以防意外"。但是，这些正确意见并未被蒲殿俊、朱庆澜等人采纳。12月8日兵变发生，一时枪声四起，乱兵劫藩库、抢银行、抄富室，焚烧街房。

成都兵变发生后，尹昌衡急率凤凰山新军入城平叛，旋任都督。尹昌衡素知杨维胆识过人，求其出任军政府军事巡警总监。杨维受命于危难之际，"兵不满百，库无一钱"，却意气自若，从容应付。他首先组织军事巡警总厅，仿照日本首都警视总监规则，将成都分为东、南、西、北、外东5个分区，设分监，配备武装；并成立总监巡警司令部，统率一个大队，荷枪实弹，执行任务。他认为治乱须用重典，要严肃法纪，方能建立革命新秩序，遂发布"三斩令"："敢有扰乱治安者斩，敢有造谣生事者斩，敢有言亡清尚存者斩。"对犯禁病民之徒，一律绳之以法。他亲率武装巡警，昼夜巡逻，锐志平乱，并以"不要钱、不怕死、不徇私"9字大书示众。人人感奋，"相诫遵纪守法，无犯杨总监"。由于他执法严明，公正无私，严厉打击犯罪活动，距兵变不到10天，混乱不堪的社会秩序遂迅速安定。在此期间，他还颁布《军事巡警总厅警令》74条，对有碍交通秩序、败坏风俗、不讲卫生等行为，均按情节轻重分别予以罚款或拘留，大倡文明之风。同时，还兴办了各种社会福利事业，受到群众拥护。

1912年7月，尹昌衡西征。代理四川都督胡景伊本袁世凯爪牙，深忌杨维的威望。杨维不得已辞职。袁世凯授杨维陆军上将衔，将其调京任用，并于暗中监视。杨维至京，知袁世凯必叛国，便走天津、上海、汉口等地，进行反袁活动。1913年，杨维被诱捕于北京。经多方营救，袁世凯迫于舆论，乃将杨维解送回原籍。回川途中，杨维备受迫害，几次濒临死亡，1914年夏始安抵叙永。

1915年12月，护国军兴，杨维潜赴成都与诸同志密谋起义，遂召集旧部，攻取灌县（今都江堰），建四川招讨军司令部。陈宧被迫宣布四川独立后，任杨维为兵工厂总办。蔡锷入成都，任四川督军，乃任杨维为川南巡阅使。

1919年，熊克武任四川督军。杨维任警务处处长兼省会警察厅厅长，一如往昔，恪尽其职。1924年，熊克武兵败出川，率军经湖南赴广州，杨维任后备军司令。熊克武被蒋介石、汪精卫陷害，囚于虎门后，杨维只身回川。此后，因国民党右派猖狂，杨维十分反感，未再任职。1927年，杨维回叙永，宣讲孙中山"三大政策"及国内外形势，丑诋墨索里尼以讥刺蒋介石，言简意赅，闻者动容。此后，杨维隐居成都，闭门谢客，似乎往日锐气已消，其实忧国忧民之心如故。惜其壮志难酬，1928年夏病逝。

1969年，杨维的骸骨被运回金鹅池安葬。

杨维只活了41岁，人生虽短，却已实现了干一番事业的誓愿。

赵铁桥旧居

赵铁桥，名猷，号式金，老同盟会员，辛亥革命老人。赵氏旧居小地名"水沟头"，宅前有一小溪叫"十字沟"。早年，宅门在十字沟左岸，据说以前宅院很大，有楼亭、戏楼。赵铁桥之父是一位中医，戏楼下边放有药柜，他给人看病，对贫穷者不收诊费还施药。1930年，对水沟头祖宅进行了修缮，将原十字沟大门后移至现今尚存的石梯下面，大门门额的"铁庐"两字，系国民党陆军上将但懋辛手书。修缮后的宅院是有正房、厢房的三合头住宅。正房背后有天井，往上两边有石梯，沿石梯而上除正厅而外尚有侧厅，是木楼形式，每厅约有40平方米。正房除堂屋外都有木楼，用来储粮。正房占地面积约360平方米，上厅面积也差不多，加上院坝、天井、厨房、擂米房等，占地面积约2000平方米。因各种原因，旧居早已不存在，只有那石梯的痕迹还依稀可见。但赵铁桥其人其事，成了抹不掉的记忆。

10岁后，赵铁桥由成都叙泸中学转自流井树人学校读书。清光绪三十二年（1906），熊克武、黄复生等人，在日本受孙中山派遣回四川发动革命，先后串联多人，最后奔赴金鹅赵铁桥家。赵铁桥自愿加入同盟会，并参与研究起义事宜。赵铁桥之父赵宅安虽系清代团总，但对儿子、女婿（黄维）参加革命并未阻止。

光绪三十二年八月，

赵宅门楣题字

赵铁桥在永宁（今叙永）组织起义，由于黄方家制造炸弹不慎爆炸，起义计划败露。9月9日，赵铁桥赴泸州，拟参加9月30日袭击江安的活动，并被推为指挥，因事泄未成，后回乡待命。

光绪三十三年，熊克武、黄方、杨维等在成都欲趁慈禧太后诞辰之日，以炸弹聚歼清吏。赵铁桥闻讯急往相助，至隆昌知事败，黄方等"六君子"被捕入狱，四川总督赵尔丰下令搜捕余党，他暂避于自流井树人学校。次年又不顾个人安危，到成都探望"六君子"，用重金贿赂狱吏，得为"六君子"及党人密通消息。其时，革命屡起屡落，赵铁桥认为是有行动，无宣传，于是创办《游艺报》，发表数期后停刊，乃离成都潜往北京。时北京、天津同盟会的会员百余人，均各自为战，无统一指挥。赵铁桥同张煊、罗伟章、陈宪民等人组织"京津同盟分会"，来归者日众。他曾先后与汪精卫、吴稚辉、张静江等合创《国光新闻》及天津《民意报》揭露清政府暴政。赵铁桥为两报组稿、发行，任劳任怨，恪尽职守。袁世凯执政后，多次收买《民意报》，均遭到赵铁桥拒绝，终致查封。赵铁桥因此秘密离京，经上海赴日本。

民国四年（1915），孙中山委任赵铁桥为中华革命党四川支部长，兼筹北方讨袁军事，暂住北京。民国六年，川军、滇军、黔军混战，赵铁桥从北京回四川调解，使战争终未扩大。同年，熊克武奉孙中山命督师重庆，约滇军、黔军北伐讨袁。赵铁桥任四川靖国各军总司令部财政处处长，后任浚川源官办银行总经理。

民国十四年，熊克武率川军至广州参加北伐战争，被蒋介石诬为"谋反"，并诱囚于虎门。赵铁桥奔走于南京、广州、南昌3地国民党上层进行营救，使蒋介石难于下手，只得释放熊克武。之后，赵铁桥亲临虎门迎接熊克武，两人同去上海。

民国十八年、十九年，赵铁桥倒向蒋介石，受其重用，委以上海招商局总办一职。因赵铁桥曾密告反蒋人士方振武、王乐平之事，上海滩"金牌杀手"王亚樵对其十分怀恨。适逢招商局前任董事长李国杰与赵铁桥争权夺利，求助于王亚樵，要其杀赵。民国十九年7月24日上午8时半，赵铁桥驱车到上海十六铺招商局上班，步入门时，连中数弹，这位民国风云人物顿时命殒上海滩，时年44岁。

金鹅池

出金鹅场东去1500米，有一圆形小山，周绕水池，山脚有石下垂，石亮如珠，固称"宝珠"。据《大明一统志》载："昔有金鹅，羽如黄金，朝游池内，至暮归去，因名金鹅池。"《古宋县志初稿》载："金鹅池在古宋东南五十里，丘埕中有井流出，气味芳然，村人每见金鹅朝去暮归，因建宝珠庵其上。"

金鹅池是大河苗族乡治所，也是金鹅池村村委会所在地，是全乡人口最多、面积最大的村。这里有老同盟会员、辛亥革命老人，曾任四川靖国各军总司令部财政处处长、上海招商局局长赵铁桥的故居。

金鹅老街系清末和民国初的建筑，2012年被宜宾市政府公布为"最美古街"。

让金鹅最有名的，是红军长征过兴文，它是红军入境后的第一站。

据1937年2月由丁玲主编的《红军长征记》一书中所记载，红军第一军团长征中经过地点及里程一览表如下：

行军日月出发地点经过地点宿营地点里程

行军日月	出发地点	经过地点	宿营地点	里程
2月3日	永宁		金鹅池	70
2月4日	金鹅池		大坝	60
2月5日	大坝		吴村（即五村）	25
2月6日	吴村碳场（即碳厂）	碳场（即碳厂）	建武城	90
2月7日	建武城	洛阳河（即洛雁河）	罗海（即洛亥）	50

由中共中央党史研究室编《红军长征纪实丛书》日记卷，其中赖传珠日记：

2月3日

今日是旧历年关，到金鹅池宿营（50），经绕永宁城，田坝很大，永宁城未攻下来，一师失掉联络。

赖传珠，时任红一军团红一师政治委员，1955年授上将军衔。

同一书中所载彭绍辉日记：

2月3日

由永宁城西北地区出发，到金鹅嘴（池）宿营，行程60里，老百姓正过旧历年。我军撤退后，敌始追击。

2月4日

由金鹅嘴（池）到大坝宿营，行程约50里，今日打"靖匪"（反动地主武装）。

彭绍辉，时为红15师（少共国际师，归属一军团）师长，1955年授上将军衔。

另由中国革命博物馆编，档案出版社1986年6月出版的《长征日记》，其中童小鹏所记：

2月3日

因后面敌情紧张，晨起仓促出发到金鹅池宿营，本只六十里，但因弯路，恐七十里余。

童小鹏，时为一军团政治部秘书，中华人民共和国成立后，曾任中共中央统战部副部长、国务院总理办公室主任、国务院副秘书长、中共中央办公厅第一副主任兼秘书局局长。

历史记载，红军进入兴文后的第一个宿营地就是金鹅池。

金鹅，当年曾在军阀混战中，饱受兵灾匪患之苦。1935年2月3日晚，正是除夕夜，几千人的队伍突然拥入金鹅池，让士绅乡民好一阵心惊。当年仅是滇军、黔军、川军一批又一批几百人的军队，就将这里搅得鸡飞狗跳，人心惶惶。这次呢？一支衣衫褴褛的队伍，身背斗笠，有的穿着草鞋，武器并不精良，却一个个精神奕奕，他们会带来什么？

他们人数众多，却井然有序，按建制各自找宿营地；他们说话和气，买卖公平，更不拉夫派款；遇到大的宅院或庙宇，讲通道理，方才入室，买来干谷草，或借下门板，打开背包，挤着睡一宿；没有那么多可借宿的人家户，干脆就在屋檐下，靠着墙呼呼睡去；还有不少人，干脆在大块平坦的干田里，点燃篝火露营。他们南腔北调，来自外省，却长着一双神眼——普通乡绅、守法商户，丝毫不犯；而为富不仁的土豪劣绅，则被打掉"浮财"，还让穷人一起分享没收的财产、物品。除夕之夜，金鹅老街，水沟头民房，街周围的干田坝，篝火熊熊，灯光闪亮，不时传出枪械碰撞声、战马嘶鸣声。

公道自在人心，事实胜于谎言——谣传的"共匪"形象被呼啸的山风吹逝，仁义之师的形象在民众中自然树立。没有恐慌和惊吓，过上了一个祥和的除夕的士绅乡民，逐渐放下疑惑，向红军露出了笑脸，主动给他们送去蔬菜、腊肉。金鹅一夜，如一夜春风，润物无声，烙下了难以磨灭的红色印记。

乡政府干部袁小兵讲道："一部分红军住在水沟头，没收了地主曾子由的一些粮食，其中过年准备的猪儿粑粉最多，除了送给穷苦人外，大都是用水冲了下，搅成糊糊吃了，有的甚至用冷水冲了下搅转后就吃了。一是不晓得吃法，二是太饿了，这就是红军过的除夕夜，想起都难受。"

如今的金鹅池，一座新兴的城镇正在兴起，当年通往叙永的山道，已被宽敞的公路替代。入夜的金鹅，没有了篝火、马灯、火把，一排排整齐漂亮的路灯，装点着苗乡美丽的夜晚。

关口村

在金鹅池，乡里干部遥指远方的山峰，其中有一明显的垭口，使连绵山峰突地出现一个凹陷，露出天色，他说，那里就是关口。

传说，三国时，刘备入主巴蜀，其结义兄弟关羽，即关二爷巡视到了金鹅池，见好好一个良田千顷的大坝子，四周群山遮蔽，交通困难，十分不忿。当来到关口与永宁交界之地，人们还要从山上翻过去才能到，关二爷取出青龙偃月刀，奋起神威，一刀劈下去，山崩地裂，金光闪耀，活生生劈出一个山口来。从此以后，这里就被叫作"关口"。

老同盟会员、辛亥革命老人杨维，曾任四川军事巡警总监，讨袁时为第一师师长兼兵工厂总办，川南巡阅使，后任警务处处长、警察厅厅长、后备军总司令。他就出生于关口（今关口村2组），其故居杨家大院和墓园基本保持完好。

1935年2月3日午后，一支参加过南昌起义，上过井冈山，为建立中央苏区南征北战屡立战功的英雄军队，中央红军的主力——红一军团，从强攻永宁城失利中撤了下来，来不及掩埋战友的遗体，平伏一下胸中的悲愤，奉中央革命军事委员会命令，与中央纵队和红三军团、红五军团、红九军团主力行军路线不一样，继续挥师川南，与红三军团、红九军团各一部，入境兴文。从石河进入兴文境后，部队则兵分两路，左路行军路线为石河—漏风垭—涧槽田—柏杨坡—黄泥田沟—关镇岭—关口—水沟头，右路行军路线为石河—九龙山—关口—金鹅池。2021年已91岁的村民叶树良讲道："当时还小，红军过时，大人背着我在山上躲红军。后来见见红军也不打人，不骂人，不抢东西，还对着山上喊话：'乡亲们，放心地回来吧，过年了，别在外面冻着，我们红军是穷苦人自己的队伍。'这样，我们都回家了，红军果然待人很好，只要住在你家，就帮忙做家务、劈柴、挑水，第二天走的时候，打扫得干干净净。见我们家穷，还把没收地主赵铁汉家的猪儿粑粉送给我们，他们自己呢？不晓得做猪儿粑吃，就将猪儿粑粉搅成糊糊，不知生熟，反正是吃下肚子充饥。"春雨潜入夜，润物细无声——不管是匆匆路过，或是仅住一夜，人民军队的形象种在了关口，种进了关口村民的心中。

  关口有着神奇的传说和厚重的历史文化，行政村，也是以关口为名。今日的关口村，已没有昔日的贫穷，2018年实现全村脱贫，村民收入逐年增加。种植业、养殖业全面发展，松、杉、竹漫山遍野，森林覆盖率近50%，是县级生态林。交通大改观，再也不需要关二爷挥刀劈开一个山口。村内现有硬化水泥路26.5千米，便民路（户道）16千米，交通四通八达，东出叙永，北到古宋，南连九龙山，西接落白亮，交通便捷，不仅路上奔驰着大车、小车、摩托车，还有农村交通班线的面包车将关口与四周相连。关口不再闭"关"，而是以开放、奋进的姿态，投入新农村建设。

九龙山

传说在300多年前,河南一行僧带领两个弟子来到此处择地修庙,耗时3年在上树田修好了有三殿的小庙,名"望香台"。开光之日,铜钟却撞不响,方丈在旁边高处一听,钟声却在前面的山上响起,仔细观看,钟声响起之处乃九个山头汇聚,如九个龙头一般。他长叹一声,后悔选错了风水地。就在龙头汇聚之处重建有十二殿庙宇,叫"九龙山庙",九龙山也就出名了,成了当地铁打不动的地名。

1935年2月,中央红军长征,红一军团从叙永撤出后经石河进入兴文境内,就从水库旁边到金鹅池宿营,当晚,还有部分红军宿于庙中。

与九龙山同名的还有1958年开始修建的九龙山水库,几百人大会战,耗时多年,终于建成了纯土方蓄水大坝,水面100多亩,解决了大河苗族乡40%的灌溉用水和人畜饮水。

九龙山茶场有茶园2000多亩,依山筑成层层梯形茶园,如碧绿的玉带环绕在一个个山包间。茶园实行喷灌,喷灌时,若细雨飘洒,彩虹隐现其间。采茶季节,茶叶飘香,身着苗装的采茶女唱着山歌,让人如入画中。2019年初,宜宾市早茶节在这里召开,九龙山的早茶打出了名气,来此游玩的人日益增多,茶园间筑起水泥步道,随山就势筑有凉亭,还有了一定的旅游接待设施。

身处九龙山的九龙山村,利用红色资源和自然优势,稳步发展,带领全村人民奔向小康。九龙山亦像明珠出土,璀璨闪光。

李子关

李子关位于兴文县东部，大河苗族乡西北部，距县城30千米，离金鹅池7.5千米，现名李子关社区村。地处高山地带，平均海拔750米。有5个村民小组331户1318人，其中苗族167户672人，占全村总人口的50%以上。

据清光绪版《兴文县志》记载："李子关，县东南一百二十里，明成化四年，大坝都掌蛮叛，督臣程信以贵州帅毛荣为右哨，由李子关伐木开道，迭石成桥，诸将力攻，大败蛮兵于此，今其地属叙永厅。"足见李子关之名由来已久。

1935年2月4日大年初一，金鹅池各支红军部队在宿营地埋锅造饭，田间地头，升起袅袅炊烟。军号声声，红军陆续开拔，一路经李子关—落岩坝—凉村坳—凉水井—土地堂—大坝，另一路经茶园沟—猫坝—黄草坪—凉水井—大坝。李子关则是去大坝的必经之路。

红军甩掉了川军的追击，仍不时遭到彭绍辉将军日记中所说的"靖匪"，即反动地主武装的袭击。大坝黄树猷就是逆历史潮流而动的"靖匪"。黄树猷出身于豪强之家，黔军侯之担曾封他为招安团团长，仗着手下有4个民团大队，与红军顽抗，布置了4道防线，其中，第一道防线由一大队大队长刘怀玉在李子关布下，第二道防线由三大队郑满兴在铧厂头布下。红军离开金鹅池，翻李子关时，受到刘怀玉大队的阻击和骚扰，红军两侧包抄，以强大的火力打得民团慌忙回逃。刘怀玉腿部被子弹击穿，由他弟弟背着逃到铧厂头，第一道防线顷刻之间烟消云散。

当到达铧厂头时，郑满兴凭借山高路险，碉堡坚固，用火力封锁小路。大部队另择小路继续前进。接受战斗任务的连队，迅速组织火力拿下碉堡，地势险恶，不利进攻，多次冲锋受阻，牺牲了1名连长和1名机枪手。愤怒的红军战士在山下架起迫击炮,当第一颗炮弹呼啸着在碉楼前爆炸后,郑满兴赶紧带领手下弃碉而逃,第二道防线就此灰飞烟灭。

如今,红军烈士纪念碑在李子关巍然耸立,每年都接受着人们的祭悼,红军烈士也笑看着李子关翻天覆地的变化,在乡村振兴的路上,人们继续描绘着美景。

庆灵山

庆灵山属大河苗族乡永革村。该村的上半部分，也即海拔700—1000米部分，是苗族聚居村寨，习惯性称之为"庆灵山苗寨"。

庆灵山是兴文县苗族三大神山之一。此地苗族文化底蕴深厚，也是兴文县苗族文化传承较好的苗族村寨。

庆灵山的苗族同胞，深爱着自己的苗族文化和习俗。特别是1978年改革开放后，每到春节，外出打工的人回来了，大家互相邀约，提着苞谷酒，捧着芦笙，来到山高处一面缓坡上，围着心目中的一棵"神树"（柚子树），简单地祭祀，然后喝着苞谷酒，吹起芦笙，跳起舞，过上一个传统、欢乐的花山节，年复一年，都是如此。2012年，在热爱苗族文化的熊正德和优秀咪多（苗语，男子）马喜、咪猜（苗语，女子）熊爱玲的倡导和主持下，举办了第一次对外公开的"庆灵山花山节"，吸引了来自县内外的民众近千人参加。在这次花山节上，还展示了一支民国元年造的火枪，俗称"大抬炮"，要一人扛在肩头，另一人扣动扳机。这支枪本是当年苗寨保境安民自卫所用，公安部门收缴枪支时，特许留下的，也就成了他们的"镇山之宝"。从此以后，庆灵山花山节打出了名气，几乎年年举行，2014年在此举办了兴文县苗族花山节，2021年举办了省级非物质文化遗产四川兴文苗族花山节传承展示活动。并且，从2013年起，连续8年组织苗族同胞参加兴文县苗族花山节，在芦笙演奏、情歌对唱、"最美咪猜"选秀等项目中多次获得冠军。10余年来，庆灵山苗族表演队伍换了一茬又一茬，当初的小咪猜已长大成人，结婚生子，又一批小咪猜接过接力棒，从来没有中断过。当年，仅是一些小咪猜参加，如今，一些小咪多也参与进来。作为一个小小的连村级部都算不上的苗族聚居地，不但每年花山节到来上千游人，不少媒体也蜂拥而至；还承接了2014年华南农业大学苗乡社会实践活动，2015年川北医学院苗乡实践活动。

花山节

由于没有文字，苗族文化全靠口传心授，苗族古歌，现在会唱的人是越来越少了，且年龄大都在50岁以上。《蚩叶王》被奉为苗族古歌中的长篇史诗，据说唱起来要几天几夜。在兴文，能唱《蚩叶王》的，据说只有一个人——庆灵山的熊占青老人。2015年，为了抢救宝贵的苗族文化遗产，苗族学者杨永华、马世虎深入庆灵山苗寨，找到当时已80多岁的熊占青老人，守在他身边，听他用苗语唱，不知道唱了几天几夜，还录了音。回去后，他们认真地整理，对照苗族唱的古歌，再翻译成汉语，经过一年多的努力，洋洋洒洒30余万字，苗汉双语对照的《蚩叶王》以"兴文县苗族文化促进会"的名义得以正式出版。如今，熊占青老人已去世，好在他的儿子熊正德作为传承人，也能唱出完整的《蚩叶王》。

2015年，苗族咪多马喜、咪猜熊爱玲结婚，他们俩是庆灵山花山节的主持者、参与者和传播者，堪称庆灵山苗寨的金童玉女。他们的婚礼，惊动了兴文县委宣传部、兴文县苗族文化促进会、兴文县摄影协会，原因是他们俩愿意配合，用音像记录下苗族婚俗的全过程，为苗族文化传承留下一份珍贵的资料。为此，苗族长老、记者、摄影师云集庆灵山。从迎亲、送亲，结婚礼仪、婚宴等，全是正宗的苗族风俗，结一次婚，各种礼仪，各种婚俗，前前后后，要3天时间，长老、记者、摄影师在庆灵山也忙了好几天，晚上也不能好好休息，但大家却毫无怨言，觉得值得。因为所有人的努力，获得了一部完整的能传世的民族婚俗资料。

庆灵山，山巅处不再经常云遮雾绕，每年花山节，当芦笙响起，挤芦笙跩起，长桌宴摆开，敬酒歌唱起，就会冲云破雾，直达云天。庆灵山，被越来越多的人知道，也被越来越多的人深深地记住。

QI LIN MIAO ZU
XIANG

麒麟苗族乡

　　麒麟苗族乡，兴文县辖苗族乡，在县境南方，面积114平方千米，人口3.3万人。有汉族和苗族，其中苗族0.7万人，占全乡总人口的23%。乡人民政府驻龙泉村。光绪三十四年（1908）划归古宋县，改建义合乡。1958年改为义合公社，1961年划出部分地改团结公社。1981年，团结公社改为麒麟公社（取境内麒麟洞酷似麒麟怪石之意）。1983年10月，随大坝区从叙永县划归兴文县。1984年，改公社为乡，其中麒麟公社改为苗族乡。1992年9月撤区并乡建镇，原麒麟苗族乡扩建，兼并义合乡，名不变，治三官殿。2006年7月，乡政行政区划调整，在麒麟苗族乡基础上，将新坝乡和原大坝镇六旺村划入。名胜古迹有普寿寺。当地以种植业、畜牧业、商业、采矿业为主要产业。成贵高铁穿越境内，有通县、通乡公路。

红军湖

红军湖即新坝水库,是一座以灌溉及城乡供水为主,兼顾生态环境用水的中型水利工程,计划总投资11.89亿元,其中枢纽工程6.13亿元。主体工程于2013年10月开工建设,历时6年半。枢纽工程除管理用房外基本完成建设,并于2019年12月19日下闸试蓄水。截至2021年,蓄水深度约14米,蓄水量约500立方米,渠道工程1标段、3标段正在进行隧洞施工。

2019年12月19日,新坝水库正式下闸,标志着水库进入试蓄水阶段,在有序推进试蓄水工作的同时,水库渠道工程作为重点建设加快推进。

水库是全市最大的中型水库和重点水源之一,可灌溉兴文县多个乡镇,灌溉面积达15.27万亩,可为兴文县城、兴文经开区及沿途乡镇供水,是惠及20万

红军湖

苗乡群众生产生活的重点民生工程。

红军湖周边群山起伏，山林葱郁，野花盛开，翠竹摇曳，空气清新，风景宜人。

1935年2月，红军长征途经湖区的落岩坝、猫坝，一支纪律严明、不扰民、保护穷人的英雄军队形象深深地烙印在当地人民心中。在落岩坝，1名掉队红军被反动团丁打死；茶园沟一户农民家，清晨起来时，发现柴房里不知何时进来的1名红军战士因饥饿和伤病，停止了呼吸；在九子山，3名掉队红军又饥又累，晚上没有惊动农户，在柴房睡去，当被反动团丁发现时，他们还万分疲惫地呼呼大睡，残忍的团丁抓起柴块，将他们活活打死……红军烈士的鲜血浸润着这片土地，红军长征时播下的革命火种燃烧在这片土地上，为了革命传承，为了继续新的长征，故当地将水库命名为"红军湖"。

王姑坟

在麒麟苗族乡大地村插旗山上,有座用鹅卵石砌成的坟墓,那便是闻名遐迩的王姑坟。

太平军攻下南京后,洪秀全自称"天王",将南京改称"天京",以为江山已定,为享乐,为争权,将帅间常因猜忌等发生内斗而生杀戮。翼王石达开心生愤懑,为避祸端,离开江南大营,率兵入川,路经湖南时救了一个被恶棍欺负的年轻女子。该女子十分聪颖,又有武功在身,石达开将其认作义妹,将士们称她为"王姑"。

王姑文武双全,打仗勇敢,爱士兵如手足,战场上指挥有方,屡立战功,深受将士们爱戴。当翼王大军从叙永经金鹅池来到插旗山时,王姑突发疾病,与世长辞,将士们悲痛欲绝。为了表示对王姑的尊敬和爱戴,数千将士列成弯曲近5000米的长阵,从洛岩河的龙漕沱传递鹅卵石给王姑垒坟和砌拜台。人多势众,很快,王姑坟便垒好了,一声令下,众手放石,沿途残存的鹅卵石成了一条小道。王姑坟迄今已100多年,保存完好。坟茔上芳草萋萋,坟缘卵石光亮;周围竹木葱茏,遮天蔽日,山花烂漫,清香四溢。置身坟台,可俯视万顷田畴和滔滔落岩河。每逢春夏,来王姑坟凭吊和观光之人络绎不绝。有诗赞曰:

一杯马鬣草森森,借问青山葬何人。
黄土有情埋忠骨,千秋人数王姑坟。

今天,因猫坝红军湖的修建,山河变样,坐落在湖畔的王姑坟享受着这难得一见的绿水青山,繁华世界。王姑坟,也成了红军湖畔的一个景点。

海纳沟

海纳沟位于海纳社区村，溪流潺潺，清澈见底，遇雨不浊，遇旱不涸，水质优，生态好，素有"麒麟之水，海纳赋灵"之说，取"海纳百川灵韵"之意命名。

海纳社区村位于麒麟苗族乡西北部，踞乡政府8000米，有耕地1200亩，因昼夜温差大，水源丰富，水质较好，土壤富含硒等多种矿物质和微量元素，适合水稻和鱼的生长，从2018年起发展稻田养鱼，年人均收入从500元到800元、1000元，节节攀升。稻田鱼和"苗家雾米"已成为该村经济的品牌和小康道上的助力。

海纳沟森林覆盖率64%以上，山清水秀，风光秀美，有海纳八景：龙塘民宿、李家大院、双龙出海、伴将古树、峡谷溪流、梯田叠翠、竹林小道、养

海纳沟

心山谷。背靠九子山风景区,是今后县城到石海景区和仙峰避暑胜地的必经之路,距"两海互通"仅3000米,发展乡村旅游未来可期。

这里人杰地灵。苗族人口占48%,苗族风情浓郁,民族团结,民风淳朴。值得一提的是,从海纳沟走出去的苗族精英,在市、县、乡镇、部门领导岗位上的比比皆是,各种人才更是遍布各行各业,尽显英姿。

这里与银矿坪毗邻,当年刘复初在银矿坪开展革命活动时,足迹踏遍海纳沟。他成立的"苗族协会"就有许多海纳沟的苗族青年,有好几人还被吸收进了"红军之友社"。1934年,为庆祝苏联十月社会主义革命胜利16周年,刘复初还在海纳沟的葛藤山,也就是平时苗族同胞开展花山节的地方,组织了一次庆祝活动,大力宣扬"苏联十月社会主义革命胜利的今天,就是我们中国共产党胜利的明天",号召苗汉同胞团结起来,穷苦人团结起来,共同打倒帝国主义、封建军阀、地主老财,建设一个没有剥削、压迫,人民当家做主的新世界。当年播下的革命火种,带动了海纳沟今天的发展,当地政府厚积而薄发,引领着海纳沟人民坚持革命传统,向着小康道路、乡村振兴奋勇前进。

银矿坪

银矿坪位于银鹤村境内。对这个地名，很多人都以为有银矿而得名。的确，这里是因"银矿"而叫银矿坪，但却是一段闹剧式的历史。

清乾隆年间，泸卫城有几个利令智昏的人，官商勾结，欺上瞒下，谎称银矿坪有"银矿"可开采，其实却是品位不高的铅矿，骗得朝廷拨付银两，开采"银矿"，从中敛财。人在做，天在看，事情终有败露时，朝廷为此派出时为泸州知府的林良铨到泸卫城处理此事。林良铨倒也尽职，实地踏勘，了解真相。他在泸卫城山水间行走，写下了咏放花溪和登四望山的诗句。

将银矿坪单列入地名文化，这段荒唐历史仅是一段插话，它的有名定格在近代一个叫刘复初的人物身上。他曾任中国工农红军川滇黔边游击纵队司令，名震川滇黔。

刘复初，兴文古宋镇人，出生于同泰殿。1927年，17岁的他经同学介绍认识了秦青川，秦青川热情地向他介绍了世界和中国的革命形势，还把珍藏的《共产党宣言》送给他。

1929年，从泸州川南师范毕业的任晋侯专门找刘复初谈话，希望他能到银矿坪一带去发动群众，特别是苗族群众，建立一支自己的武装，同时建立一个革命联络点。他后来才知道，当时的任晋侯已是中共党员，自己是他负责的入党对象。

刘复初上了银矿坪，其三叔祖出钱办起了烧酒坊。他有文化又聪明，很快掌握了酿酒工艺。当时，苗族群众生活很艰苦。每当有苗族群众来买酒，他总是不急着打酒，先留他们坐一会儿，有时还会弄一碟咸菜陪他们喝一杯，趁机讲一些革命的道理。很快，他就交了很多苗族朋友，不久，便成立了"苗族协会"，通过协会的活动，又在贫苦的苗族青年中发现一批有头脑、有魄力的苗子，进一步将其发展为"红军之友社"的会员。

1930年冬，因行动引起国民政府注意，刘复初离开了银矿坪。因他学过军事，当时任南区民团大队长的老同学力邀他出任该民团的督练长。他与任晋侯商量，趁机在民团中发展"红军之友社"。后来他当上了民团大队长，抓紧时机，将中队长叶平安及叶怀军、杨泽久等6个小队长共20多人发展为"红军之友社"会员。

1931年末，因敌人对刘复初的活动和身份产生怀疑，他离开民团，重回银矿坪。1932年春节，刘复初加入中国共产党。1932年初，中共宋（古宋）兴（兴文）特支成立，增补刘复初为委员、宋兴特支支部书记。

1934年冬，刘复初到兴文五村，召开有特支成员杨泽久、郭平安参加的会议，确定了游击队骨干成员名单。不久，一支有50人的宋兴游击队在洛柏林正式成立，郭平安任队长，杨泽久任指导员，刘复初兼任政委。这支游击队只有郭平安从民团带出来的一支长枪和王绍章赠送给刘复初的一支手枪。

1935年2月，宋兴游击队成立后，刘复初提出去银矿坪打土豪："那里有好枪和子弹，还有粮食、财物，我的三叔祖刘小石是地主，我们闹革命是为穷人弟兄报仇，不能怀有私人情感。"他和郭平安领着游击队深夜来到银矿坪，进攻刘小石家，拿下碉堡，缴获10多支步枪和数百发子弹，还有火药枪等武器及财物，壮大了游击队武装，开始了他人生征途新的武装斗争。

银矿坪，刘复初在这里努力工作，宣传革命，燃起了星星之火；在银矿坪，刘复初打响了宋兴游击队革命武装斗争的第一枪。

崔家坡

崔家坡位于兴文县城南，距县城6000米，原名崔家坡村，现名崔家村。崔家坡是卫生部原副部长、顾问王斌故里。

王斌，出生于崔家坡一个小地名叫"梁家坡"的富庶家庭，父辈中共有五房，其父是第三房。家中每年地租不少，父亲善于理财，母亲善于持家，自己这房并没修大瓦房，住着祖上传下来的三间草房。但他们对子女的教育却十分严格，也舍得投入，所以，王斌在14岁那年就被送到成都读书。他1932年毕业于成都医学专科学校，当上军医，随部队开赴江西。1933年参加中国工农红军，1935年在长征途中因表现优异加入了中国共产党。参加红军后，历任红一军团医院医生、中央苏区卫生学校教育主任、卫生学校校长兼中央领导保健医生。长征到陕北后任过延安卫生学校校长，十八集团军卫生部医务主任。解放战争时期，任中央军委卫生部副部长兼中国医科大学校长，东北人民政府卫生部部长兼党组书记。新中国成立后，任卫生部副部长兼党组成员，内蒙古医学院副院长，中国医学科学院顾问，卫生部顾问，是第四届、第五届、第六届全国政协委员。

王斌

王斌参加了中央苏区第四次和第五次反"围剿"斗争，在中央苏区的第一所红军卫生学校，培养了一批红军急需的医护人员，特别是长征中，将几百名卫校学员分到各军团，起到了十分重要的作用。他是兴文唯一一个参加长征的老红军，走完了二万五千里。红军长征过兴文，王斌时为红一军团医务主任，

1935年农历正月初一在大坝宿营时，李富春对他说："王斌，听说你家就在附近，不回家去看一看？"王斌想了想还是回绝了："算了，就不去了。回去一趟，短暂团聚，但我一走，肯定会给家人和亲朋带来不少麻烦。"离乡多年，谁不想回家看望父母亲朋？自古忠孝两难全，王斌自离乡后，再也没机会回来，他将自己的一生，献给了革命事业。

长征途经毛儿盖地区，周恩来副主席身患重病，在缺医少药、条件十分困难的情况下，王斌一直守护在其身边，悉心治疗护理，终使其转危为安。长征途中，王斌还亲手为王稼祥、胡耀邦等领导同志做过手术。

到达延安后，王斌出任红军卫生学校校长，后又任中央军委卫生部副部长兼中国医科大学校长时，总结、创造了一套办学方法，培养了一大批抗战时急需的医护人才。1941年7月，毛泽东同志参观中国医科大学时，题写了"办得很好"4个字。1941年7月15日，中国医科大学第14期学员毕业，应王斌请求，毛泽东题写了"救死扶伤，实行革命的人道主义"这个题词，几十年来，成为广大医务工作者的座右铭。

解放战争时期，王斌带领全校师生移师东北，参加了辽沈战役。在战争中，他鼓励学生既当医务工作者又当战斗员，深入前线抢救大批伤员，受到中央军委领导的嘉奖。

抗美援朝战争中，王斌肩负前线伤病员的救护和治疗任务。在美军绝对的空中优势下，不惧美军飞机的狂轰滥炸，24列救护列车昼伏夜出；铁路随时遭到轰炸破坏，不能全线贯通，就分段运行，还根据当时战争的特点，从东北到朝鲜前线，在铁路沿线建立了300多所战地医院，形成一条打不垮、炸不烂的"生命连接线"，救护列车在哪里停下，哪里就有战地医院。

20世纪50年代，王斌遭受不公平待遇，被下放到内蒙古。

1975年周恩来总理病重期间，毛泽东主席前去看望才知道王斌已被下放到内蒙古，他指示卫生部立即请王斌回来。随后，王斌担任周总理医疗小组顾问，为总理的治疗操尽了心。

十一届三中全会后，王斌任卫生部顾问，第四届、第五届、第六届全国政协委员。

王斌于1992年6月13日在北京病逝。《人民日报》发了消息："新华社北京7月3日电：著名的外科专家、医学教育家、卫生部原副部长王斌同志因病于6月13日在北京逝世，终年84岁。……全国解放后，王斌同志是新中国卫生事业的优秀领导人和主要创始人之一。他为新中国卫生教育事业呕心沥血,是第四、五、六届全国政协委员,他一生功绩显著,光明磊落、襟怀坦白,坚持原则,遵守党纪,他为共产主义崇高理想,把自己的一切全部献给了中国人民解放事业和社会主义建设事业。"

2009年9月19日,兴文县白塔山烈士陵园和中国工农红军川滇黔边区游击纵队纪念馆落成,举行落成和开馆仪式,同时举行了王斌、刘复初100周年诞辰纪念活动,并举行了王斌同志骨灰(部分)安放仪式。王斌同志离乡数十载,为无产阶级事业奋斗终生,终于魂归故里,躺卧在白塔山上,仰望着家乡的蓝天白云,远眺着崔家坡的青山绿水,听着儿时经常嬉戏的宋江河在脚下汨汨流淌,看着幢幢高楼在山脚下拔地而起……兴文,呈现出城建交通日新月异、社会事业全面发展、人民生活和谐安定、城乡处处欣欣向荣的景象,王斌,一定会笑眠九泉。

象鼻子

在麒麟苗族乡，离乡政府不远，有一个地方叫"象鼻子"，而今是麒麟初中所在地。一条公路从仙峰山银方顶穿越石海曲折盘旋而下，过了塘上，地势渐缓，至此处，一条支路插入半岛深处，直达掩映于山水林丛的麒麟初中。从大坝流出的鲲、鲵二水和从石海流出的红鱼河在塘上汇合后，形成宋江河，姐妹相伴，携着一江碧水，欢唱着，尽览两岸茂林修竹，卷着山川灵气，来到这里，一个弓曲形的大湾，将山川揽入怀中。

从高处望下去，宋江河沿公路一侧山峦延伸，逐次往下，山形缩小，像一只大象的鼻子插入宋江河，这就是著名的"象鼻子"。河的另一侧，山峰巍峨，一山岩的壁脚也似一只象鼻，与对岸的象鼻一起鲸吞着宋江河的河水，成为传诵千年的"双象吸水"奇观。如此绝佳的风水宝地，如此仙境般的锦绣山

川，本应有着故事和传说，可惜历史如烟，只留下了余思和遐想，倒是留下一首不知何人写的诗："天公挥刀劈山处，江水潺潺碧滢洄。双象吸水惊天地，化作雨露润苍生。"据说，自从有了"象鼻子"，有了"双象吸水"，这一带从无洪灾泛滥，年年五谷丰登。

过去，在象鼻子旁边有座古寺——双象寺，麒麟初中就在其原址上。1979年底，原中国工农红军川滇黔边游击纵队司令员，时任内蒙林学院院长兼党委书记刘复初，跟党闹革命离家几十年首次返乡，在象鼻子参加了座谈会，回顾在银矿坪、海纳沟等地开展的革命斗争，还回忆起了象鼻子。他说，当时的学校就在双象寺，为宣传革命思想，发动群众，他来到了这里，搬神像，砸菩萨，让民众破除迷信和愚昧思想，信马列主义，信穷苦人自己救自己，信共产党会领导大家创出一片新天地，给民众带来幸福。

从寺庙到办学点，再到麒麟初中，象鼻子多年来承受着重托，延续着麒麟的文脉。

三官殿

何为"三官殿",说法历来很多,择其主要的归结为三:一说,以前,此地有一座庙子,供有三个菩萨,因此而得名;二说,此处乃通往云南长官司交通要道,过往行人商贾皆在此歇足,就有了应运而生的三间店;三说,此处附近有三处风水宝地,也称"三官地"。

经过认真梳理,笔者认为第一种说法最可采信。早在清光绪版《兴文县志》中就有记载:"考兴文之旧编户四里,后改四乡(今改让畔乡),一曰下半乡(后改水泸乡,今改跃龙乡),一曰扫洞乡(今改六合乡),一曰卜昏乡(今改荟灵乡)为下四乡。乾隆元年裁建武通判又附六乡……为上六乡,共计十乡。""六合乡,县南五十里,三官殿等处,管五甲。"这是最早见于记载的"三官殿"。

"三官"即天官、地官、水官,又称"三元",为道教较早供祀的神灵。道教《太上三官经》云:"天官赐福,地官赦罪,水官解厄。"道教尊远古的三位明君为天、地、水三官,载录世人善恶,为万物之行本。三元节就是三元大帝的诞辰,以农历正月十五为上元节,七月十五为中元节,十月十五为下元节;并以上元节为天官赐福之日,中元节为地官赐罪之日,下元节为水官解厄之日。可见,当年,此地确有供奉天地水三官的三官殿,但建于何时,却无记载。清县志中列数县内众多寺庙之名,已无"三官殿",证明之前即毁,毕竟此处曾经历元朝大坝蛮夷宣抚司之乱、明末清初太平天国起义等战乱。

三官殿处交通道,曾有塘铺,驻少量兵丁,还建有仓廒。清县志载:"三官殿仓。在六合乡一座三间,内贮常平榖五百石,社榖二百八十二石四斗五升。"三官殿,清朝时即成集镇,日渐繁华,清县志载:"三官殿场,县东南五十里六合乡,逢三、八日集。"三官殿,原为兴文县六合乡部分地,清光绪三十四年(1908)设古宋县时划归,改建为义合乡。民国二十四年(1935)

称义合联保，民国二十九年复为义合乡。1951年划出部分地建为中和乡。1959年划归叙永县。1961年划出部分地建立团结分社。1983年从叙永县划归兴文县后，于次年复称义合乡，治所三官殿，1992年9月撤区并乡建镇时期划入麒麟苗族乡，治所仍旧。

三官殿的大尖山位于龙泉村与海纳村交界处，海拔1200余米。据《古宋县志》载："大尖山孤峰入云，高出九子山之上，望气者以九龙朝至尊日之。"但在清光绪版《兴文县志》中，又无九子山之记载，却有凤凰山的记载："凤凰山，从九姓界翩跹而来，束颈昂头，如飞凤展翅。上有慈云寺，今名三官殿。"此处所指凤凰山是否为大尖山，我们不得而知。

三合村

三合社区村位于麒麟苗族乡西北部，距离兴文县城11千米，总面积9平方千米，其中，耕地面积1184亩，森林面积1284亩。主要以农业为主，发展有油茶1000余亩，竹200多亩，兼发展乌鸡、猪、牛养殖等产业。

三合村之名源于城内的三合树，此树原为黄桷树、黄连树、黄栀子树三种树木共生共长，相互纠缠盘结，蔚为奇观，而且树形巨大，枝繁叶茂，树干需三个成年人方能合抱，因此叫"三合树"。新中国成立后，三合树象征着民族团结，三合村也契合着天合、地合、人合的寓意，与三官殿的天官、地官、水官暗相吻合，遥相呼应，意味深长。在20世纪50年代，因大炼钢铁，三合树被砍伐，但"三合"之名依然保存了下来。

如今的三合村，在县城到兴文石海的旅游公路旁，一幢幢农家新居矗立路旁，展示着苗乡新貌。新建的三合新村广场，树影婆娑，花团锦簇，乡民们带着小孩徜徉其间。每当华灯初上，穿着艳丽民族服装的阿姨大妈，伴随着具有鲜明特色的民族音乐，跳起节奏欢快的广场舞。

三合村还建起了川南游击纵队驿站，这里是中国工农红军川滇黔边游击纵队最后一任司令员刘复初早期开展革命活动的地方，也是川南游击纵队常年征战地。这个驿站用图片、实物，向人们讲述着那个血与火的年代，红军游击纵队与敌人浴血拼搏，为实现穷苦人的解放，为了心中的目标和革命的追求，不惜抛头颅、洒热血，谱写英雄的赞歌，用生命和鲜血浸润着这片热土。重温历史，再现英雄篇章，让红色血脉世代相传。

四望山

四望山曾名四旺山,属麒麟苗族乡中和村。

进入中和村的沟口,叫"麟儿沟",宋江河那段叫"麟儿沱"。《九姓司志》载:"麟儿沱在九姓西南宋江,明成化初村人每见麒麟随波隐现,后筑泸卫城于渡船铺边。"《古宋县志》载:"麟儿沱在古宋西南廿里,麟溪流入宋溪流入宋江处。明成化初,村人每见麒麟随波隐现,后以渡船铺改筑泸卫城,设兵驻防,边防遂息。今岸上石碑镌'古麒麟溪'四字,又麟溪中流旁有石洞,石纹上满现鳞甲,又有石麒麟一具,头面俨然,至今犹存。"九姓长官司长官任启烈制"泸卫八景"诗,其中,《麟儿献瑞》一诗写道:"机景含瑞

四望山白塔

彩，麟趾适呈祥。隐现岩题碣，泳游志记祥。归和昭化泽，有道兆遐昌。沱水论漪碧，临流附一章。"足见，麒麟乡之名应源于此。

清乾隆年间曾任泸州知府的林良铨，奉旨查开采事，写下《登四望山》一诗："策杖层峦上，鸣鞭叠嶂中。大千银汉接，尺五玉虚道。点石道仙术，官山学管功。青岩今俯视，身近蕊珠宫。"在四望山，又以四望白塔最为著名。四望山白塔系明时朱姓创修塔庙，庙称"中和寺"，至清时，罗美彦又重新翻修，今只余塔而庙无存。清末民国时，邑人回忆：塔前为正殿，其房是四井口，两山是树，正中是佛像，三尊坐佛共一龛，样似牌坊三滴水龛，足下两狮对坐，左边是三霄殿，右边是观音殿，足下是十二元觉佛，头上匾一块，题字为"礼至乡难"，是清进士兴文人何启动写的。屋角左边一个大鼓，列柱上镌有一联："节际花朝醮连麟溪遵古礼，思流大造祥瑞鱼梦乐丰年。"

中和寺后曾改为学校，即四望小学，自然庙中佛像诸物早已不复存在。高三层的四望山白塔，乃清嘉庆年间修建，尚基本完好，屹立在那里，见证着数百年的历史沧桑。

XIAN FENG MIAO ZU
XIANG

仙峰苗族乡

仙峰苗族乡，兴文县辖苗族乡，在县境东南方，因境内有海拔1795.3米的仙峰山而得名。名胜古迹有仙峰山森林公园等。面积111平方千米，人口1.3万人。有汉族和苗族，其中苗族0.4万人，占全乡总人口的30%。乡人民政府驻仙峰山社区。乾隆元年（1736），建武6乡并入兴文县。今乡境为居杭乡地。民国二十九年（1940），炭厂、锦冠2联保合并建为仙峰乡。1958年改仙峰公社。1984年改公社为乡，仙峰公社改为仙峰苗族乡。1992年，仙峰、丁心2个苗族乡合并为仙峰苗族乡。仙峰苗族乡是中央红军长征经过地，从1930年起，川南工农革命军独立团、红军川南游击纵队先后转战于此。当地以种植业、畜牧业、采矿业为主要产业。有通县、通乡公路。

仙峰山

仙峰山之顶峰亦称尖峰山，清光绪版《兴文县志》载："尖峰山，县西南六十里，望天坳侧。两峰对峙，高入云表，登高而望，县南诸山尽在目前。"

仙峰山为南六县最高峰，海拔1795.3米，被称为"南六祖山"。南北水系尽出仙峰。往南之水汇为洛浦河，往北之水汇成晏江河。山顶历代皆有寺庙，每年庙会，从南六县及云南威信、镇雄赶来的香客络绎不绝。因山高天寒，自然灾害频发，寺庙受毁十分频繁，或毁于雪灾，或毁于雷电，或毁于飓风，或毁于火灾，总之，毁了又建，建了又遭毁，故无古寺存留。仙峰山也有大山的气魄和容量，不独尊佛教，道家也时会参与轮回，故有仙峰山上吴真人飞升的传说。

仙峰山山高林密，植物多样化，从乔木到灌木，动物、飞鸟种类繁多。当地人们最为称道的是长于山腰草坡上的"白米泡儿"，贴地而生，绿叶衬托，果实呈白色，味甜微酸，每年端午前后，人们争相前去采食，将其视为佳品。想来，这"白米泡儿"应为野生草莓的一种。

相传，晴天登顶可远视到宜宾城。因此，当地人多有登高之俗，常于节假日，呼朋唤友，登顶而乐。而今，仙峰旅游日渐兴起，每年暑热之期，各地纳凉之人蜂拥而至。更有喜爱户外活动的"驴友"和摄影爱好者，携帐篷备干粮宿于山顶，有的还携带酒菜于"南六之巅"享受一番，候至清晨，看日出，观云海，偶尔还能见到美丽难寻的"流星雨"。

红军湾

1935年夏，红军川南游击纵队突然从长宁来到顶冠山，驻了两天。在此期间，他们打土豪、分粮食、收"浮财"等，还大力宣传共产党的主张，在绅粮（旧社会较有势力的地主）家的墙壁上、围墙上到处写标语，如"红军是穷人的队伍""打倒土豪劣绅，铲除贪官污吏"等。有趣的是在一家地主大门左侧的石头墙壁上，画了一幅由字组成的画，看起来是一条狗，仔细分辨是"国民党狗"4个字，让人印象深刻。

红军游击队来后的第二天，人们听说在周家和顶冠山之间，有个叫长湾的小地方，杀死了一个人。大胆的跑去看个究竟，见此人是被刀砍死的，为红军所杀。死者身旁，竖有一块木牌，写了罪状。死者叫王炳章，江安县人，参加红军游击队后，不遵守纪律，曾捉过老百姓的鸡，打破穷人铁锅，作战时不服从指挥，还临阵脱逃，因此执行军纪处死，严明纪律。由此可见，红军游击队严格遵守纪律，将保护老百姓利益，落到实处。从此，人们就把那个地方叫作"红军湾"，一直流传至今。

红军湾位于仙峰苗族乡太阳光村2组，现已作为革命历史遗迹得到保护，红军严明纪律，保护人民利益的事迹得以代代颂扬。

顶冠山

顶冠山，亦有称为锦冠山者。以此为名，是欲将仙峰苗族乡所属原丁心乡片区划入内，便于书写。

据清光绪版《兴文县志》载："顶冠山，县西南六十里，在诸山之顶，俨若冠帻。"1958年人民公社化运动时，这个片区5个大队被县里文人取了有鲜明时代烙印的名，分别叫东方亮、太阳光、满山红、高山好、大团结，设乡时，5个村自然也沿袭了这样的名称。这样的地方以前有名称吗？自然是有的。东方亮，与周家和长宁的梅硐接壤，叫作黄沙河，亦叫蔡村坡；太阳光，正处于顶冠山中心地带；满山红，与仙峰的占子坳相连，新华磺厂在此几十

顶冠山一角

年，百姓饱受磺烟之苦，曾是最贫困的村，新华磺厂搬迁后，小磺厂、硫铁矿、大小煤矿又泛滥多年；高山好，与毓秀相接，原名土佛台，是全县海拔最高的村；大团结，原名黄家沟，紧邻周家，地势相对低矮，多良田，曾是这一片最为富庶、产粮最多的村，一度受硫铁矿、小煤矿排污之影响，连蔬菜都种不出来。

在顶冠山，不得不说在当地颇负盛名的罗天祥。罗天祥生于1902年，1917年就读于兴文第一高等小学堂。后去泸州投靠舅父杨光远（川军旅长），被推荐报考四川讲武堂，毕业后回泸州在混成旅任排长。参加顺泸起义失败后转入但懋辛部，逐步升为连长、营长。曾随部到中央苏区"围剿"红军，所部川军被蒋介石鲸吞整编，愤而回川，后在中央陆军军官学校（黄埔军校）成都分校学习，毕业后在邓锡侯部任职。抗战时出川抗日，作战英勇积功而晋升为上校团长。抗战胜利后，内战一触即发，愤而辞职，解甲归田，1946年任兴文县参议长。兴文县解放之初，土匪猖獗，邀其参加被拒，与共产党过从甚密，帮助解放军撤回二区被围的工作队。1950年4月6日，被土匪熊定都部杀害于兴文北天堂。被土匪抓获时曾留下遗书："天祥为国民党而生，却为共产党而死，不死于沙场，马革裹尸而还，而死于地方群小之手，天祥何不幸耶！"是年下半年，兴文县第二次解放后，为其开了追悼会。他老家地名叫琵琶湾，穿斗结构川南民居，有屋数十间，四周有百年桢楠上百棵。兴文县解放后曾作为公社和乡政府所在地。

"绿水青山就是金山银山。"顶冠山片区如今生态恢复，满山染绿，雀鸟啁啾，庄稼茂盛，人民安居乐业。

黑洞沟

黑洞沟即今日之苗王谷，属仙峰苗族乡群鱼村2组。

黑洞沟为一狭谷地带，长约1000米，两壁青山滴翠，藤萝缠绕，一条小溪穿谷而过，谷中怪石嶙峋，或壁立千仞，或贴面相向，只露一线天光，特别是夏天，一入沟口，炙人热浪顿时消失，扑面凉风徐徐而来，如同冰火两重天，爽到了骨子里，再见到谷中如画般美景，恍若步入世外桃源。这里，曾是群鱼、大元等地村民前往顺河、兴隆的通道。

出沟口，遥望对岸，是名声四播的千年古银杏。往左则是当年从兴晏到仙峰的必经官道——擦耳岩。此处山高路险，举步维艰，人行其间，耳朵常与岩石"亲密接触"，有点儿"山从人面起，云傍马头生"的味道。20世纪，擦耳岩多猴群出没，销声匿迹多年后，据说又有猴子出现。这也是当年红军长征过兴文时的行军道路，红一军团从叙永入境，宿金鹅、大坝，再从五村走擦耳岩上燕子洞折向望天坳开往建武，行经擦耳岩时，曾有拉着火炮的骡马失足滚下山崖。在黑洞沟沟口，掉队的红军遭五村民团袭击，7名小红军被抓，押送至兴晏乡公所，1名伤重红军至顺河时不幸死亡，被村民们掩埋，成为今日万人敬仰的"红军坟"。小红军中留在当地的林文胜，新中国成立后入了党，当了公社干部，继续当年的革命征程。黑洞沟，不仅有美丽风景，更有着红色传承。

几年前，黑洞沟得以开发，作为旅游景点，更名为苗王谷。谷中乱石已被清除，还对小溪进行了整治，将道路修为游览道，并在此举办过苗族的"四八节"等盛会，这里已成了来仙峰避暑纳凉的人们必游之地。

千年古银杏

在仙峰苗族乡兴隆村2组，有一株珍稀的千年古银杏，树干胸围有多大？反正8个大人手牵手绕着银杏树才能围上。虽历经千年，饱经风霜雨雪的洗礼，雷电冰雹的袭击，古银杏依然生意盎然，苍劲中透出坚韧的活力。树干高近20米，树冠覆盖面直径约30米，有遮天蔽日之势。这个组全是苗族，兴隆村及附近的大元村、顺河村苗族也不少，都尊这棵树是苗家的风水树。劳作之余，树下是人们休闲小憩的好地方；苗家节庆日，人们会点上香烛，献上祭品，在树下祭祀，祈求风调雨顺，五谷丰登，祈求平安是福，奔赴小康；也有人因三病两痛，在银杏树下祈拜保佑的。春节期间，男女老少带上芦笙，提着苞谷酒，穿着盛装，围着这棵风水树吹芦笙、唱歌、跳舞、喝酒，过上一个地道的花山节。

这棵千年古银杏，生命力十分顽强。多年前，树靠近地面的一处出现蚁害，形成一个树洞，有人就将香烛祭品摆在里面搞祭祀，烟熏火燎，反倒使这个树洞越来越小，只留下一道小小的裂缝。它也曾历经危难，抗战时袁家洞（今天泉洞）建兵工厂，四处征用树木，已被列为砍伐对象的它被苗族同胞保护下来。1958年大炼钢铁，它又被看上要砍伐去烧杠炭。数百名苗族同胞围着这棵古银杏，激愤陈情，它再次免遭厄运。现在，林业部门将之列为名木挂牌保护。

1978年改革开放后，社会经济发展，人民生活越来越好，"旅游热"兴起，这棵千年古银杏的名气越来越大，上了省、市的报纸、电视台。许多人慕名前来一睹古树风采。千年古银杏，不仅是苗家风水树，也是仙峰苗族乡的风水树，一个新的旅游景点。

方竹迷宫

方竹，乃竹之一种。其外形微方，高3—8米，直径1—4厘米，质坚。我国南方诸省均有栽培，可供观赏，古人多用以制作手杖。晋戴凯之《续竹谱》云："方竹生岭外，大者如巾筒。小者如界方。"宋张淏《云谷杂记·竹之异品》云："武陵桃源山有方竹，四面平整如削，坚劲可以为杖。"清袁枚《随园诗话》卷六云："紫峰与客观方竹。客戏曰，世有方竹无方人。"方竹主要生长在海拔1400—2500米的高原山区，其笋不发于春而茂于秋，是吸大自然之灵气生长而成的稀有之物，品质纯净，肉厚鲜美，营养丰富，已故林学家陈嵘教授将其誉为"竹笋之冠"。方竹笋已成为兴文的"国家地理标志产品"。

方竹迷宫位于群鱼村5组的林口湾至九道河的地段，有方竹4000亩。竹林中，利用地形的起伏随形就势，辟出或纵或横或弯曲的水泥小道，灰白色的水泥小道，在绿竹掩映下分外引人注目，人入其中，绕去绕来，如入迷宫。在一些岔道口，悬挂着仙峰的风光照和吟咏仙峰的诗词，游人在迷宫中徜徉，满脸惬意，不时停下拍照。这里曾举办过仙峰方笋节活动。

离方竹迷宫不远，是红军长征过兴文住宿的地方。当年，有一支红军部队曾宿营大地方一带。2021年，据85岁的夏光清老人讲，还有一个"铁锅换银圆"的故事，说的是红军宿营造饭，不慎打坏了老乡的一口铁锅，非要赔偿，留下了一个银圆。

如今，仙峰苗族乡全乡发展方竹8万多亩，利用天时地利优势，创造品牌，带领人民奔小康。方竹迷宫与苗王谷、千年古银杏、仙峰小木屋成了仙峰新的景观，也是游人的必到之处。

和尚坝

　　从仙峰街上出发往望天坳方向，是当年兴文至建武的官道，途中经过和尚坝，1935年2月，红军长征过兴文也是经这条道上建武的。仙峰属境大都海拔1000米以上，山峦起伏，稍有平坦之处就称其为坝，其实也就是相对平坦而已，且面积都不大。这和尚坝虽被称为坝，也同周围之地相同，栽漆树、种植玉米、洋芋，并不显得是"坝"就富裕多少。人们更为关注的是，这一小块地方，从来没有庙宇、和尚，为何叫"和尚坝"呢？

　　据传，明朝万历元年（1573），四川巡抚都御史曾省吾率14万大军征讨九丝的哈大王，军需粮秣全从叙府（今宜宾）起运，船队从南广河溯流而上，经

和尚坝

月口（今月江）转符黑水经高县、珙县直达曹家营（今曹营镇）。在高县境内有攒、沐二滩，滩陡水流湍急，船上行，必须靠人力背纤拉船。当时，押粮官兵人力不足，便将邻近寺庙青壮僧人强行征用，权当纤夫，充当苦力。在南广河上，一群头顶戒疤的光头大汉，身背纤藤，脚蹬河岸石岩，喊着号子，吭哧吭哧地逆水拉船，历尽千辛万苦，方到曹家营靠岸。待粮草辎重运完，这些和尚的任务也算完成了。总兵刘显为便于管理，将和尚们编入兵营，成为僧兵，但因未经训练，不能上阵，故将之安顿驻扎在仙峰，成为和尚营（今和尚坝）。清光绪版《兴文县志》曾记："和尚营，县南六十里。"而和尚营后来被人们逐渐喊成了"和尚坝"。随着九丝战争的结束，这些僧兵不再存在，和尚营解体，那些和尚则回到各自原来的寺庙。

  几百年了，历史是这样记载的。但在前些年，对和尚坝也有另一种解读。多年来，仙峰山高路险，气候恶劣，交通不便，民众贫困。在20世纪60年代，曾创下一天工分仅值7分钱的全县"最高纪录"，很多地方的男子因贫穷而讨不到老婆，空余一批单身"和尚"。因此，有人戏称，和尚坝的名字是否因此而来呢？那是一段辛酸的历史。自脱贫攻坚施行以来，仙峰脱了贫，和尚坝（群鱼村1组）也是小楼林立，水泥村道、户道如蛛网密布，家家户户院坝前停着轿车、农用车、摩托车，还有几家开起了"农家乐"。和尚坝的"和尚"不复存在，"光棍"已成为每年"双11"时的戏谑之词。

七十二道脚不干

七十二道脚不干，在仙峰山下一个浃沟里，这条沟原名蟒蛇沟，后又改名为蚂蟥沟，属仙峰苗族乡，海拔高度约1600米，沟内常年水流不息。

提到蟒蛇沟，还有一段奇异的传说：仙峰山山麓从前有一条大蟒蛇，每逢仙峰庙撞钟击鼓时，它便张开血盆大口，把长长的舌头伸向地面，因这座山烟雾迷蒙，朝山的人误认为是朝山的便道，就沿"道"往上走，走入了它的腹中，就这样不知吞噬了多少人的性命。民众拿蟒蛇无法，求助于军队，驻于建武的明军动用了红衣大炮，才将其击毙于沟里，从此，人们便把这条沟叫作"蟒蛇沟"。

蟒蛇沟是仙峰部分民众通往簸峡、建武的必经之路，沟中有小河，沟的两岸不是悬崖峭壁，就是乱石林立，哪怕是修一条羊肠小道都很困难。路，是人走出来的，走的人多了，也就成了路。就这样断断续续，零零星星的小路经过千人走、万人踩终于形成了。在这条路上，时而上坡，时而下坡，时而涉水，时而沿岸，左弯右拐，反反复复，才能走出沟，翻过山，往簸峡方向。经有心人细数，这样涉水上岸左弯右拐，共有72道，而且刚涉水又上岸，上岸又拐回，穿的鞋从来没有干过。听说后来许多人都试过，边走边数，果然如此，这样，就被人叫作七十二道脚不干"，还能浏览沿途风光，也就成了仙峰人的游玩之处。今日的蟒蛇沟，省道、县道、村道、户道四通八达，这条道基本上已无人行走，但问起仙峰哪些地方有名，仙峰的人都会跟你谈起七十二道脚不干。

后 记

为了此书，我几乎将兴文全县跑了个遍。虽然有的地方因曾经工作过，熟悉得不能再熟悉，因知识的沉淀和积累，也力图重新认识。奈何年近八十，又患有腿疾，注定有些地方不能亲涉。这样，我只能邀一批对地方文化颇有研究的朋友，与之讨教、探讨，甚至邀之撰写一些条目，当然，也会按照我对地名文化的要求进行取舍、删减。他们是陈介刚、钟涛、罗元彬、蒲宇伦、杨永华、杨安模、孙先贵、张毅、陈正枢、何仁仙、申远中、卢宏春诸君，于此谢谢了。

我是一个很笨的人，对现代生活既挨边又无法深入。电脑，打得开，只能点开看邮件；微信，能发，能支付，但不会打字，更弄不来文书格式。写作，全靠在稿笺纸上一格一格地爬。这种方式，自己都戏称为"老套的流水生产线"。写稿—打字—输出纸质文档—校对—修改—成稿，除了写稿、校对、修改，其他工序都得请年轻的同事帮忙完成。虽然看起来很烦琐，却也从中寻到乐趣。因是手稿，帮忙打字的难免会在字句和标点上出错，我就用输出的纸质文档认真校对、修改，多了一次对作品的审视、润色、修改的机会，也可算是"二度创作"吧。

稿子写出来了，还得拍成照片传发给打字人，打好了字的文档，又得求助于有打印机的人，校对、修改了，再请人在电子文档上进行修改、编辑。小小的一本书，惊动了若干人。如拍照，当年曾手持相机用1/8秒的速度拍出清晰照片的人，因老了手不稳，拍文稿照片也不得不求助于人。在"流水生产线"中，我获得了许多人的帮助，他们是陈利、黄亚平、谈玉娟、张燕、罗庆、魏利、王丹、艾艺炜等，在此一并谢谢了，他们是我这条"生产线"的"润滑油"和动力。

2022年1月18日